《教师教育课程标准(试行)》教材大系
教师教育国家级精品资源共享课配套教材

小学英语教学设计
Xiaoxue Yingyu Jiaoxue Sheji

主　编　陈冬花

副主编　冯建瑞

编写者　冯瑞娜　赵文霞　杜　姣

　　　　康　允　张兴锋

高等教育出版社·北京

内容提要

本教材是教师教育国家级精品资源共享课配套教材，依据《教师教育课程标准（试行）》编写，作为高等师范院校小学教育专业基础课教材。以教育部《义务教育英语课程标准（2011年版）》为指导，引导学生树立正确的小学英语课程观和教学理念；内容以小学英语教学设计为主线，着重对教材与学情分析、教学目标设计、教学过程设计、教学方法设计及教学技巧运用、教学评价设计、教学媒体设计进行阐述，并结合小学英语教学设计典型案例剖析小学英语不同课型的教学设计技巧，着力培养师范生从事小学英语教学的实践能力，以适应基础教育课程改革对小学英语教学的需要。

本教材既可作为高等师范院校小学教育专业学生用书，也可作为小学英语教师在职培训用书、自学及其提升教学能力指导用书。

图书在版编目（CIP）数据

小学英语教学设计 / 陈冬花主编. -- 北京：高等教育出版社，2015.11（2021.7重印）

ISBN 978-7-04-041953-5

Ⅰ.①小… Ⅱ.①陈… Ⅲ.①英语课-教学设计-小学 Ⅳ.①G623.312

中国版本图书馆CIP数据核字(2015)第023916号

策划编辑	肖冬民 王雅君	责任编辑	肖冬民	书籍设计	张申申	
插图绘制	杜晓丹	责任校对	胡美萍	责任印制	朱 琦	

出版发行　高等教育出版社　　社址　北京市西城区德外大街4号　　邮政编码　100120
购书热线　010-58581118　　咨询电话　400-810-0598
网　址　http://www.hep.edu.cn　　http://www.hep.com.cn
网上订购　http://www.landraco.com　　http://www.landraco.com.cn

印　刷　三河市骏杰印刷有限公司　　开本　787mm×1092mm　1/16　　印张　22.5
字　数　410千字　　版次　2015年11月第1版　　印次　2021年7月第7次印刷　　定价　39.00元

本书如有缺页、倒页、脱页等质量问题，请到所购图书销售部门联系调换
版权所有　侵权必究
物料号　41953-00

前　　言

"小学英语教学设计"是小学教育专业（英语方向）的一门专业基础课程，旨在帮助学生掌握小学英语教学的最新理论和发展趋势，运用本课程所学的理论知识和掌握的教学技能开展小学英语教学设计实践，成为具有理念新、能力强、教学基本功扎实的应用型小学英语教师。本课程在小学教育专业的课程体系中占有重要地位，在课程体系中起到提纲挈领的作用。为配合教师教育国家级精品资源共享课建设，培养具有实践能力和创新意识的小学英语教师，根据《小学教师专业标准（试行）》《教师教育课程标准（试行）》《义务教育英语课程标准（2011年版）》精神，我们编撰了《小学英语教学设计》教材，作为教师教育国家级精品资源共享课"小学英语教学设计"配套教材，列入河南省普通高等教育"十二五"规划教材，针对我国小学英语课程设计理念及教学技能的培养和训练进行了深入细致的探讨。

由于"小学英语教学设计"是一门实践性很强的课程，因此，在使用本教材时，教师须注意与普通理论课有所区别，应突出教学设计能力的模拟实训和实践。首先，通过理论学习，使学生明确小学英语教学设计"是什么"；其次，通过案例认识、感悟优秀小学英语教师是如何设计小学英语课堂教学的，解决"怎么设计"的问题；再次，阐明进行小学英语教学设计应注意的问题；最后，通过实际训练和模拟课堂使学生真正掌握小学英语教学设计的各个步骤和具体要求，具备从事小学英语教学的基本技能。希望通过本课程的教学，使学生认识到小学英语教学设计在小学英语课堂教学中的意义和重要性，理解小学英语教学设计各要素的含义和功能，掌握小学英语教学常用方法的相关理论及运用要求，通过学习能够设计和实施不同课型的教学，形成一定的小学英语课堂教学能力。

一、教材结构与特点

本教材从小学英语教学的实际出发，旨在培养高等院校小学教育专业师范生从事小学英语课堂教学的基本能力，力图解决师范生开展小学英语教学设计及实施的相关问题。按照小学英语课堂教学的基本程序构建教材知识体系，主要包括以下方面：第一，以"问题情境"开篇，激发学生的学习动机。每章开篇精选与本章内容联系密切的典型教学案例，并提出相关的具体问题，具有真实性和启发性。第二，运用多种方式，丰富教材文本。在每章的正文内容中，合理运用小学英语课堂教学真实的案例、图片图表、"知识链接"、"媒体链接"、"学习实践"等多种形式和信息来呈现。每章后，开发设计"本章小结""学习思考""推荐阅读"板块，为学习者及时进入和完成巩固练习环节提供必要的资源和指导。第三，教材资源与网络资源同步。结合每章的具体内容，为学习者提供了大量的视频学习资源和实践范例，大大丰富了教材的内容。

本教材既注重教学理论说明，又注重小学英语教学设计技能的训练指导，主要特色体现在以下方面：

第一，突出实践性。遵循以实践为价值取向的原则，各章节在阐述基本概念和原理的基础上突出实践性，注重培养师范生的教学设计能力以及实施小学英语课堂教学的基本技能。

第二，强调应用性。依据小学英语课堂教学的基本程序，为学习者提供了不同教学环节的设计案例，以及词汇教学、会话教学和阅读教学设计案例及应用分析，便于学生参考应用。

第三，重视整体性。以小学英语教学设计为主线，各章之间的内容相互衔接，层层递进，反映出小学英语教学设计的进展全过程。每章各节之间观点保持一致和统一，从而使教材体现出知识结构的整体性和统一性。

二、教材使用

本教材按36学时设计，其使用思路大致如下：

（一）课程学习

本教材作为教师教育国家级精品资源共享课"小学英语教学设计"配套教材，依托在建课程，以文本教材和网络资源同步的方式呈现给学习者，教材每章有与章节学习内容相配套的网络学习资源，既能满足课程教学的需要和学生的个性化需求，又能满足不同学习方式对资源的要求。登录"爱课程"网（http://www.icourses.cn），进入资源共享课，即可打开本门课程学习，获取相应的课程资源；也可以扫描教材中相应的二维码，获取一部分资源。这些资源包括全程教学录像、核心知识点与技能的微课、PPT、教学案例、试题等。

学生可以根据教学安排和教师要求进行有序学习。在课堂学习前，学生可以阅读本教材和教材"媒体链接"提示的文本资源或观看相应的微课资源，完成课前学习任务，为课堂教学做好准备。在课堂教学过程中，教师可以让学生利用这些资源，拓展课堂教学内容，使理论知识的学习更加直观、生动，促进学生对知识的理解与吸收。课后，学生根据教师布置的任务，登录"爱课程"网的相关模块下载或者在线学习其他优秀小学英语教师的教学设计案例或观看课堂教学录像，选择相关试题，进行深入学习或开展自测。本教材中所有引用的案例索引可扫描右侧二维码获取。

引用案例索引.doc

（二）课程实践

"小学英语教学设计"是一门实践性很强的课程，实践教学贯穿课程始终。在课程学习过程中，学生在教师的指导下，通过练习实践，掌握小学英语教学设计的每一个环节，例如进行教材分析、设计教学目标、设计教学方法、设计教学过程、设计教学评价等。学习中需要学习与实践有机结合，通过理论学习了解小学英语课堂教学的基本要求，通过实践掌握如何实施小学英语课堂教学的每一个步骤，获得具体的实践体验。例如：如何进行新课导入、如何呈现新知、如何开展课堂练习、如何实施课堂拓展练习、如何巩固新知等课堂教学环节。学生经过反复不断的实训、实践，提升对小学英语教学设计的认识，提高教学设计能力和水平，强化对小学英语课堂教学环节的理解，巩固实施小学英语课堂教学的能力。

（三）教学实践

教学实践既是检验学生教学设计的唯一方式，也是学生学习必须进行的一项教学活动。教师教育的各项标准均对实践提出了要求，学生要进行不少于18周的教育见习与实习，这是检验学生教学设计的最佳时期，是锻炼学生能力的最好机会。在见习与实习过程中，要求学生严格按照小学英语教学设计的规范进行教学设计，实施课堂教学，课堂教学结束后，认真反思，修改教学设计。通过"开展教学设计—实施课堂教学—课后反思—修改教学设计"这一完整的教学活动实践，获得全方位的教学实践体验，从而在实践中学习，在学习中感悟，在感悟中提高。学生在教育见习与实习中，检验自己的教学设计作品，获得真实的小学英语课堂教学体验，真正达到通过实践完善教学设计的目的。

三、教材编写分工

本教材是教师教育国家级精品资源共享课"小学英语教学设计"团队合作的

成果，聚集了在英语教学领域经验丰富、成绩突出的主讲教师和小学优秀英语教师。编写分工如下：第一章和第八章由郑州师范学院冯瑞娜编写，第二章由郑州师范学院康允编写，第三章和第九章由郑州师范学院赵文霞编写，第四章、第六章、第七章由郑州师范学院冯建瑞编写，第五章由郑州师范学院杜姣编写。第五章至第九章案例分析由郑州市二七区陇西小学张兴锋编写，第一章至第五章教学案例由新郑市基础教育教研室张勇提供并审稿，第六章至第九章教学案例由郑州市教育局教研室武新英提供并审稿。教材同步网络资源教学案例视频由张勇和武新英指导。全书框架由郑州师范学院陈冬花设计、修改并定稿，由全国教师教育课程资源专家委员会聘请专家审定。

需要特别说明的是，编写中，教材中引用了如下小学英语教师的教学案例，在此对他们表示感谢：马东方、张超、许林琳、沈晶、王娜、孟江涛、朱茜茜、王玲、荆丽琳、冯璐、席军亮、侯洁、黄真、冯丽、胡畔霞、帖晶、张鸽、牧珂、朱晓春、殷笑梅、孙洁、刘莹丽、巴红、苌萌、张斐斐、孙慧琦、赵莉、王灵珊、焦瑞、陈敏、韩艳利、姚莹、苌萌、孙艺、韦宝丽、王丹、史亚军、敬瑞霞、邓欣雨、赵威、花子建、李芳、荆王磊、赵明华、赖炳祥、陆瑞、王婧、孙召艳、孟卿、林荔、王雅婵、何滢、朱品品、白丽娜、胡芳芳、张琳琳、刘一静、易思源、段道恒。

四、声明和致谢

在本教材编写过程中，参阅了大量已有研究成果，在此谨向作者表示诚挚的感谢。在引文出处方面，我们力求全面详尽地注释，但难免有不慎之处，对于疏漏的引文出处，恳请作者原谅，同时希望能给予反馈，以便在修订时补上。

高等教育出版社教师教育出版事业部的领导和编辑，全国教师教育课程资源专家委员会的专家在教材规划、编写等方面给予了大力支持和悉心指导，他们对课程建设、教材篇章结构及教材内容提出了非常有见地的修改意见，使课程、教材增色许多，在此深表感谢。同时感谢中山大学夏纪梅教授在教材构思和设计方面给予的建设性意见和编写指导。另外，本教材入选河南省普通高等教育"十二五"规划重点教材，得到了河南省教育厅和郑州师范学院的大力支持，在此表示感谢。

陈冬花
2015年6月

目　录

第一章　小学英语教学设计概述　1
　　第一节　小学英语课程概述　3
　　第二节　小学英语教学设计的基本认识　9
　　第三节　小学英语教学设计的基本原则　16

第二章　小学英语教学设计要素与呈现形式　23
　　第一节　小学英语教学设计要素　25
　　第二节　小学英语教学设计的呈现形式　37

第三章　小学英语教材与学情分析　49
　　第一节　小学英语教材分析　51
　　第二节　小学英语学情分析　70

第四章　小学英语教学目标设计　81
　　第一节　小学英语教学目标综述　83
　　第二节　小学英语教学目标设计的原则与方法　102

第五章　小学英语教学过程设计　129
　　第一节　小学英语教学过程构成及其设计要求　131
　　第二节　小学英语教学热身导入环节设计　134
　　第三节　小学英语教学呈现新知环节设计　149

第四节　小学英语教学操练环节设计　153
　　　第五节　小学英语教学拓展环节设计　159
　　　第六节　小学英语教学总结与作业环节设计　164

第六章　小学英语教学方法设计与教学技巧运用　173
　　　第一节　任务型教学法设计　175
　　　第二节　情境教学法设计　182
　　　第三节　全身反应教学法设计　192
　　　第四节　支架式教学法设计　199
　　　第五节　自然教学法设计　207
　　　第六节　小学英语课堂教学技巧运用　215

第七章　小学英语不同课型教学设计　233
　　　第一节　小学英语词汇课教学设计　235
　　　第二节　小学英语会话课教学设计　251
　　　第三节　小学英语阅读课教学设计　257

第八章　小学英语教学评价设计　269
　　　第一节　小学英语教学评价概述　271
　　　第二节　小学英语教学评价的设计原则　275
　　　第三节　准备性评价设计　283
　　　第四节　形成性评价设计　286
　　　第五节　终结性评价设计　298

第九章　小学英语教学媒体与板书设计　305
　　　第一节　教学媒体概述　307
　　　第二节　小学英语教学媒体设计　314
　　　第三节　小学英语教学板书设计　332

主要参考文献　341

第一章　　　　小学英语教学设计概述

本章导读

本章学习关注以下要点：
- 小学英语课程的性质与任务
- 小学英语教学设计的基本理念
- 小学英语教学设计的基本原则

问题情境

王老师是一名英语专业的毕业生，到小学任英语课程教学已经一年了，根据学校要求，要上一节青年教师公开课，她讲课的内容是人教版小学英语（实验教科书）四年级下册Unit Six At a Farm, Part A。开始上课，王老师一句话没说，就在黑板上书写标题，接下来告诉学生要学习这个单元内容，而后直接在黑板上写了6个单词：horse, sheep, hen, cow, lamb, goat。写完后开始学习单词，老师读、学生听；老师领读、老师拼读；老师用汉语说、学生读出英语单词，共用了10多分钟。紧接着给学生5分钟，在没有任何要求的条件下，让学生自己读。5分钟内，近一半学生在玩耍、做小动作。5分钟后，让个别学生读。不顾学生的学习效果，又在黑板上写了5个短语：ride a horse, feed the hens, milk a cow, shear a sheep, hold a lamb；让学生用学习单词同样的方法学习这5个短语。最后，在学生读短语的过程中，下课铃声响了。

听课的老师同王老师座谈时问了她几个问题：这节课的教学目标是什么？这节课学习的重点与难点是什么？王老师回答说6个单词和5个短语。这节课的设计理念是什么？教学环节有哪些？一连串的问题使王老师一脸茫然。

启发思考

根据王老师的教学过程和听课的老师提出的问题，你认为王老师的课堂教学存在什么问题？请帮助王老师分析原因。

英语是世界上广泛使用的语言之一，学习和使用英语对汲取人类文明成果、借鉴外国先进科学技术、增进世界各国的相互理解具有重要的作用。在义务教育阶段开设英语课程能够为提高我国国际竞争力、国民素养，培养具有创新能力和跨文化交际能力的人才奠定基础。

第一节 小学英语课程概述

2001年2月教育部颁布了《教育部关于积极推进小学开设英语课程的指导意见》，该意见要求全国乡镇以上小学从三年级开始开设英语课程。从此，小学英语课程被纳入我国义务教育课程体系。至2005年，全国除少数地区外，小学已基本上开设了英语课程。

一、小学英语课程性质与任务

为指导全国小学英语课程教学，2001年，教育部制定了《全日制义务教育英语课程标准（实验稿）》，作为小学英语课程实施、教学评价、教材审查和选用的主要依据。2011年教育部颁发了《义务教育英语课程标准（2011年版）》（以下简称《标准》），明确规定了义务教育阶段的英语课程以小学三年级为起点，以初中毕业为终点；并对义务教育阶段的英语课程性质作了明确规定。

案例：初步感知小学英语课堂教学.mp4

知识链接

义务教育英语课程性质

义务教育英语课程具有工具性和人文性双重性质。就工具性而言，英语课程承担着培养学生基本英语素养和发展学生思维能力的任务，即学生通过英语课程掌握基本的英语语言知识，发展基本的英语听、说、读、写技能，初步形成用英语与他人交流的能力，进一步促进思维能力的发展，为今后继续学习英语和用英语学习其他相关科学文化知识奠定基础。就人文性而言，英语课程承担着提高学生综合人文素养的任务，即学生通过英语课程能够开阔视野，丰富生活经历，形成跨文化意识，增强爱国主义精神，发展创新能力，形成良好的品格和正确的人生观与价值观。工具性和人文性统一的英语课程有利于为学生的终身发展奠定基础。

——《标准》

依据《标准》的要求，小学英语课程的学习过程，既是学生通过英语学习和实践活动，逐步掌握英语知识和技能，提高语言实际运用能力的过程，又是他们磨砺意志、陶冶情操、拓展视野、丰富生活经历、提高人文素养的过程。

英语课程纳入义务教育课程体系，其不仅是一门外语课程，也是学生素质教育的课程。在义务教育阶段开设英语课程能够为提高我国整体国民素养，培养具有创新能力和跨文化交际能力的人才，提高国家的国际竞争力和国民的国际交流能力奠定基础。具体来讲，义务教育阶段英语课程任务为：激发学生的学习兴趣，让学生树立信心，养成良好的学习习惯和形成有效的学习策略，发展自主学习的能力和合作精神；培养学生的观察、记忆、思维、想象能力和创新精神；帮助学生了解世界和中西方文化差异，拓展视野，培养爱国主义精神，形成健康的人生观。《标准》从宏观上对义务教育英语课程的任务给予了明确的要求，是教师实施英语课程教学的总体指导思想，是英语教学的宏观目标。

小学英语课程是学生的外语启蒙课程。由于其外语课程的特点，与其他素质教育课程比较，不但承担实施素质教育的任务，还承担课程本身的任务，简要归纳为以下几方面：

（一）学习语言，形成初步的外语交际能力

小学英语课程最基本的任务是语言学习，通过语言学习，形成语言技能，从而达到运用语言进行交际的目的。在小学英语学习阶段，语言学习的基本任务之一在于培养学生形成正确的语音、语调。语音、语调教学是语言教学的重要内容之一，自然规范的语音、语调将为有效的口语交际奠定良好的基础。语言学习的另一项基本任务是语法内容的学习。语法内容包括词汇即名词、动词、代词、副词等九类词汇约800个单词，还包括一般现在时、现在进行时、一般过去时等6种时态，语态，基本句型等，这些基本内容是学生进行口语交际的基础要素，为学生形成初步语言运用能力奠定基础。如果没有一定数量的词汇基础，学生不可能开口说英语；如果没有掌握一定的基本句型，学生也不会用英语交流。学习语言知识、形成语言技能是小学英语课程的基本任务，是完成其他任务的基础。

（二）培养兴趣，奠定未来人生发展基础

三年级是学生学习英语的起始阶段，小学生初步认识和接触外语，充满了对外语学习的好奇和希望，所以英语课程的任务之一是培养小学生学习英语的兴趣。毕竟，英语课程与其他课程不同，是在母语环境中学习，学习的方法和效果也因人而异，一旦学习遇到困难，学生很容易失去兴趣，甚至产生恐惧心理。如何培养学生持久的学习兴趣不仅是课程任务，也是能否完成课程任务的重要影响

因素。学生一旦对学习英语失去了兴趣，就可能直接影响学生初中、高中乃至大学的深造学习，有可能成为学生发展的"短板"，直接影响学生未来的成长。所以，培养学生学习英语的兴趣，为学生奠定良好的发展基础是小学英语课程的重要任务。

（三）开阔视野，初步了解中西方文化差异

小学英语课程的任务之一是通过学习英语开阔学生视野，使学生初步了解中西方文化差异。在小学阶段，英语课程学习涉及的语言功能项目包括：社会交往、态度、情感、时间、空间、存在、特征、计量、比较、逻辑关系和职业11大项64个方面，这些语言功能项目基本上涵盖了小学生生活经验的各个方面，通过学习这些语言功能项目内容，他们将获得使用英语交往的基本方式和基本要求，同时也初步了解英语国家的风土人情。不仅是学习语言知识，培养语言技能，同时也学习西方文化，通过学习比较中西方文化的差异，这样的学习，对小学生来说，英语课程是最好的途径。所以小学英语课程肩负着开阔学生视野、使学生初步了解中西方文化差异的任务。

（四）陶冶情操，促进学生健康成长

小学英语课程承担着陶冶学生情操、促进学生健康成长的任务。小学阶段的学生正是身心发展的关键时期，也是他们人生观、价值观形成的关键期，这个时期对学生的教育也是非常关键的，如何培养小学生正确的是非观念、良好的道德观念以及健康的心理和健全的人格，是所有小学教育课程必须承担的任务，小学英语课程更有其课程的优势。因为，小学英语课程学习的语言话题仅一级话题项目就有24项，包括：个人情况，家庭、朋友与周围的人，居住环境，日常活动，学校，个人兴趣，情感与情绪，人际交往，计划与安排，节假日活动，购物，饮食，卫生与健康，安全与救护，天气，文娱与体育，旅游和交通，通讯①，语言学习，自然，世界和环境，科普知识与现代技术，历史与社会，故事与诗歌，涉及85个方面。这些话题既是语言学习的话题材料，也是对学生进行情感态度、价值观、道德观教育的内容，不同的话题对学生情感态度和价值观都将产生潜移默化的影响。例如，通过家庭、朋友与周围的人话题培养学生的亲情、爱心、友谊；通过卫生与健康话题，培养学生良好的卫生习惯和健康的心理；通过故事与诗歌，培养学生的爱国主义精神和美好的情操等，学生在学习语言的同时获得知识，接受教育，陶冶情操。所以，陶冶学生情操、促进学生健康发展是小学英语课程的重要任务。

---

① 《义务教育英语课程标准（2011年版）》用"通讯"一词，包含"写信""打电话""使用互联网"。

二、小学英语课程基本理念

微课：小学英语教学设计的基本理念.mp4

《标准》明确规定了义务教育英语课程的基本理念，具体规定可参见《标准》原文，总结阐述为以下六个方面。

（一）注重素质教育，体现语言学习对学生发展的价值

《标准》首先明确了英语课程的主要目的和价值，英语课程的目的是为学生发展综合语言运用能力打基础，为他们继续学习英语和未来发展创造有利条件。可以说，素质教育是英语课程基本理念的核心，在小学阶段对学生进行素质教育是提高国民整体素质的重要渠道。素质教育对英语课程的基本要求是：英语课程的教育教学应该与其他义务教育课程共同努力，促进学生素质的全面发展，提高学生的人文素养，增强学生的实践能力、合作能力和创新意识。小学英语课程不仅仅要传授学生语言知识，培养学生的语言能力，而且要培养学生的思维能力、想象力、创新能力等。英语课程还应发挥其人文性的特征，在教育教学中有机渗透情感教育，让学生实现全面发展。

（二）面向全体学生，关注语言学习者的不同特点和个体差异

面向全体学生是《标准》提出的课程指导思想。面向全体学生理念的核心是使每一个学生都得到发展。义务教育的根本宗旨是要提高国民的整体素质，不是培养尖子生、高才生；英语课程要关注每个学生的情感，激发学生学习英语的兴趣，帮助学生获得学习的成就感和自信心，使学生在学习过程中发展综合语言运用能力，提高人文素养，增强实践能力，培养创新精神。

（三）整体设计目标，充分考虑语言学习的渐进性和持续性

义务教育阶段英语课程的目标是以学生语言技能、语言知识、情感态度、学习策略和文化意识的整体发展为基础，培养学生综合语言运用能力。《标准》将课程目标的五个方面分别设定为九个级别，并以学生"能够用英语做某事"具体描述各级别的要求，这种设计旨在体现义务教育阶段学生能力发展循序渐进的过程和课程要求的有机衔接，保证国家义务教育英语课程的整体性、渐进性和持续性。《标准》从学生发展的角度，以符合我国义务教育实际，有利于教师操作的方式，提出了义务教育英语课程的教学要求，有利于解决不同学段之间的衔接问题，也有利于学生根据自己的实际需要进行选择性学习。

（四）强调学习过程，重视语言学习的实践性和应用性

《标准》对英语学习方式提出的总体要求，也是基于语言学习特点的教学原

则与方式，这一理念充分体现了英语的工具性特征。义务教育英语课程强调语言学习的实践性，主张学生在语境中接触、体验和理解真实语言，并在此基础上学习和运用语言，提倡采用既强调语言学习过程又有利于提高学生学习成效的语言教学途径和方法，尽可能为学生创造在真实语境中运用语言的机会，让学生在教师的指导下，通过感知、体验、实践、参与和合作等方式，实现学习的目标。

（五）优化评价方式，着重评价学生的综合语言运用能力

这是《标准》对英语课程教学评价的具体要求，其目的是要建立能够激发学生学习兴趣和促进自主学习能力发展的评价体系，这样的评价体系由形成性评价和终结性评价构成。小学阶段的学生，身心正处在迅速发展的关键期，所以，小学英语教学应以形成性评价为主，关注学生在学习过程中的表现和进步，把对小学生的评价贯穿平常的英语学习过程之中，根据学生的表现和成绩对学生的学习作出更准确、更合理和更科学的评价，通过评价培养和激发学生学习的积极性和自信心，促使学生形成持久的学习兴趣。终结性评价应着重检测学生综合语言技能和语言应用能力。评价方式要有利于促进学生综合语言运用能力和健康人格的发展，促进教师不断提高教育教学水平；促进小学英语课程不断发展与完善。

（六）开发课程资源，丰富和拓展英语学习的渠道

这是《标准》对英语课程资源、学习渠道的基本要求，英语课程力求合理利用和积极开发课程资源，给学生提供贴近实际、贴近生活、贴近时代的内容，以及健康和丰富的课程资源。当今是社会信息化时代，学习资源呈现方式多元化，英语课程要积极利用音像、广播、电视、书报杂志、网络信息等，拓展学习和运用英语的渠道；积极鼓励和支持学生主动参与课程资源的开发和利用，使学生能够获得广泛的学习资源和学习渠道。

《标准》遵循学生全面发展的理念，确立了课程的基本理念。义务教育英语课程的基本理念把培养学生的学习兴趣、学习态度和自信心放在首位，建立了培养学生综合运用语言能力和持续学习英语兴趣的课程目标体系，从根本上确立学生学习的主体地位，不仅教给学生丰富的语言知识，而且培养学生获得和运用语言知识的能力，为学生的自主学习和持续发展奠定基础。《标准》中的每一条理念中都渗透了对英语教与学的阐释，特别是强调了语言学习的渐进性和持续性，以及语言学习的实践性和应用性，注重对学生综合语言运用能力的评价。课程基本理念为实现义务教育英语课程的目标和任务奠定了理论和实践的基础。

三、小学英语课程改革发展趋势

小学英语课程在我国已经逐渐普及，小学英语课程的改革越来越受到社会的关注，《标准》的颁布与实施，为小学英语课程的改革指明了方向，提供了动力，促进了小学英语课程教学改革。目前小学英语课程改革主要呈现以下趋势。

（一）课程目标：呈现多元化

多元化的课程目标是小学英语课程改革的核心体现，《标准》明确规定了义务教育阶段英语课程的总目标是培养学生的综合语言运用能力。综合语言运用能力的形成需要建立在学生语言技能、语言知识、情感态度、学习策略和文化意识等素养整体发展的基础上。多元化的目标有利于促进学生的全面发展，提高学生的人文素养。

（二）教学理念：重视语言的运用

在教学理念上从重视语言知识的传授转向重视语言运用能力的培养。培养学生英语综合运用能力既是课程目标，也是课程教学改革的要求。英语课程不但要学习英语单词、句型、语法和语言知识，而且要更重视会用英语做事情，实现能用英语进行交际的目标。《标准》提倡学生在教师的指导下，通过体验、实践、参与、探究和合作等方式，在真实语境中接触、体验和理解真实语言，并在此基础上学习和运用语言，在语言学习过程中培养思维能力、文化意识，锻炼语言运用能力。

（三）教学方法：倡导任务型教学途径

任务型教学途径是小学英语课程教学方法改革的主要方式，是培养学生语言运用能力的有效途径，《标准》以学生"能用英语做某事"的描述方式设定各级目标要求，要求教师应该避免单纯传授语言知识的教学方法，尽量采用"任务型"的教学途径，创造性地设计贴近学生生活实际的教学活动，吸引和组织他们积极参与，使学生通过思考、讨论、交流和合作等方式学习和使用英语，完成学习任务，从单一的机械模仿训练和语法讲解的接受式教学向活动式任务型教学转变。

（四）课程评价：倡导多元化

课程评价多元化是小学英语课程改革的重要方面，要改变以往单一的知识性测试，更加关注学生综合语言运用能力的评价。多元化的英语课程评价体系体现评价主体的多元化和评价形式的多样化，评价的主体不仅是教师，而是由教师、学生、家长多元评价主体构成；评价更关注学生综合语言运用能力的发展过程以及学习的效果。从单一的终结性评价向与形成性评价相结合的评价方式转变，从关注学生学习结果向关注学生在学习过程中的态度、参与的积极性、努力的程度、交流的能力以及合作的精神等转变，这是实现课程目标的重要保障。

（五）课程资源：强调多样性

义务教育英语课程重视多样性的课程资源对英语学习的意义，《标准》强调合理利用和积极开发课程资源是英语课程实施的重要保证。英语课程资源包括英语教材以及有利于发展学生综合语言运用能力的其他支持系统，如教学材料、教学设备、教学环境等。《标准》提倡通过开发和利用多种形式的课程资源，使学生尽可能多地从不同渠道、以不同形式接触和学习英语，为学生自主学习创造条件，从而促进学生的有效学习。在英语教学中，除了合理有效地使用教科书外，还要积极地利用和开发其他课程资源，拓宽英语学习渠道。

小学英语课程改革，一方面，极大地调动了英语教师参与课程改革的积极性，在课程改革的形势下教师的创造潜力得到了开发；另一方面，对教师能否正确理解新课程教学理念，改革教学方式和方法，采用多元化的评价方式，多渠道开发课程资源，树立适应学生发展的教学观，提出了新的挑战。

学习实践

目前我国已基本实现了小学阶段开设英语课程的义务教育目标，请调查一所小学的英语课程现状，具体要求如下：
1. 每周开课课时，是否有拓展学习时间，是哪种方式，效果如何。
2. 选用什么教材。
3. 该校英语教师的基本情况，包括教师学历、职称、教龄、年龄等。
4. 学校领导对英语课程的认识与态度。
5. 根据调查情况谈谈你对小学英语课程的认识，并分小组学习交流。

第二节 小学英语教学设计的基本认识

随着基础教育课程的改革与发展，小学英语课程教学也在不断地改革与发展，其教学理念不断更新，教学方法不断创新。改变了以往英语课程过分重视语法和词汇知识、忽视语言运用能力培养的倾向，强调了课程从学生的学习兴趣、生活经验和认知水平出发，倡导体验、实践、参与、探究和合作的学习方式和任务型的教学途径，发展学生的综合语言运用能力，使语言学习的过程成为学生形成积极的情感态度、主动思维和大胆实践、提高跨文化意识和形成自主学习能力的过程。

一、小学英语教学设计依据

教学设计（Instructional Design，简称ID）是指运用系统方法，分析教学问题和确定教学目标，提出解决教学问题的策略方案，试行解决方案、评价试行结果和对方案进行修改的过程。它以优化教学效果为目的，以学习理论、教学理论和教育传播学理论为基础。

（一）依据一：《义务教育英语课程标准（2011年版）》

第一，《标准》明确规定，培养学生英语综合运用能力，提升学生的综合人文素养，促进心智发展，是义务教育英语课程目标。英语综合运用能力体现了英语的工具性和人文性，这就要求首先教师要立足语言技能、语言知识、情感态度、学习策略和文化意识五个方面的课程目标，整体规划各阶段的教学任务。在语音教学方面，教师要注意指导学生感知和模仿英语语音的特点，形成正确的语音、语调；在词汇教学方面，指导学生掌握有效的记忆和使用英语词汇的方法；对于英语句型教学，帮助学生理解句型的结构和语用功能，初步形成运用听、说、读、写语言技能获取、处理和传递所需信息的能力。其次，义务教育的英语课程承担着提高学生人文素养的任务，让学生通过学习英语了解世界。所以，教师的教学设计要积极引导学生了解英语国家的历史地理、风土人情、传统习惯、生活方式、行为规范、文学艺术、价值观念等，帮助学生加深对英语的理解和使用，有利于加深对中华民族优秀传统文化的认识与热爱，有利于学生接受人类先进文化的熏陶，拓展学生的国际视野，增强爱国意识，传播中国文化，发展跨文化交流的意识和能力，促进思维发展，形成正确的人生观、价值观和良好的人文素养，为学生的未来发展奠定良好的基础。

《标准》清晰地阐述了义务教育英语课程的性质、基本理念、设计思路、课程目标、实施建议，是指导英语教师教学的纲领性文件，是英语教师开展教学设计的最根本的依据。

第二，《标准》指出："义务教育阶段的英语课程应面向全体学生，体现以学生为主体的思想，在教学目标、教学内容、教学过程、教学评价和教学资源的利用与开发等方面都应考虑全体学生的发展需求。"因此，教师深入了解每一个学生的个性特征，关注学生的个体差异，努力提供适应不同类型学生的教学设计，优化课堂教学过程和课外语言实践活动环境，使每一个学生都能得到最大的发展，是对教师教学设计的基本要求。

以生为本的教学设计理念核心在于教学设计是为了学生，为学生的学习而设计，为学生的发展而设计，要牢固确立一切为了学生、为了一切学生的主导思想。首先，教师进行教学设计要遵循小学生的身心发展规律、学习特点，根据学生的实际情况，确立有利于逐步提高学生基本语言素养和基本英语学习能力的学习目标，准确把握学习难度，选择适当的教学方式和方法，激发所有学生学习英语的兴趣，调动学生学习英语的积极性，树立学习英语的信心，体验学习英语的乐趣，获得学习英语的成就感，促使学生学习不断进步。其次，教师要充分了解学生不同的学习经历、学习水平和学习风格，尊重学生的个体特点，设计形式多样的教学活动和课堂互动，尽可能为学生创设语言实践机会，营造和谐的课堂气氛，引导学生学会自主学习和合作学习，帮助学生解决学习中的困难和问题，培养学生浓厚的英语学习兴趣、良好的学习习惯和创造性运用语言的意识。让学生快乐学习英语，享受学习英语的快乐是以生为本教学设计理念的基本体现。

（二）依据二：语言学习理论

小学英语课程教学的对象是小学生，教学的主要内容是英语这门语言，主要包括词汇、语篇、对话等，因此教师只有先了解语言学习理论，遵循儿童身心发展的规律，才能科学设计教学。儿童时期是人的世界观、价值观发展的初级阶段，也是发展思维能力和形成认知方式的重要阶段，这一阶段儿童的发展具有很强的可塑性。那么，儿童的语言能力是先天具备还是后天习得？关于儿童语言习得理论的观点主要有环境论、先天决定论、认知论等。下面将对三种主要理论及其对英语教学的启示作简要介绍。

第一，环境论。环境论强调环境和学校对语言获得的决定性影响。最具有代表性的环境论的观点主要有模仿说和强化说。传统模仿说认为儿童学习语言是对成人语言的临摹，儿童的语言只是成人语言的简单翻版。后来语言学家乔姆斯基强调儿童在语言习得过程中的主动性和创造性，并对模仿在语言获得中的作用进行了研究；强化说理论源于巴甫洛夫的条件反射和两种信号系统的理论，认为语言的发展是一系列刺激反应的联结和结合。后来，斯金纳依据其操作性条件反射理论认为儿童的语言获得是刺激—反应—强化的过程。儿童对一个刺激作出正确的反应就会得到成人的强化（口头赞许或物质上的满足），这就增加了类似情境中作出反应的可能性。儿童便在这一过程中获得了语言。

环境论有其合理性成分,在儿童学习语言时,"模仿"不仅是儿童第一语言习得的事实,至今仍是第二语言习得不可少的方法之一;"强化"的作用也确实存在,无论是表扬还是纠正错误,都是为了给学生明确的反馈并加深其印象,以促进语言的进一步发展。但是环境论的观点过于强调刺激的作用,忽视了人的主观能动性。在英语教学中,教师可以依据环境论给学生适当的"刺激",但还应该激发学生的学习主动性,以达到良好的教学效果。

第二,先天决定论。该理论否认环境和学习对语言获得的决定性作用,强调语言学习是先天禀赋的作用。乔姆斯基提出的"先天语言能力说"认为:决定幼儿掌握说话的因素不是经验和学习,而在于人的先天掌握语言规则的特殊能力,表现为儿童头脑中有一种受遗传因素决定的"语言习得机制",即语言能力,这是一种能将头脑中已经具有的普遍性语法规则转换为母语语法规则的能力。先天决定论特别强调人类天生具有的语言习得的能力,正如鸟天生有学会飞翔的能力、人天生有学会走路的能力一样,这是语言获得的根本原因。把儿童语言学习的过程看成是主动、积极、创造的过程。

先天决定论是与环境论针锋相对的理论。前者主张语言获得是先天禀赋的能力;后者过分强调了环境的作用,忽视认知能力的作用。前者又过分强调天赋,忽视后天环境的作用,忽视反复操练养成习惯的必要性。这是两个极端的理论。在英语教学过程中,我们既要考虑环境对儿童成功学习语言的作用,又要注重儿童学习语言的主动性。

第三,认知论。该理论是以瑞士著名的儿童心理学家皮亚杰的"认知论"为理论基础,认为儿童的语言发展是天生的能力与客观的经验相互作用的结果。儿童的语言学习是建立在儿童认知能力发展的基础上的。语言学习能力是认知能力的一种,认知能力的发展决定语言能力的发展。该理论既重视先天因素,也重视后天因素,认为儿童的语言是在先天因素与后天因素相互作用之中发展起来的。

从以上对儿童语言习得理论中可以看出,各个理论从某种程度上都有一定的道理,了解语言理论,有助于我们在教学中把各种理论与自己的实际教学情况结合起来,博采众长,帮助我们有效、科学设计小学英语教学。

(三)依据三:学习理论

学生的主要任务是学习,学习是有规律可遵循的。学习理论是教学设计的理论基础,学习理论是研究学习的过程、经过和有效学习的条件的各种学说。对教学设计有较大影响的学习理论主要有以下三种。

第一,行为主义学习理论。该理论的核心观点是:学习过程是有机体在一定条件下形成刺激与反应的联结,从而获得新的经验的过程,强调学生的可塑性。在实际教学工作中，语言的学习就是在一定条件下刺激与联结的结果。根据这一理论，教师在设计教学的过程中，注重学生学习行为的分析和开发，在英语教学中，运用"刺激–反应–强化"模式，可设计各种有趣的英语教学活动"刺激"学生"积极反应"，从而达到"有效强化"，是达到规定学习目标最有效的手段。

第二，认知主义学习理论。该理论与行为主义学习理论对立，主要研究学习者对环境刺激（信息）的内部加工过程和机制，而不限于外显的刺激与反应。它研究人是如何形成概念、理解事物以及进行思维和解决问题的。认知主义学习理论认为一个人的知识是按照一定的结构方式组织起来的，是充满内在联系的，人并不是把各种概念、事实等简单地堆积在自己的记忆里的。认知主义学习理论对教学的设计有重要的启示。在设计英语教学时，教学目标的设计要帮助学生掌握英语知识的结构和方法，构建相应的认知结构；教学过程的设计要考虑学生的认知能力和兴趣，让学生积极主动地参与学习。

第三，建构主义学习理论。该理论是认知主义学习理论的新发展。自20世纪80年代以来，作为一种新的认识论和学习理论在教育研究领域产生了非常深刻的影响。建构主义强调意义不是独立于我们而存在的，个体的知识是由人建构起来的，对事物的理解不是简单由事物本身决定的，人以原有的知识为基础来建构自己对现实世界的解释和理解。它强调学习是积极主动的意义建构和社会互动过程。教学并不仅仅是知识经验的"灌输"，而是要引导学生从原有经验出发，生长起新的经验，主张成人应注意重构、扩展儿童的已有知识。

（四）依据四：教学理论

教学理论是在教学过程中旨在探讨、解释和预测教学现象的观念体系，研究教学的现象、问题，揭示教学的一般规律，并利用和遵循规律解决教学实际问题的方法策略和技术。从教学理论的含义可以看出，小学英语教学设计必须依据教学理论作为支撑。

教学理论中比较有影响的主要有巴班斯基的教学过程最优化理论、斯金纳的程序教学理论、布卢姆的掌握学习理论中的目标分类体系、加涅关于学习结果的分类、布鲁纳的发现学习教学法、奥苏贝尔的有意义学习、维果斯基的最近发展区理论、瓦·根舍因的范例教学理论等，都是英语教学设计的理论基础。根据与小学英语教学设计的紧密程度，下面主要对巴班斯基、布卢姆、维果斯基的教学理论作简要介绍。

第一，巴班斯基的教学过程最优化理论。巴班斯基以辩证的系统论观点作为教学论研究的方法论基础，提出了教学过程最优化理论。教学过程最优化不是一种特殊的教学方法或教学手段，而是科学地指导教学、合理地组织教学过程的方法论原则。教学过程最优化可以使师生耗费较少的时间和精力，收到优质效果，是达到教师有效教育的重要保障。根据巴班斯基的观点，评价教学过程是否达到了最优化有两个基本标准：其一是效果与质量标准，指在具体的条件下，尽可能地发挥最大的效益，使学生获得最大限度的发展。其二是时间标准，即教师必须在尽可能少的时间内去完成教学的要求。也可以理解为，确定教学过程优化的标准是：教学效果佳，时间耗费少，精力耗费少，过重精神负担少，经费花费少。根据教学过程最优化理论，我们在设计英语教课时，课程目标的确定、教学内容的选择、教学活动设计、教学评价设计等都可以依据优化标准，达到有效教学的效果。

第二，布卢姆等人的"教育目标分类学"。该理论认为教育目标具有层级结构，应该以学生具体的、外显的行为来陈述。应包括认知领域、情感领域、动作技能领域，每一个领域的目标又从低级到高级分成若干层次。例如，按照由简单到复杂、由低级到高级的顺序，在认知领域中，布卢姆将人的知识教育目标分为知识、领会、应用、分析、综合、评价等。在设计英语教学目标时，教师同样也可以根据学习内容和学生的情况把教学目标分为由低到高不同的层次，确定哪些知识是需要学生领会和应用的，哪些知识是需要学生分析的。

第三，维果斯基的最近发展区理论。该理论认为教学要想取得效果，必须考虑儿童已有的水平，并要走在儿童发展的前面。所以教师在教课时，需要考虑儿童的两种水平，即儿童的现有水平和在他人尤其是成人指导的情况下可以达到的较高的解决问题的水平。为了使教学促进发展，维果斯基认为教师可以采用支架式教学，即在儿童试图解决超出他们当前能力范围的问题时给予指导支持，帮助学生顺利通过最近发展区。依据该理论，可以引导小学英语教师正确认识自己的角色，了解学生现有的水平，在设计教学中帮助学生发挥自己的潜能，以提高认知水平。

综上，《标准》、语言学习理论、学习理论、教学理论等，从不同方面、不同角度给予小学英语教学设计一定的启示。小学英语教师进行教学设计时应综合考虑上述因素，并以此为依据指导教学。

二、小学英语教学设计的价值

为什么要进行教学设计？教学设计的价值是什么？明确了它的价值，对教师进行教学设计有着重要的意义。

（一）提高课堂教学效果

提高课堂教学效果是教学设计追求的价值目标之一，也是教师开展教学设计的目的之一。教学设计是教师研读《标准》、分析学情、确定教学目标、设计教学过程、选择教学方法、设计教学评价等综合性教学准备过程。教师所进行的每一项准备工作都是为了顺利完成教学任务，实现教学效果的最优化。所以，提高课堂教学效果是教学设计最基本的价值体现。

在教学实践中，教学的成效与教学设计有很大的关系，通过教学设计，教师可以对教学活动的基本过程有整体把握，可以根据教学情境的需要和教育对象的特点确定合理的教学目标，选择适当的教学方法，采用有效的教学手段，创设良好的教学环境，实施可行的评价方案，保证教学活动的顺利进行。通过教学设计，教师还可以有效地掌握学生学习的初始状态和学习后的状态，从而及时调整教学方法、策略，采取必要的教学措施，为下一阶段的教学奠定良好基础。通过教学设计，教师对课堂教学的每一个环节、每一个步骤、每一项活动都做了充分的准备，设计了预案，课堂上的一切活动都是有的放矢，极大地减少了教学活动中的盲目性，有效避免了教学过程中的随意性，确保教学目标的顺利完成。从这个意义上说，教学设计是教学活动得以顺利进行的基本保证，是提高课堂教学效果的有效途径。教学实践证明，合理的教学设计可以为教学活动提供科学的行动纲领，使教师在教学工作中事半功倍，取得良好的教学效果。忽视教学设计，不仅难以取得好的教学效果，而且容易使教学走弯路，影响教学任务的完成。

（二）促进教师专业发展

教学设计的过程是一个反复进行的过程，在这个过程中，教师要根据课堂教学实际情况，不断修改、调整、完善设计。在整个过程中，第一，能够促进教师增长专业知识。小学英语教学设计是教师创造性工作的过程，在这个过程中需要教师对教育、教学有正确的理解和认识，对学生、教材准确把握，对教学目标有正确的定位、对教学过程能灵活调控，对学习效果有客观的评价，对教学行为能理智地反思。教师为了完成这一系列的设计工作，必须查阅大量的资料，认真学习《标准》，学习相关教育理论，所以设计过程也是教师理论学习和理论提高的过程。第二，能够促进教师专业能力的提高。教师在设计过程中，一方面便于发现教学中的问题，用科学的方法分析问题，谋求解决的方案；另一方面需要在设计、试行过程不断地反思解决方案。在这个过程中，科学思维习惯得以有效地培养，发现、解决教学问题的能力也会逐渐提高。教学设计也是相互学习的过程，教师在设计过程中，可能会遇到新问题，为解决新问题教师需要同伴的帮助，形成团队，通过团队合作，互相学习，共同提高。所以，教学设计的价值不仅仅是课堂教学的准备，还是促进教师业务能力提高的催化剂。

通过反复的设计、反思、改进、完善和提升，教师能积累英语教学知识，提高教学实践能力，总结教学经验，实现专业发展。

（三）促进学生全面发展

一切教育活动的出发点和归宿都是为了人的全面发展，《标准》也明确提出工具性和人文性统一的英语课程有利于为学生的终身发展奠定基础。小学阶段的学生正处于身心发展的关键期。通过教学设计，教师能够充分了解学生的学习需要，了解学生的认知水平，了解学生的情感态度，根据学生实际，有目的、有计划、有针对性地设计教学活动，采用有效的教学策略，使学生在生动活泼、兴趣盎然的氛围中学习英语，充分享受学习外语的快乐，体验中西方文化的差异，不仅能实现学习目标，还能实现身心的健康发展，这是教学设计的根本价值所在。

学习实践

根据你对小学英语课程的认识与理解，谈谈小学英语教学设计的基本理念是什么。

微课：小学英语教学设计的基本原则.mp4

第三节 小学英语教学设计的基本原则

教学设计是对教师教的行为和学生学的方法的总体策划，它不仅仅是教学工作的准备，也是教师教育思想的体现，是教师反思教学、总结经验、提升专业能力的重要途径，是促进学生全面发展的有效手段。教学设计是否科学、合理，直接影响教学。为保证教学设计的科学性、可行性，在教学设计过程中应遵循以下基本原则。

一、思想性原则

小学英语课程是素质教育课程，也是对学生开展思想品德教育的重要渠道，教学设计要从学生的实际出发，根据学生身心发展的特点和学生的认知规律，紧贴学生生活选取教学材料，设计教学活动。教学材料和教学活动不仅要有利于学生学习语言知识，形成语言技能，又要有利于学生道德品质的形成与发展，有利于学生健康性格和健全心理的形成与发展。思想性原则还要求教师要把文化意识渗透在开展爱国主义教育和增强世界意识之中，使学生了解外国文化的精华和中外文化的异同；还要有利于引导学生提高文化鉴别能力，树立民族自尊心、自信心和自豪感，促进学生形成正确的人生观和价值观。

二、系统性原则

教学设计是一项系统工程，系统中的各要素相当于子系统，既相对独立，又相互依存、相互制约，组成一个有机的整体。教学设计各子系统的排列具有程序性的特点，即各子系统有序地成等级结构排列，而且前一子系统制约、影响着后一子系统，而后一子系统依存并制约着前一子系统。一个规范的教学设计一般由教材分析、学情分析开始，根据分析结果，确定教学目标。

从形式上看，教材分析、学情分析和教学目标是相对独立的，但又是相互依存的。学情制约着教学目标，教学目标的制订建立在学情分析的基础上，彼此之间存在着内在的逻辑关系，它们之间的逻辑性是保证前后各要素相互衔接的前提。在这种逻辑的基础上，一旦教学目标明确了，教学重点、教学难点就能够确定了。

重点、难点是教师选择教学方法的重要指标和依据，它在一定程度上决定了教师选择什么样的方法突出重点、突破难点，以实现教学目标。所以，教学设计的程序是无法随意改变的，教学设计中教师应遵循其程序的规定性及联系性，确保教学设计的系统性和科学性。

三、趣味性原则

小学英语课程的目标是要培养学生综合运用语言的能力和学习英语的兴趣。小学英语的教学对象是三至六年级的学生，教学设计不仅要符合学生的知识、认知和心理发展水平，还要充分考虑不同年龄段学生的兴趣、爱好、愿望等学习需求，紧密联系学生的实际生活，设计生动活泼、形式多样、趣味性强的学习活动，创设愉快的语言运用情境，引导学生积极参与，提高学生的学习兴趣，加强其学习动机。如，根据不同学段学生的年龄特征，设计不同的任务型教学，创设不同的情境，采用不同形式的教学媒体，使课堂教学生动活泼。

四、灵活多样性原则

灵活多样性是指教师教的方法和学生学的方法要灵活多样。在教学活动中，教师如何进行教学，采取何种方法，是决定教学效果的关键因素之一。灵活多样性原则要求教师在教学过程中，从学生、教学内容、教学环境实际出发，具体问题具体分析，采取不同的教学方法。从课型来看，小学英语课程有词汇课教学、会话课教学和阅读课教学，教学对象从三年级到六年级，教师的教学设计既要考虑不同课型的特点，也要考虑不同年级学生的学习特点，采取合适的教学方法，激发学生学习英语的持久兴趣。小学英语课堂教学多是师生之间的共同活动，教师要牢牢抓住学生活泼好动、好奇心强等特点，精心设计灵活多样的教学活动，让学生保持旺盛的学习兴趣。

教师灵活的教学方法可以体现在教学过程的各个环节。如课堂导入，可以根据不同的教学内容、不同年级的学生设计形式多样的导入方式。例如情境导入，教师可以创设接近学生生活的情境，把学生引入情境之中，让学生体验学习英语的快乐。请看一位教师的课堂导语：

Hello! Boys and girls! How are you today? I am a new teacher, you can call me Cherry. Before our class, I divide you into two groups: left tree and right tree! If you do a good job, I will give you an apple, a strawberry or a pear. Let's have a competition. Which group can be the winner? Are you ready? You know, the Children's Day will come. Let's walk to the park. OK?

这是对二年级学生设计的导入语，主题是In the Park，教师设计了walk to the park，将学生引入创设的语言情境之中，吸引学生的兴趣。采用小组竞争学习方式，鼓励学生积极参与教学活动，运用评价机制辅助教学，使学生保持持续的学习兴趣，既能使课堂教学有序展开，又能帮助学生轻松有效地学习，有助于提高课堂效率。

下面是一位教师用歌曲导入的例子，是为五年级学生设计的课堂导入，主题是"Look at the Monkeys"。

Good morning! Boys and girls! How are you today? Before our class, I divide you into two groups: Group A and Group B. If you do a good job, I will give you a beautiful flower. Let's see which group will win more flowers. Are you ready? Let's begin!

I have a song for you. Let's listen to it carefully and count how many animals there are in this song.

用歌曲营造英语学习氛围，激发学生学习的兴趣，有效复习已学的动物单词如hen，horse，pig等，为新课学习做好铺垫。教师在让学生听歌曲的同时，给学生布置任务，在听的过程中"count how many animals there are in this song"，这样能够让学生很快集中注意力，按照老师的要求学习。

还有，教师要使学生学的方法灵活多样。小学生学习英语的关键是教师要调动他们学习的兴趣，引导他们积极主动地参与课堂活动。教师应注意设计的活动要使不同水平的学生都能够参与，如 pair work, group work, role play 等；同时能够引导学生运用所学的语言知识进行语言实践，让每个学生都有机会体验语言实践的感受，树立学习的自信心。灵活的教法与学法是实现教学目标的催化剂。学生在教师营造的轻松、快乐的学习氛围中学习，享受学习的过程，体验成功的快乐。如一位教师在"What can you do?"一课的教学设计中，安排了两个活动。一个活动是让学生表演常见的家务劳动，另一个活动是让学生招聘会做家务的家政人员。学生分组进行练习并表演，在练习与表演的过程中互换角色，由教师观察指导。通过一节课的学习，学生轻松地掌握了句型"What can you do? I can…""What can he/she do? He/she can…"

教师设计不同类型的教学活动要注意结合学生的生活经验，不能脱离或超越学生的实际生活。如在"Shopping"一课的教学设计中，一位教师安排了学生"去买东西"的教学活动，让学生分别扮演售货员和顾客的角色，自导自演。在练习的过程中，学生既锻炼了动手动脑能力，又能巩固课堂所学知识。而做家务、购物又是学生生活中喜闻乐见的事，他们很自然地就随着课堂的步骤把自己带入学习的节奏中。

五、形成性评价原则

形成性评价是课堂教学中由教师和学生共同参与和实施的评价活动，其目的是促进学生学习，实现教学目标。教师要根据教学目标的要求，采取有效的信息收集和反馈方式，及时观察和了解学生的学习进程和学习困难，把握课堂教学目标的落实，为下一步调整教学目标、改进教学方法、提高教学效率提供依据。

形成性评价应坚持激励原则，教师对学生在学习过程中的表现、学习态度、学习行为以及学习效果应及时地给予肯定，充分肯定学生的进步，鼓励学生继续努力。教师还应积极指导学生评价自己的学习行为和学习结果，引导学生参与展现自己学习进步的各种评价活动，获得成就感，增强自信心，有效调控学习过程。

资料：评价建议.doc

媒体链接

请登录课程网或扫描二维码，访问"小学英语教学设计"课程拓展资源部分的教材同步资源模块，学习阅读材料"评价建议"。

六、可行性原则

案例：基本原则在小学英语课堂中的体现.mp4

教学设计是为课堂教学所做的系统规划，要真正成为现实，必须具备两个可行性条件：一是符合主客观条件，二是具有可操作性。

符合主客观条件是教师实施教学设计的重要条件，主观条件是指教师应考虑学生的年龄特点、已有知识基础及生活经验；教师只有遵循学生的认知规律，尊重学生身心发展的特点，立足学生的生活经验和学习基础，在综合分析的基础上进行教学设计，才能增加设计的针对性，更具有实效性。如果教学设计背离了学生的年龄特点，超出了学生的认知能力范围和脱离了生活实际，是不可行的。

客观条件是指教师进行教学设计需要考虑教学设备、地区差异等因素。教师首先要了解学校所处的地域环境和教学条件、学生的学习能力等客观因素，了解学校能够提供什么样的教学设施。教学的环境和条件、学生的学习能力是教师进行教学设计的重要参考。如果教师不考虑教学的客观条件，只凭自己的主观设计，不考虑地域学生的差异，把目标拔得太高，教学设计也是无法落实的。

具有可操作性是教学设计应用价值的基本体现。教学设计的出发点是为指导教学实践准备，应能指导具体的教学实践，而不是理想化地设计作品。教师的教学设计要在教学实践中检验，去验证设计的理念是否正确，方法是否恰当，学习效果是否满意，这样才能体现教学设计指导教学的作用。

案例：Colours, Part A, Let's talk.教学设计.doc

媒体链接

请登录课程网或扫描二维码，访问"小学英语教学设计"课程拓展资源部分的教材同步资源模块，阅读人教版小学英语（义务教育教科书）三年级上册Unit Two Colours, Part A, Let's talk教学设计。

学习实践

一、二维码链接的是某教师的一份课时教学设计，请仔细阅读并思考：该教学设计体现了哪些设计原则？是如何体现的？

具体要求如下：

1. 结合本节中的基本原则具体分析教学设计案例各个环节。
2. 以小组为单位进行交流。
3. 班内讨论分享。

二、作为小学教育专业英语教育方向的学生，未来的从业岗位是小学英语教学，结合你对小学英语课程的调查和了解，谈谈开展小学英语教学设计对教师个人成长和专业发展的意义。

本章小结

1. 教育部颁布的《义务教育英语课程标准（2011年版）》明确规定了义务教育阶段英语课程具有工具性和人文性双重性的特点，小学英语课程的学习过程，既是学生通过英语学习和实践活动，逐步掌握英语知识和技能，提高语言实际运用能力的过程，又是他们磨砺意志、陶冶情操、拓展视野、丰富生活经历、开发思维能力、发展个性、提高人文素养的过程。

2. 《义务教育英语课程标准（2011年版）》规定的基本理念决定了小学英语教师在进行教学设计时，应树立正确的教师观、教学观、学生观和课程观。它从理论的高度指导教师的自身发展和教学实践，对教师适应素质教育的要求，在知识结构、角色转变和职业操守等方面提出了明确的要求。

3. 教学设计是对教师教的行为和学生学的方法的总体策划，为提高教学设计的科学性和应用性，教师应遵循思想性、系统性、趣味性、灵活多样性、形成性评价和可行性原则，在这些基本原则的指导下，开展有效的教学设计。

4. 小学英语教学设计的价值在于促进教师业务能力的提高，促进英语教学质量的提高，落实《义务教育英语课程标准（2011年版）》和促进学生全面发展。

学习思考

1. 《义务教育英语课程标准（2011年版）》强调英语课程要体现以学生为主体的思想，结合本章内容，谈谈你对学生的主体地位和教师的主导地位的认识。

2. 什么是教学设计理念？它对小学英语教学设计有什么意义？开展小学英语教学设计应持什么样的教师观？为什么？

推荐阅读

资料：《教师教育课程标准（试行）》.doc

1. 钟启泉，崔允漷.《教师教育课程标准（试行）》解读[M].北京：北京师范大学出版社，2013.

2011年10月教育部正式颁布了《教师教育课程标准（试行）》。该课程标准是我国教育史上第一部关于教师教育课程的国家标准，它体现了国家对教师教育课程的基本要求，是制订教师教育课程方案、编写教材、建设课程资源以及开展教学和评估活动的依据。该书旨在帮助广大教育工作者更好地理解《标准》的知识基础、课程理念、目标设置、课程结构与学分设置。全书共十一章。第一章至第三章，从理论层面阐明了教师教育语境下关于教师专业素养的共识；第四章至第六章，从实践层面梳理教师教育课程改革存在的主要问题；第七章至第十一章，涉及《标准》中的课程理念、目标设置、课程结构与学分设置等核心内容。

资料：《义务教育英语课程标准（2011年版）》.doc

2. 中华人民共和国教育部.《义务教育英语课程标准（2011年版）》[M].北京：北京师范大学出版社，2012.

《义务教育英语课程标准（2011年版）》介绍了英语课程的性质、课程目标、分级标准、实施建议，它是小学英语课程教学设计的重要标准和依据。

第二章　小学英语教学设计要素与呈现形式

本章导读

本章学习关注以下要点：
- 小学英语教学设计要素
- 小学英语教学设计的呈现形式

问题情境

张老师是一名新入职教师,担任小学四年级英语教学工作。她已经完成了两个单元的教学工作,但是教学效果似乎不是很理想,她始终找不到原因。现在她正在为下次课 Unit Three My Birthday, Part A, Let's learn[人教版小学英语(实验教科书)五年级下册]做准备。她可谓煞费苦心、精心设计。她首先回忆了本阶段学生学习过程的基本情况(如情绪与态度、课堂教与学活动的参与度等),通过学生的课堂表现总结出学生对英语课的期望值,反思现行授课方式与学生在知识、个体体验和思维等方面是否融合。然后,她根据教学内容列举出即将与学生共同交流的知识点,再使用概念图软件构思并形成知识点之间的关系图。完成以上工作后,张老师思考如何将她在学校中学到的教育教学理论知识运用到教学设计中。思考许久,她初步决定采用全身反应、情境、任务型等教学方法完成本节课的教学,将整个教学过程分为五个阶段,分别是 warm-up&lead-in, presentation, practice, extension, homework。考虑到学校教室安装有电子白板,她从网络上搜集一些电子课件作为参考,同时利用学校资料室丰富的卡片、动画、视音频等资源,设计出课堂教学所使用的媒体形式。在张老师看来,如此完善的教学设计应该会取得一个好的教学效果,可在实际教学过程中学生的课堂表现还是不尽如人意。她请教了一位经验丰富的教师,这位教师告诉她:你很下功夫,但是却没有抓住重点;虽然你考虑了很多教学因素,但是有一些非常关键的因素却忽略了。

启发思考

根据叙述,你认为张老师教学效果不好的原因是什么?

小学英语教学设计的基本含义是指教师针对小学英语教学中的问题，根据小学生特征分析他们的学习需求，依据教学理论，运用系统方法对各种课程资源进行有机整合，设计英语教学目标、教学过程、教学活动、教学方法、教学评价等，以进行英语教学准备的过程，其最直接的结果是为教师实施教学提供一个全面的指导性计划。其本质是以提高学生的英语学习质量为目的，帮助学生解决学习英语过程中的问题，掌握语言知识，培养学生运用英语进行交际的能力，促进学生发展而进行的系统计划活动过程。

第一节 小学英语教学设计要素

一个完整的教学设计包含如下基本要素：学习者达到的预期目标——教学目标，学习者需要学习的内容——教学内容，帮助学习者达成预期的学习目标——教学过程，检验学习效果——教学评价等，诸要素相互作用，共同构成教学设计。

微课：小学英语教学设计的基本要素.mp4

一、进行教学起点分析

教学起点分析也称学情分析，"起点"一词可以理解为出发点的意思。教师在讲授新课之前，首先要找准学生的学习起点。为了顺利完成教学任务，更好地满足学生的需要，教师在进行课堂教学设计之前第一项工作就是教学起点分析。在教学起点分析阶段，主要考虑两方面因素：学习内容分析和学习者分析。

（一）学习内容分析

学习内容分析是指对所选用的教学材料的分析，通常称为教材分析。教材分析是指教师对所选用的教材进行系统的研读，对教材的编写理念、内容体系、编排顺序、结构特点、学习要求等深入认识与理解的过程，是教师进行教学设计的首要工作。通过全面、系统地分析教材，教师能够正确理解教材的内容，把握教材的教学重点和教学难点，为确定教学目标和选择教学方法奠定基础。教材分析的结果是教师确定教学设计思路的重要参考，也是教师确定学生"学什么"的依据。教学设计首先要解决的问题是"教什么"或学生"学什么"，即学习内容，它是教学设计的基本依据。

（二）学习者分析

学习者分析是指教师对所授课班级学生情况的综合分析。一般包括学习者起点水平分析、学习态度分析、学习动机分析等方面，也称为学情分析。

第一，学习者起点水平分析，指分析学习者的初始能力，目的是确定教学起点。在进行教学设计工作之前，分析学习者起点水平，主要实现两个目的：一是明确学习者现有的英语听、说、读、写等处在什么样的水平，确定他们是否具备学习新知识的能力；二是了解学生对原有知识的掌握程度，更好地确定学生的最近发展区。对初始能力进行分析是为了了解学生是否具备进行新的学习所必须掌握的知识与技能，包括对当前学习有辅助作用的背景知识或技能。正确分析和准确把握学生的进行能力是确定教学目标的重要基础和依据。

下面以人教版小学英语（实验教科书）教材为例，对学习者起点水平分析进行描述：

本课内容是人教版小学英语（实验教科书）三年级下册Unit Two My Family, Part B的第一课时，主要学习有关家庭的词汇，以及用这些词汇表达自己家庭成员的情况。学生在A部分学习了father, mother, brother, sister, grandfather, grandmother以及句型Who's that woman/man?的表达方式，对家庭成员的称呼和询问有一定的基础；在本课时中，可以在学习新句型Who's this boy/girl?的基础上，进一步整合对话内容。

在上述分析中描述了学生已经在Part A学过的单词、句型，以及交际能力基础，确定学生能够继续学习的新句型。分析明确学生已有的学习能力基础，对教师进行新知识的教学非常重要，将减少教师教学活动的盲目性，大大增强教学的针对性和目标性。

第二，学习者学习态度分析，涉及的内容主要有：学生对学习英语的态度，学生的性格特征、学习风格、能力倾向、班级的精神风貌等。下面是一位教师对学习者学习态度的分析：

本节课的教学对象是小学六年级的学生，该班学生在英语学习上普遍有浓厚的兴趣，能够积极按照老师的要求学习，作为即将毕业的学生，他们在听、说、读、写方面奠定了比较坚实的基础。六年级的学习，我把重点放了知识的总结和复习上。为了让学生牢固掌握以往所学知识，在教学过程中，教师起到引导的作用，帮助学生归纳、整理知识，从而提高复习效果。

从上述分析可以看出，教师对授课班级学生学习英语的态度十分了解，如：

"普遍有浓厚的兴趣""能够积极按照老师的要求学习"。对学生学习能力有准确定位，如"在听、说、读、写方面奠定了比较坚实的基础"。教师凭借对学生客观分析的结果，可以有目的地设计教学活动，选择恰当的教学方法，达到提高教学效果的目的。

为了全面客观地了解学生的具体情况，教师可以通过多元化的评价方式来了解学生对学习内容的态度。一般来说，教师对学生进行诊断性评价借助的手段主要有：查阅以前的相关成绩记录、摸底测验、智力测验、态度和情感调查、观察、访谈等。

第三，学习者学习动机分析，是指教师了解学生学习英语的态度和心理倾向，是教师设计教学活动、选择教学方法的重要参考。所谓学习动机，是指引起学生学习活动、维持学习活动，并能指引学习活动趋向由教师所设定的目标心理倾向。它是激发学生学习的主要动力之一，准确把握学生的学习动机，对教师设计教学活动，指导学生学习，实现教学目标有很大的帮助。下面是一位教师基于对学生的学习动机分析，设计教学活动的例子。

本案例是依据人教版小学英语（实验教科书）三年级下册Unit Three How Many? Part B和Part C两部分的内容设计的。主要让学生在已学数字单词从one到fifteen的基础上掌握从sixteen到twenty五个数字单词。学生对机械学习表达数字的单词，会感到很枯燥，也容易失去兴趣。把数字放到句型How many...do you have? I have...中去操练，既巩固单词，同时也使其学会用此新句型询问别人有多少物品。在教学中适当加入复活节的有关知识，这是为了让学生在一定的语境中巩固所学知识，了解西方文化，拓展他们的文化视野，激发学生的学习兴趣。

这篇教学设计的教学对象是小学三年级学生。这个年龄段的学生爱动，好表现，机械地读、背，不能吸引他们的注意力，达不到很好的教学效果。所以利用多媒体生动直观的优势设计了丰富多彩的游戏活动，并为每个游戏活动确定了特定的目标，对于达到目标的学生及时表扬，维持学生的学习兴趣。教师紧紧抓住三年级小学生的学习特点和生理、心理特点，客观分析学习材料和学生的学习动机，以及引发学习动机的来源，恰当设计丰富多彩的游戏活动，巧妙运用评价方式，激发学生的学习动机，使他们积极主动地参与课堂教学活动。

请阅读下面关于教学起点分析的案例。

案例2-1

案例：My New Teachers, Part B, Let's talk教学设计.doc

人教版小学英语（实验教科书）五年级上册
Unit One My New Teachers, Part B, Let's talk

教材分析：

从教学任务上来看，本册教材难度偏大，学习任务相应加重。

五年级上册学生用书的Let's start是一项brainstorming（头脑风暴）式的活动，既可以用来引入话题、引出新词，也可以引出新句型。另外，在这一部分基本上都安排了一个任务型活动，需要学生通过问答、思考或讨论来完成。

Let's learn部分的词汇仍然是围绕话题归类出现的。这样有利于学生记忆和开展话题的讨论。其中的大部分词汇要求学生做到听、说、读、写"四会"。用来巩固复习词汇的活动主要是结对和小组活动，以及Let's find out等启发学生主动思考的活动。

Let's talk部分是一个浓缩了的情境会话，目标句型突出。为给学生提供灵活运用语言的机会，这一部分提供了可供替换的内容。

Read and write部分的教学目标是：读懂对话或短文；完成检测学生理解程度的填充句子练习；听、说、读、写"四会"两组句子；完成一项综合运用所学语言的任务型语言活动。

学情分析：

1. 学生已经具备的学习能力：从本学期开始，学生们已经步入了高年级阶段。他们至少已学过两年的英语，已有一定的学习英语的基础，良好的听、说、读、写英语的习惯也已基本养成。多数学生能在课堂上积极参与活动，体验新语言的运用。

2. 学生已经具备的学习基础：学生整体英语水平相当不错，极个别学生的英语成绩较差，存在两极分化的现象。

3. 本学期学习任务可能带给学生的影响：除了学好书本上的知识外，本学期学生的写作能力也急需加强。学生们需要在老师的帮助下，进行一定的训练，培养学以致用的能力和写作能力，以培养综合运用语言的能力。鉴于此，部分学生的学习兴趣可能会难以保持，两极分化也许会较严重。

通过案例可以看出，教师对学生现有的知识储备分析得很细致，对学生已经学习过的单词、句型、语法等知识的掌握情况都作出了客观判断，准确定位了学生的学习起点。关于学生所具备的能力基础，教师也给出了自己的分析判断，明确了学生学习的难度所在，并对学生的未来学习作出了预测。这样的分析结果，直接为教师的课堂教学提供参考，有助于教师设计教学活动，调控教学过程中的各个环节。

二、设计教学目标

教学目标是在分析教学问题之后，教师根据教学目的、内容及学生实际而制订的一种具体要求和标准，它是教学目的的具体化，是课堂教与学的方向，是判断教学是否有效的直接依据。所以制订教学目标必须明确、具体。教学目标对教学具有导教、导学、导评价等功能。一切教学活动都要围绕教学目标进行，因此，确定明确的教学目标是非常重要的。教学目标既是教学活动的出发点和归宿，也是检验教学任务是否完成的指标之一。如何设计教学目标将在本教材第四章学习。下面摘录一份教学设计中对教学目标的陈述。

案例2-2

> **人教版小学英语（实验教科书）五年级上册**
> **Unit One My New Teachers, Part B, Let's talk**
>
> 教学目标：
>
> 目标1：能够在简笔画、录音、PPT和板书的帮助下，听懂课文内容，正确地跟读、朗读对话，做到发音清晰、语音与语调正确，达成率为95%。（主目标，教学重点。）
>
> 目标2：在提供的示范表演和给出的提示句型的帮助下，能够与同桌或小组合作编对话，并对朋友的特征进行询问。做到发音清晰、正确、语句达意，达成率为85%。（教学难点。）

案例中教师设计的教学目标是在对选用的教材、学生的知识储备、学生的能力基础详细分析的基础上确定的。案例中教学目标阐述清晰，例如："能够""正确""做到"，以及目标达成率95%、85%，都作了明确规定。这样便于在目标执行过程中实施教学和进行评价。

知识链接

> 布鲁姆的教育目标分类理论具有两大特征：一是具有可测性。认为制订教育目标不是为了表述理想的愿望，而是为便于客观地评价。二是具有层次结构。布鲁姆把认知领域的目标分为六个主要类别，依次是知识、领会、运用、分析、综合、评价。情感领域的目标分为五个主要类别，分别是接受或注意、反应、价值评估、组织、性格化或价值的复合。
>
> 加涅将学习结果分为五类：言语信息、智慧技能、认知策略、动作技能和态度。他认为，把学习结果作为目标，有利于确定达到目标所需的学习条件。同时，对学习结果的分析可为教学设计提供依据，从而顺利实现教学目标。

三、确定教学重点、难点

教学重点、难点是进行教学设计的必备要素之一。教学重点就是学生必须掌握的基础知识与基本技能，是基本概念、基本规律及由内容所反映的思想方法，也可以称为学科教学的核心知识。教学难点是指学生不易理解的知识，或不易掌握的技能与技巧。在分析教学内容和学生学习情况的基础上，根据学生的实际水平来确定教学重点和难点，正确把握教学重点和难点，对顺利完成教学任务、实现教学目标非常重要。

一般情况下，对于大多数学生感到困难的内容，教师要着力设计有效办法加以突破，否则不但这部分内容学生听不懂、学不会，还会为其理解以后的新知识和掌握新技能造成困难。下面是一位教师在教学设计中对教学重点、难点的描述。

案例2-3

> **人教版小学英语（实验教科书）五年级上册**
> Unit One My New Teachers, Part B, Let's talk
>
> 教学重点：
>
> 句型"What's she like? She's kind"。要求学生能在相似情境中正确替换句中的关键词，练习新句型。

> 教学难点：
>
> 一般疑问句"Is she/he…?"及其回答"Yes, sometimes"。

四、设计教学过程

教学过程是为完成教学任务、达成教学目标所采取的步骤和方法。一般来说，是指根据《标准》和教学大纲，在教师的指导下，为实现确定的教学目标，通过师生教与学的共同活动，使学生掌握语言知识、发展语言技能、提高人文素养和促进心智发展的复杂的、多方面统一的教育过程。小学英语教学过程通常包含以下几个环节：

1. warm-up and lead-in（热身、导入）
2. presentation（呈现新知）
3. practice（操练）
4. extension（拓展）
5. summary and homework（总结、作业）

这几个环节相互作用，共同构成一节英语课堂的教学活动。各个环节的设计要根据教材和课型灵活掌握，不能仅仅局限在这几个环节，需要创造性地设计教学过程，提升教学效果。下面是一位教师设计的教学过程。

案例2-4

> 人教版小学英语（实验教科书）六年级上册
> Unit Four I Have a Pen Pal, Part B, Let's read
>
> Step Ⅰ Warm-up and Lead-in
>
> 1. Greetings.
>
> T: Hello, boys and girls. Nice to meet you!
>
> 2. Lead-in.
>
> T: I like making friends. Do you like making friends? If you have a new friend, what do you want to know about her/him?
>
> （设计意图：创设朋友的场景，运用思维导图的形式引出有关新朋友的相关信息。很自然地在情境中导入课题。）
>
> Step Ⅱ Presentation
> 听录音、回答问题。

1. PPT展示Liu Yun的头像，运用思维导图引出问题：What's her name? Where does she live?

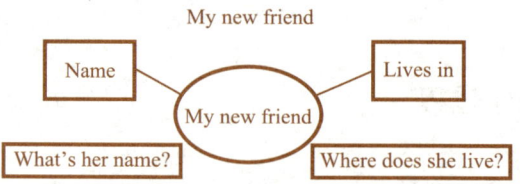

Listen to the tape and then check the answers.

2. 展示思维导图提出有关新朋友Liu Yun家庭情况的四个问题：

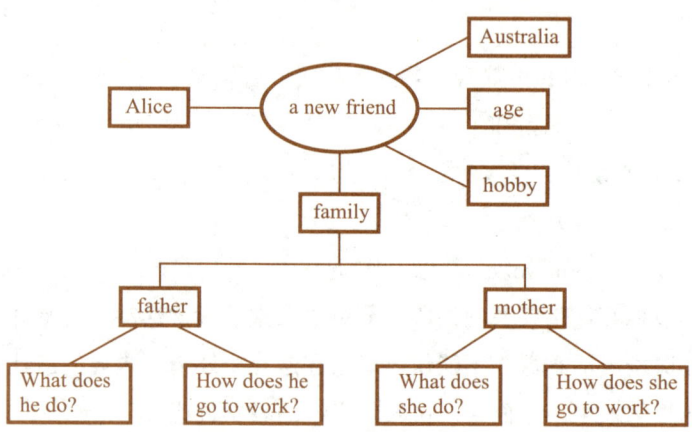

再听录音，回答问题，并核对问题答案。

3. PPT出示思维导图，引出有关Liu Yun新朋友sister的相关问题：

（1）Read the third paragraph silently, and answer the questions. 默读课文第三段，回答问题，并找出答案的出处。(Learning tip: 在我们自读课文时，请带着问题边读边圈出和问题相关的关键信息。)

Which is Alice？

（2）Check the answers.（同时把文本中问题答案的出处找出来，画上横线。）

（3）处理文本中有关twin sister的信息：We are twins. We look the same. But we are different.

Step Ⅲ Practice

1. 跟读录音。(Learning tip: 在我们跟读录音时，请注意模仿录音中的语音和语调。)

2. 自读课文2遍。(Learning tip: 在我们自读课文时，请试着模仿录音中的语音、语调和语气，出声朗读。)

> 3. 选出你读得最棒的一个段落，在小组内展示。
>
> （设计意图：为了落实学生能正确地跟读、朗读对话的目标，设计学生跟读录音、自读文本、展示的活动。同时在每次读文本过程中，提出三次不同形式读的具体要求，训练学生读的能力，帮助学生积累读的技巧。）
>
> 4. 结合图文，复述课文。
>
> **Step Ⅳ Extension**
>
> 1. 老师介绍自己的新朋友（PPT展示）。
>
> Liu Yun has a new friend. I also have a new friend. Look!
>
> 2. 学生展示自己的新朋友。
>
> 借助思维导图，小组内描述自己的新朋友并展示。
>
> **Step Ⅴ Summary and Homework**
>
> 1. 教师总结本节课的重点内容。
>
> 2. 作业：用英语向自己的父母介绍自己的新朋友。

从上述案例的完整教学过程我们可以看出，这是一节阅读课。教师对所设计的教学步骤、教学活动、教学组织形式、教学方法和教学媒体等有一个总体考虑。首先从Warm-up & Lead-in, Presentation, Practice, Extension, Summary and Homework 五个环节进行设计，按照从创设朋友话题入手，以一幅思维导图为主线，从引出文本到走进文本，从内化文本再到走出文本进行语用的思路设计教学过程。综合运用情境式教学、任务教学、小组合作等教学方法，并使用多媒体课件、录音等辅助教学媒体，落实教学目标。整个教学过程连贯有序，环环相扣，通过一幅思维导图巧妙地勾画出"朋友"的各种信息，让学生在了解朋友信息、认识朋友的氛围中掌握目标知识。学生感觉轻松愉快，不知不觉地一节课结束了，留给学生的是意犹未尽。

在实际教学工作中，教师要根据课型和学生的知识基础和能力基础，设计切实可行的教学活动，采取灵活多样的教学方法，帮助学生学习、掌握新语言。如何设计教学过程将在本教材第五章学习。

五、设计教学评价

教学评价是依据教学目标对教学过程及结果进行价值判断并为教学决策服务的活动，教学评价是研究教师的教和学生的学的价值的过程。教学评价一般包括对教学过程中教师、学生、教学内容、教学方法手段、教学环境、教学管理诸因素的评价，但主要是对学生学习效果的评价和教师教学工作过程的评价。教学评价的两个核心环节：对教师教学工作（教学设计、组织、实施等）的评价，对学生学习效果的评价。根据评价在教学活动中发挥作用的不同，可把教学评价分为准备性评价、形成性评价和终结性评价三种类型。教学评价始终贯穿教学全过程，发挥其诊断、激励、调节教学活动的作用。如何设计教学评价将在本教材第八章深入探讨。请看一位教师设计的教学评价。

案例2-5

> 人教版（实验教科书）五年级上册
> Unit one My New Teachers, Part B, Let's talk
> 教学评价：
> 评价方式：形成性评价
> 评价主体：教师、学生
> 1. 针对教学目标，教师通过观察学生的口型、动作、指名提问、师生合作对话展示，对能够清晰正确地朗读对话的学生，及时给予肯定或表扬，如运用 good, better, excellent, you did a good job 等鼓励学生。
> 2. 针对教学目标，采取学生评价、教师指导的方式。通过学生观察同桌、小组合作、教师提问某小组进行对话操练等检测学生对教学目标的掌握情况，由学生进行互相评价，使评价更加公正。

该教师采用的是形成性评价方式，具体方法是观察学生的课堂表现、提问学生、根据回答问题的结果来评价学生对教学目标掌握的情况；通过学生相互观察、学生小组合作情况、提问小组操练表演等，根据练习效果由学生来评价学生对教学目标知识掌握情况。这样的评价方式目的在于动态了解学习情况，调整教学活动；还有利于及时地肯定学生的学习结果，有助于学生保持积极的学习态度和兴趣，确保教学目标顺利达成。

六、设计课外作业

课外作业是课堂教学活动的拓展和延伸，是巩固和运用新知识的一条重要途径，设计课外作业要依据掌握新知识、新语言的需要，作业练习的方式要灵活、多样，练习的量要适度，同时要便于评价。

知识链接

课外作业的作用

有效的课外作业不仅是课堂教学的补充，而且还能帮助学生成为一名独立的学习者。此外，课外作业还可以在作出决断和进行比较、提出新问题、培养责任心和加强自我修养等方面为学生提供难得的经验。

在定期布置的、有意义的课外作业上花时间较多的学生，一般而言都比其他学生学业优秀；教师对学生课外作业进行批改以及直接与学生本人进行有针对性的讨论的做法往往有助于学生对功课形成正确的认识，并且还加深这种正确的认识；课外作业给学生带来的好处会随着学生年级的升高而表现明显。对于幼儿园至二年级的学生而言，每天花费10～20分钟可以完成的作业最有效；对于三至六年级的学生而言，每天花费30～60分钟可以完成的课外作业最有效。

——胡庆芳. 美国学生课外作业集锦[M]. 教育科学出版社，2008.

七、设计教学媒体

在教与学过程中所采用的媒体被称为教学媒体，是指传递教学信息的载体。一方面，教学媒体是教育信息的载体，是最基本的课程资源；另一方面，教学媒体又是教学系统的主要组成要素之一，是现代教育的重要标志。

选择什么样的教学媒体，由于教师的教学设计方案、学生特征、所处教学环境、思考问题的角度、个人特质等因素各不相同，没有固定的要求。一般来讲，首先，要依据教学目标选择教学媒体。为达到不同的教学目标常需使用不同的媒体去传输教学信息。其次，要依据教学内容。不同的教学内容，对教学媒体也有不同要求。再次，选择教学媒体要依据教学对象。不同年龄段的学生对事物的接受能力不一样，选用教学媒体必须顾及他们的年龄特征。最后，选择教学媒体还要考虑教学条件。教学中能否选用某种媒体，还要看当时当地的具体条件，其中包括资源状况、经济能力、师生技能、使用环境、管理水平等因素。综合诸多因素，在选择教学媒体时要全面衡量，尽可能选择符合教学目标、适合教学内容、适合教学对象、教学条件能满足的教学媒体，以达到优化课堂教学效果的目的。关于如何进行教学媒体设计将在第九章详细介绍。

八、撰写教学反思

教学反思是指教师以自己的教学活动过程为思考对象，对自己的教学行为、决策以及由此所产生的结果进行审视和分析的活动。教学反思的内容是多方面的，例如对教学目标的反思、教学内容的反思、教学方法的反思、教学效果的反思等。撰写教学反思是改进教学、促进教师专业发展的重要途径，在教学活动中有着不可替代的作用。下面是一位教师在课后撰写的教学反思。

案例2-6

> **人教版小学英语（实验教科书）六年级上册**
> **Unit Four I Have a Pen Pal, Part B, Let's read**
>
> 教学反思：
>
> 我本着以教材内容为语量基础，以文本内容为语境基础，以主题内容为语用基础的原则，按照从创设朋友话题入手，到走进文本、理解文本、朗读文本、走出文本，最后进行语用的思路设计本课时的教学过程。在整节课中，借助思维导图，学生的发散思维得到了很好的发挥，学生大胆地说，大胆地思考，体现了学生的主体地位。但是本节课也存在一些不足，如：在学生提出问题的时候，老师预设的内容面显得稍微窄了一些，孩子的思维是很丰富的，这一点需要在以后的教学中再增加预设项目，培养学生的发散思维，尽可能多地为学生创造运用语言的机会，也能使更多的学生有机会得到锻炼。

这位教师的教学反思首先对教学过程进行了整体梳理，对自己的教学设计给予了肯定——运用思维导图引导学生发散思维；对学生的表现也给予了充分肯定。通过反思，找出了本节课需要改进的方面，并提出了改进办法。教师本人的课后反思，有助于完善教师的教学设计，提升教师教学设计的能力，促进教师专业发展。

案例：What's the Matter, Mike? Part B, Let's talk教学设计.doc

媒体链接

请登录课程网或扫描二维码，访问"小学英语教学设计"课程拓展资源部分的教材同步资源模块，学习教学设计——人教版小学英语（实验教科书）六年级下册Unit Two What's the Matter, Mike? Part B, Let's talk。

第二节 小学英语教学设计的呈现形式

微课：小学英语教学设计的呈现形式.mp4

如上节内容所述，小学英语教学设计由教学起点分析、教学目标、教学重点与难点、教学过程、教学评价、课外作业、教学媒体和教学反思等要素构成，在实际教学工作中，根据教学周期工作安排，教师需要进行学期（学年）课程纲要设计、单元教学设计和课时教学设计，并以文本的形式呈现出来。这是对小学英语教师的基本要求，也是教师必备的教学基本功。本节我们主要学习小学英语教学不同层面教学设计的呈现形式。

课程纲要、单元教学设计、课时教学设计是小学英语教学设计的三个层面。依据《标准》（一、二级），课程纲要、单元教学设计和课时教学设计的关系如图2-1所示：

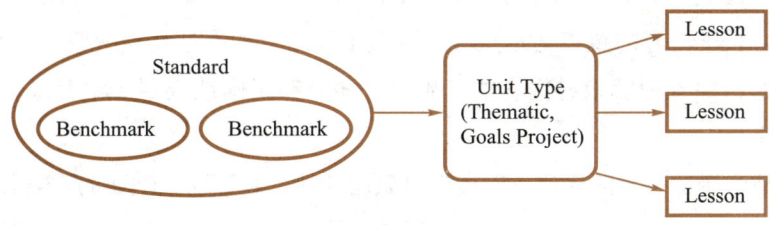

图2-1 《标准》、单元教学、课时教学之间的关系图[①]

一、课程纲要

课程纲要是指一学期或一学年英语课程教学的总体设计规划。具体地说，它是教师依据《标准》一、二级目标的具体要求，结合学期或学年教学编写的教学设计指导文本。进行课程纲要设计要充分体现小学英语教学设计的基本理念、对教材的整体分析、学情分析、教学目标的确定、教学内容的分配、教学实施建议以及教学评价方式等要素。课程教学纲要是一学期或一学年课程教学工作的总体指导和要求，是教师课前进行单元教学设计的基本依据。

---

① The New Teacher Project. Teaching for student achievement: a guidebook for effective teaching in High-Need Schools[M]. 2004:70.

制订一学期或一学年的课程纲要，要从以下几个环节入手。首先要弄明确几个关键要素：一是课程类型，或者说课程性质。小学英语是义务教育基础课程，也是素质教育的课程。明确课程性质就基本上明确了一学期或学年的教学方向。二是所选用的教学材料，即教材。教材是教师制订课程纲要的基本依据，依据教材教师明确一学期或一学年要干什么，即教学的基本内容。三是周课时或期（年）总课时，这意味着教师将在规定的课时内完成教学任务，将根据周课时或期（年）总课时有计划地分配教学内容。四是授课对象。这是教师制订课程纲要的主体对象，它直接关系到教师对一学期或一学年课程教学的定位，关系到课程纲要能否成功实施。这几个要素是制订课程纲要的前提条件，或者说是基础条件。掌握了这几项要素后，教师才能够制订课程纲要。

课程纲要的主体部分应包含以下几个方面：一是对课程内容的分析。课程内容是对所选用的教材进行整体的分析研究，重点了解教材的结构特点、教材的设计理念、教材内容与学生实际情况的适合度（难易度）、教材的思想性与趣味性、教学内容的重点与难点等。这项工作是教师制订课程纲要的核心工作，教师只有在深刻理解教材内容的基础上，才能够正确地规划一学期或一学年的教学工作。

二是对授课对象的评估。对授课对象的评估是制订课程纲要的重要环节，也就是我们通常所说的学情分析。知己知彼，才能百战百胜。学生的学习基础、学习动机、学习兴趣、学习态度等诸多因素，教师要通过多种渠道了解，掌握这些情况，以确定教学目标。

三是教学目标。具体来说，是指通过一学期或一学年的教学，学生在语言技能、语言知识、情感态度、学习策略和文化意识五个方面预期所达到的目标。教师应根据《标准》的要求，结合授课对象的实际情况，确定科学、合理、可测量的教学目标，也是课程结束时评价教学效果的依据。

四是课程的实施。课程的实施包括课程内容的具体安排、时间分配，课程的实施建议、实施方法、实施途径等。

五是课程评价。课程评价包括评价的具体方式、评价的具体要求、评价的内容。例如，形成性评价和终结性评价的具体要求，以及各自所占的比例等。

总之，教师设计课程纲要注意落实《标准》总目标以及一、二级分级目标的具体要求，整体把握教学内容和教学目标，根据教材特点以及教材各单元知识的关联性，进行系统设计，合理安排，以便单元教学和课时教学具体落实。

二、单元教学设计

单元教学设计是指教师从一个单元的角度出发，根据单元中不同知识点的需要，综合利用各种教学形式和教学方法，通过一个阶段的学习让学生完成一个相对完整的知识单元的学习。它是介于课程纲要和课时教学设计的中间环节，是课程纲要的二级分解，教师要根据课程纲要设计单元教学。单元教学设计是课程纲要的进一步分解，它比课程纲要更细化、具体。在目前现行的小学英语教材中，一般是一个单元一个话题，通常由几个板块组成，各板块内容相互衔接，知识点很集中，一般需要4~6课时。要在规定的课时内完成一个单元的教学，需要教师做好单元教学设计。第一，教师要对单元的教学内容进行认真的分析，明确本单元教学内容的重点是什么、难点是什么，本单元教学包括了哪些课型，单词、会话、阅读、语法内容等教师都要全面了解，为课时分配奠定基础，也为课时教学设计做好准备。第二，做好学情分析，包括学生学习本单元内容的准备情况、本单元内容和前单元内容的关联度、学生学习本单元内容的困难等，教师都需要全面掌握，这是实现单元教学目标的关键。第三，明确教学目标。通过本单元的学习，学生在语言技能、知识等方面要达到什么样的目标。单元教学目标要比课程纲要更明确、具体，包括单词、句型、语音、听、说、认读等各方面，都要明确，以便单元教学结束时进行评价。第四，明确单元教学的重点和难点。根据单元教学的内容，教师要十分清楚本单元的教学重点和难点，这样才能确保课堂教学突出重点、突破难点。第五，选择教学方法，一旦教学目标明确，重点、难点清晰，就要选择恰当的教学方法。4~6课时的单元教学，需要教师整体设计，分课时实施，这其中，要设计灵活多样的教学方法以完成单元教学。

另外，教师设计单元教学，还要把握好整体性。首先，要注意整合单元教学内容和教学目标，体现出单元教学设计的整体性。其次，设计单元教学要有相关性。每一学期的英语课程有数个单元教学内容，而在一个单元内的教学内容大多是同一个话题，教师要注意课型的选择与教学目标和内容相关，教学方法与教学目标和内容相关，教学活动与教学活动之间和教学目标相关。最后，设计单元教学要有阶梯性。小学英语教学单元内容一般是呈阶梯状的，前一单元的语言知识往往是下一单元的基础。教师设计教学活动要与教学内容相结合，活动体现循序渐进的教学原则。最重要的一点是，设计单元教学要有综合性。综合性主要体现整个单元教学能否体现培养学生综合运用语言的能力，包括单一目标与五维（语言技能、语言知识、情感态度、学习策略和文化意识）教学目标综合，语言知识和语言技能综合，单一技能与多项技能综合。

案例:I Have a Pen Pal单元教学设计.doc

媒体链接

请登录课程网或扫描二维码,访问"小学英语教学设计"课程拓展资源部分的教材同步资源模块,学习"Unit Four I Have a Pen Pal"的单元教学设计。

三、课时教学设计

课时教学设计,也称教案或课案,是单元教学目标和内容的具体分解与落实。一个单元的教学目标和教学内容根据学习需要可以分解成若干课时进行落实。一般来说,课时教学设计是教师根据《标准》的理念,为完成一定的教学任务,以课时为单位,对教学设计诸要素(教学起点分析、教学目标、教学重点与难点、教学过程、教学评价等)进行优化组合,制订的系统指导进行课堂教学活动的文本计划。

通过制订课程纲要和单元教学设计,教师已经做了大量的教研准备工作,对学生、教学内容、教学目标都已经有了具体了解,对教学活动中可能存在的问题作了预测。而课时教学设计就是具体落实的问题,即如何通过每一课时逐一落实课程纲要和单元教学设计所确定的教学目标,完成课程教学任务。所以说,课时教学设计是完成课程教学任务、实现教学目标最具体的执行方案。教师需要根据前面所说的教学设计要素进行分析,遵循教学设计原则,依据课堂教学规律,做出切实可行的教学执行方案。

课时教学设计通常情况下按照教学起点分析、教学目标、教学重点和难点、教学方法与媒体(教具)、教学过程、教学评价这样的基本程序进行每一项内容的设计与策划。同时要预留教学反思的空间,待教学活动结束后,对教学活动进行反思,由此完成"教学设计—实施—反思—改进"这一教学活动的基本过程。由此可以看出,课时教学设计由教学起点分析开始,由课后的教学反思结束。这一动态过程集中体现了教师的教学理念、思想和智慧。这一过程的结果以学生的语言技能、语言知识、情感态度等发生的变化为显著特征。因此,可以说,教学设计的过程也是教师和学生共同成长的过程。

首先,简要说明教学起点。前面已经学习了教学起点分析的基本含义,在本书的第三章还要深入学习。教学起点分析是教学设计工作的第一步,也是设计教学目标、方法、过程的基础和依据。因为,只有充分了解教材内容和学生的基础情况,才能够准确定位教学起点,这一点对设计教学目标很重要;如果定位不准,则很有可能导致教学目标定位不准,拔得过高或定位过低。另外,充分了解学生的基本情况对选择教学方法和设计教学活动也很重要。因为学生学习特点、学习兴趣、学习态度等方面的因素是教师设计教学方法和教学活动的重要参考依据，如果忽视了这些因素，教师设计的教学方法和教学活动，很有可能成为课堂上教师一厢情愿的表演。因此，开展教学活动首先要做好教学起点分析这项基础工作。

课时教学设计的第二步是确定教学目标。教学目标是教学设计的核心内容。尽管它在教学设计系统中所占篇幅不大，但分量很重，一般情况下，教学目标确定为1~3条。目标条目过多，很有可能导致目标不集中，一节课内很难完成。确定教学目标要涉及语言技能、语言知识、情感态度、学习策略和文化意识五方面，结合教材内容和学生基础，确定合理的教学目标。教学目标是教师的教学行为和学生的学习行为结束后，学生的知识和能力发生变化的结果。这个结果通常用"能做什么"来表达。例如，一位教师对人教版小学英语（实验教科书）六年级上册 Unit Four I Have a Pen Pal, Part A, Let's learn 课时教学目标的表述：

1. 能正确读出短语 collecting stamps, riding a bike, diving, playing the violin, making kites, 做到元音发音清晰，并能正确、规范书写。

2. 能正确认读句型 What's your hobby? I like collecting stamps, 并能在创设的情境中灵活运用，做到表达清楚、流畅。

从这位教师的教学目标表述可以看出，她确定了两个目标，一个是词语，一个是句型，而且两个目标是呈阶梯状的。

一旦确定了一节课的教学目标，教学重点和难点基本上就明确了。教学目标、教学重点和难点规定了一节课的方向，决定了教师应该选择什么样的教学方法、采用什么样的教学媒体、设计什么样的活动、如何分配一节课的时间等。总之，一节课所有的教学活动都要围绕教学的重点和难点展开，也就是我们通常所说的，突出重点，突破难点，实现教学目标。

选择教学方法、设计教学媒体是教学设计系统中关键的环节。怎样选择方法、设计媒体，将在本书以后的章节中学习。需要注意的是，小学英语课堂教学大多是多种教学方法的综合应用，很难说清哪一种方法用在哪种课型教学上。如，用情境教学法导入新课，用全身反应法学习单词，以任务型方法完成阅读等。教师要根据教学内容和学生的学习特点选择方法，没有哪一种方法是最好的，只有是最合适的。教学媒体是小学英语课堂教学的催化剂，发挥着不可替代的作用。无论是现代媒体，如电子白板、多媒体课件，还是传统媒体，如卡片、简笔画等，都是小学英语课堂教学中的常用媒体，教师要根据教学需要灵活设计，充分利用，发挥其直观、生动、形象、激发学生兴趣的作用。

教学过程的设计是核心环节。教学过程一般包括热身导入—呈现新知—操练—拓展—总结，这是小学英语课堂教学的最基本程序，但绝不是唯一的、不可更改的程序。教师可以创造性地设计教学过程，发挥个人的优势和特长，以收到良好的教学效果。无论以什么样的流程设计教学过程，最基本的要求是教师要能很好地驾驭。否则，将会适得其反。设计教学过程要注意每一个环节的衔接，热身导入是课堂教学的开始，设计要独具匠心，尽可能在短时间内让学生进入学习状态；呈现新知要及时，因为小学生的注意力集中持续时间不是很长，所以，要抓住关键时间呈现新知识；操练方法要灵活多样，有助于学生保持持续的学习兴趣；拓展要巧安排，激发兴趣，巩固效果；总结要到位，强化学习效果；作业形式要创新，学生乐意做，有助于巩固所学知识，培养能力。如何设计教学过程的各个环节将在本书第五章深入学习。

设计课堂教学评价要以形成性评价为主，要根据课堂教学的进展和检验学生学习结果的需要，注意发挥教师评价和学生评价在课堂教学中的作用。恰当的评价方法和客观公正的评价结果是学生学习的兴奋剂，会收到意外的效果。如小组竞赛、奖励小红花、教师及时的口头肯定和鼓励等，都是小学英语课堂教学常用的评价方法。

撰写课后反思是教学设计的拓展环节，也是教学设计中不可缺少的环节。教学设计只有经过教学的实践才能够实现价值。教学设计实施后，教师认真地反思设计的成功之处和存在的问题，这不但可以帮助教师避免出现同样的问题，也是教师自我成长、完善教学设计的重要途径。

总而言之，课时教学设计是教师进行课堂教学的基本依据，一定要具有可行性和可操作性，对学生的学习基础要正确把握、教学目标定位要准、教学过程针对性要强、教学活动参与性要高，这样才能顺利完成教学任务，达成教学目标。

教师设计课程纲要、单元教学和课时教学的过程也是教师理清思路、研读教材、确定目标、构思教学过程、选择教学方法的过程，通过不同层面的设计，有助于教师全面把握教材，充分了解学生，保障教学活动顺利实施。

四、常用呈现形式

教师要呈现完整的小学英语课程纲要、单元教学设计和课时教学设计。课程纲要、单元教学设计和课时教学设计一般由两部分组成：一部分是基本信息，主要涉及背景信息；另一部分是教学设计要素。如表2-1所示：

表 2-1　课程纲要、单元教学设计、课时教学设计构成要素

呈现形式 组成部分	课程纲要	单元教学设计	课时教学设计
基本信息	课程名称、学校名称、课程类型、设计教师、日期、适用年级、授课课时、课程材料	单元、设计教师、日期、授课课时、授课对象	授课单元、授课内容、授课对象、计划课时、课型、话题
教学设计要素	课程标准相关陈述、教材分析、学情分析、教学目标、教学内容、教学实施、教学评价	教材分析、学情分析、教学目标、评价方案、教学重点、教学难点、教学方法等	设计思路、教材分析、学情分析、教学目标、教学重点、教学难点、教学工具、教学方法、教学过程、教学评价、板书设计、教学反思

由表 2-1 可以看出课程纲要、单元教学设计、课时教学设计的设计内容是不尽相同的，基本背景信息差别不大，教学设计要素的要求则有区别。课程纲要设计要素相对于单元教学设计和课时教学设计显得笼统一些，单元教学设计和课时教学设计的要素比课程纲要要具体一些，要求更细致，体现出对课程纲要的分解和具体落实。需要注意的是，教学设计要素不是固定不变的，这些是基本要素，教师在设计过程中要创造性地运用这些基本要素，根据学生的实际情况开展教学设计。

在教学工作中教师用什么方式进行教学设计，与教师的工作环境、学校教学管理的要求以及教师本人的认知习惯等有关。没有具体规定要采用哪种形式呈现，关键是形式要规范，内容要全面，在教学中常用的形式有两种：主题式和表格式。

（一）主题式

主题式的呈现方式是指教师根据教学内容，将课题作为教学设计主题，以主题为线索，按照教学设计的顺序对各设计要素进行陈述（表 2-2、表 2-3）。

表 2-2　主题式课程纲要设计要素

小学英语××年级××学期课程纲要					
学校名称		设计教师		课程类型	
授课教材		授课课时		设计时间	
课程标准相关陈述	《义务教育英语课程标准（2011 年版）》的相关陈述				
教材分析	对所选用教材的系统分析				
学情分析	授课年级（班级）学习基础的分析				
教学目标	知识、技能、情感等具体达到的等级标准				
课程内容	对所选用教材内容的系统整合与分配				
课程实施	完成教学目标的具体方法和要求				
课程评价	对教与学效果的评价方式、方法				

媒体链接

请登录课程网,访问"小学英语教学设计"课程拓展资源部分的教材同步资源模块,学习"主题式课程纲要"。

表 2-3　主题式课时教学设计要素

×××× 教学设计			
授课单元		授课内容	授课对象
计划课时		课型	话题
设计思路	对课堂教学设计的整体思考		
教材分析	对教学内容的具体分析		
学情分析	对授课班级学习情况的分析		
教学目标	教学所要完成的目标,如知识、能力、情感态度等		
教学重点	学生应该掌握的核心内容,如单词、句型等		
教学难点	学生不易理解的知识、难以掌握的技能等		
教学工具	根据设计要求,准备教学工具		
教学方法	组织教学活动所采取的方式、方法,如任务型等		
教学过程	完成教学任务所实施的教学环节,如:Warm-up…		
教学评价	对教学过程和效果评价的方式和方法		
板书设计	需要在黑板上呈现的内容		
课后作业	拓展课堂的练习、活动等		
教学反思	课后重新审视教学设计,分析问题,完成二次设计		

案例：课时教学设计.doc

媒体链接

请登录课程网或扫描二维码,访问"小学英语教学设计"课程拓展资源部分的教材同步资源模块,学习"课时教学设计"。

主题式呈现的特点是:(1)主题明确,课题或单元题目就是主题,各设计要素相当于次主题;(2)条理清晰,各设计要素按照顺序依次呈现;(3)系统性强,各设计要素相对独立,又相互关联,形成一个整体,环环相扣。主题呈现还有一个优点,即便于教师进行补充和修改。在课程结束后,教师对教学效果进行反思,完成二次设计,对教学设计进行调整、补充、修改和完善。

（二）表格式

表格式呈现是教师事先将设计要素设计成一套表格，依照表格填写设计内容（表2-4、表2-5、表2-6）。

表2-4　表格式课程纲要模板

小学英语××年级××学期课程纲要					
课程名称		设计教师		设计日期	
适用年级		课程类型		授课课时	
学校名称					
课程相关标准陈述					
教材分析					
学情分析					
教学目标					
课程内容					
课程实施					
课程评价					

表2-5　表格式单元教学设计模板

××单元教学设计					
课程名称		设计教师		设计日期	
适用年级		课程类型		授课课时	
教材分析					
学情分析					
教学目标					
教学重、难点					
教学内容					
教学方法					
教学评价					

表2-6　表格式课时教学设计模板

××××教学设计					
授课单元		授课内容		计划课时	
授课班级		课程类型		话题	
设计思路					
教材分析					
学情分析					

续表

××××教学设计	
教学目标	
教学重、难点	
教学工具	
教学方法	
教学过程	
教学评价	
课后作业	
教学反思	

表格式教学设计呈现的特点首先是式样简洁、美观，由于是事先设计好的模版，整齐统一。其次是便于操作，设计者只需按照表格要求填写就可以了。条理清晰，所有的设计元素尽在表格之中，一目了然。不足之处是不便于个性化设计，课后二次设计不方便。

学习实践

以人教版小学英语（义务教育教科书）六年级上册为例，任选一课时进行教学设计，具体要求如下：

（一）设计要求

1. 按照教学起点分析、教学目标、教学重点与难点、教学过程、教学评价、教学媒体这样的逻辑顺序进行设计。

2. 以主题文本形式呈现本人的教学设计。

3. 以文字形式说明设计思路。

（二）练习要求

1. 以学习小组为单位进行交流，根据交流结果，反思本人的教学设计。

2. 每个学习小组推荐一份最佳设计，与班级同学交流。

本章小结

1. 小学英语教学设计的基本含义是指教师针对小学英语教学中的问题，根据小学生的特征，分析学生的学习需求，依据教学理论，运用系统方法对各种教学资源进行有机整合，设计英语教学目标、教学过程、教学活动、教学方法、教学评价等，以进行英语教学准备的过程，其最直接的结果是为教师实施教学提供一个全面的指导性计划。其本质是以提高学生的英语学习质量为目的，帮助学生解决学习英语过程中的问题，掌握语言知识，培养学生运用英语进行交际的能力，促进学生发展而进行的系统计划活动过程。

小学英语教学设计基本要素包括：教学起点分析、教学目标、教学重点与难点、教学过程、教学评价等，这些要素相互作用，构成了小学英语教学设计的内容体系。小学英语教师开展教学设计，要创造性地设计这些要素，提升教学能力，提高课堂教学效果。

2. 根据小学英语课堂教学基本形态的要求，教师要设计学期（年）课程纲要、单元教学设计和课时教学设计，并以文本形式呈现出来，呈现的形式主要有主题式和表格式。采用什么样的呈现形式，应考虑实际教学的需要。

学习思考

1. 本章学习了小学英语教学设计基本要素和呈现形式，根据所学内容思考：如何实现小学英语教学设计的最优化？

2. 小学英语教学设计基本要素相互作用，构成了教学设计的内容体系，根据各要素之间内在的逻辑关系思考：如何实现小学英语教学设计的系统性？

推荐阅读

1. 中国教育学会外语教学专业委员会组织编写. 新课程理念下的创新教学设计（小学英语）. 长春：东北师范大学出版社，2003.

该书分"英语课程改革的理念与方法"以及"新课程理念指导下的小学英语教学设计"两大部分内容，收录了25位教师的展评课的教案。

2. 周建平. 小学课堂教学设计[M]. 北京：高等教育出版社，2012.

该书阐述了在小学课堂教学设计中的各个重难点，并对课时教学设计有详尽的论述。

第三章　小学英语教材与学情分析

本章导读

本章学习关注以下要点：
- 小学英语教材分析的内容、方法、步骤和要求
- 小学英语学情分析的内容、方法和要求

问题情境

师范生小李,顺利通过招教考试,怀着满腔的激情和对教育事业的热爱走上了小学英语教学工作的岗位。按照学校领导的安排,小李和经验丰富的张老师共同承担小学三年级的英语教学工作。小李老师认真地准备每一节课,可她发现现行的小学英语教材变化很大,新课改下的教材在教学体系、编排方式、教学内容等方面更加体现全面发展的理念。面对这些新教材,小李感觉无所适从,不知道如何依据《标准》对教学内容进行合理的设计。在教学过程中,为了激发学生的兴趣,小李精心地设计了游戏、歌曲、舞蹈等丰富多彩的课堂活动,但孩子们参与的积极性并不高。为了让孩子掌握单元学习的重点与难点,小李反复训练了很多遍,可是孩子似乎对小李的课并不是那么喜欢。一个学期下来,教学效果并不理想。张老师与小李担任同一年级的英语课,他的工作看起来却很轻松,上英语课也成了班里学生每周最盼望的事情,课堂上学生总是乐在其中。学期末,张老师所教班级学生的英语成绩不但比小李所教班级优异,而且张老师指导学生的英语课本剧还在学校举办的"双语文化节"活动中获得了全校老师的好评。这究竟是为什么呢?

启发思考

为什么小李很认真地备课,却达不到理想的教学效果?如果你是小李,你认为在开展教学工作之前,应该通过哪些工作来提升教学的有效性?

第二章已经学习了教学设计要素,明确了教学设计所包含的基本要素及其意义,本章重点学习教材和学情分析的意义、内容和方法。教材和学情分析,是教师进行教学设计之前的关键工作,是教学设计的基础，也是教学设计的要素之一。有效开展教材和学情分析，正确理解教材内容、准确把握学生的需要，对教师确定教学目标、设计教学过程以及评价方式等至关重要。

第一节 小学英语教材分析

教材是教学活动信息传播的主要载体，在课堂教学活动中起着十分重要的作用。教材分析是教师进行教学设计、制订教学计划的基础，是备好课、上好课以及顺利达成预期教学目标的前提和关键。

微课：小学英语教材分析.mp4

一、教材分析的意义

教材有广义和狭义之分。广义的教材指教师和学生在课堂内外使用的所有教学材料，例如课本、练习册、活动册、故事书；教师自己编写的材料和通过计算机使用的学习材料等都可称为教学材料，凡是有利于学生增长知识或发展技能的材料都可称为教材。狭义的教材即教科书，教科书是一门课程的核心教学材料。根据《标准》对教材的定义，英语教材是指英语课程教学中使用的教科书以及与之配套使用的练习册、活动册、读物、自学手册、录音带、录像带、挂图、卡片、教学实物、计算机软件等。可见，教材即教师在教学过程中所使用的一切素材、资源和手段，不但包括教科书，也包括英语视听资源，例如英语儿歌、英语故事等。

教材分析是指教师对所选用的教材进行系统的研读，对教材的编写理念、内容体系、编排顺序、结构特点、学习要求等深入认识与理解的过程，是教师进行教学设计的首要工作。教材分析是教师创造性劳动的过程，其结果直接影响教师的教学决策。教材分析对设计教学目标、选择教学方法、组织教学活动有着非常重要的作用，具体体现在以下四个方面。

（一）为设计教学目标提供依据

教材分析的过程是教师对教材重新认识的过程，在这个过程中教师要对教材呈现的内容进行系统的对比、分析，梳理教材的教学重点、难点，对教材有一个客观的定位，根据一系列分析结果，确定教学目标。这样既能增加教学目标的针对性和科学性，也能为顺利达成教学目标奠定基础。因此，分析教材时，要认真推敲教材的编写意图，明确通过教学应使学生掌握哪些基础知识，达到什么要求，侧重培养哪些能力，可做哪些思想品德教育等，为制订教学目标提供依据。

（二）为选择教学方法提供参考

教师通过对教材内容、呈现方式、话题材料以及教学目标的全面分析，确定教学方法。因为小学英语教材中呈现出来的典型生活场景，旨在激发学生主动参与学习的兴趣。教师要根据学习材料为学生创设感知、练习和应用所学语言的学习条件和氛围，帮助学生在与学习材料的互动中实现有意义的学习。因此，教材分析是教师对教材再创造的过程，在这个过程中既有教师对教材的认识和理解，也有教师对教材的批判和评价，同时也融进了教师个人对教材使用的观点，凝练了教师的教学思想。在这种思想观念的指导下设计教学方法，是教师理性的选择，也是教师教学智慧的体现。

教师在分析教学内容的基础上，有的放矢地选择教学方法，这样有利于避免课堂教学的盲目性，避免在课堂教学中走弯路，提升课堂教学效果。

（三）有助于组织教学活动

小学英语教材多数以话题的形式编排，而且是贴近学生生活的话题，其目的是增加语言的应用性，教材内容的呈现方式基本相同。

例如，人教版小学英语（义务教育教科书）的一至六册，每册有六个新授单元和两个复习单元，第八册有四个新授单元和两个复习单元。每册教材的每一个单元是一个话题，由Part A，Part B，Part C三部分组成。A、B部分要求掌握；B部分是A部分的语言的扩展；C部分供选学，是A、B部分知识的扩展和综合语言运用。教材整体的编排环环相扣，前一个环节是后一个环节的新知呈现，后一个环节是前一个环节的递进。而且话题材料是学生熟悉的学习内容，整体设计符合小学生的学习特点。

如何将这些内容有效地呈现给学生，吸引学生的注意力，激发学生的学习兴趣，是教师顺利实现教学目标的关键环节。要突破这个关键环节，需要教师认真分析教材，根据教材所提供的话题材料，设计教学过程的每一个环节，使每一个环节都是有任务的、有目标的、有效的教学活动。如果教师设计的活动只是机械操练、简单转换，几乎没有任何学生自发和主动参与的认知过程，那么学习结果通常是短暂而浅显的。形式上可能是热热闹闹，结果却不尽如人意，学生没有把英语学习内化为语言，仅仅停留在语言形式的学习上。

（四）促进教师的专业发展

分析教材是教师创造性地开展教学活动的过程，教材分析能够促进教师的专业发展。第一，教材分析有助于教师深入理解本学科知识，丰富教师的专业知识。教师在进行教学设计之前，必须要全面学习《标准》，认真分析和研究教材，深入领会教材的编写意图、基本结构和各部分之间的内在联系，在此基础上组织教学内容、选用教学方法、设计教学活动，以实现教学目标，完成教学任务。第二，教材分析有助于促进教师专业能力的发展。一是教师科研能力的发展。教师分析教材、研究教材的过程，也是教师进行教学研究的过程，所以，是教师不断提高专业素质和加深对教育理论理解的过程。二是教育教学设计能力的发展。通过教材分析教师对教材的编写理念、内容体系和教材的适用度有了新的认识和理解，从而提高了科学编写教学方案、合理进行教学设计的能力，提升了课堂教学效果。

二、教材分析的基本内容

当教师针对一本教材、一个单元的教学内容或一个课时的教学内容进行分析时，不能盲目，无所适从，要有目标，有针对性，有重点地分析。下面的几项内容是教师在进行教材分析时必须掌握的。

（一）单元话题

在小学英语教学中，教师进行一个新的单元教学之前就要确定本单元的话题是什么。单元话题是目前各版本的小学英语教材组织教学内容的主线，每个单元都有特定的话题，同一单元的不同板块呈现的语言学习任务各有侧重。话题是指谈话的主题，教师在进行教材分析时应确定本单元的话题是什么，与这个话题有关的核心词汇、短语和句子有哪些，它们如何系统地融合在单元话题中。确定了单元话题之后，围绕话题选择语言材料并设计教学活动，从而使学生从不同的方面加深对话题的认识，提高对该话题的表达能力。话题往往可以通过单元题目、语言材料、活动内容、词汇表等方面判断出来。正确分析单元话题，理解单元内容编排结构，对教师分解教学目标、设计教学方案非常重要。

以人教版小学英语（义务教育教科书）为例：这套教材是典型的以话题作为主线来组织教学内容的，每个单元是一个话题，分为A、B、C三部分。其中A、B部分是基础，要求学生必须掌握；B部分是A部分语言的扩展；C部分供学生选学，是A、B部分知识的扩展和语言的综合运用。A、B部分由Let's talk, Let's learn, Let's do, Let's play, Read and write等几个板块组成，核心知识点在每个部分的不同模块之间滚动复现，螺旋上升，扎实推进。这一点在五、六年级的教材中体现得最明显。例如，通过Let's talk板块引出新句型，让学生初步感知新知识，在Let's learn板块进一步学习新知识，在Let's do板块活学活用所学知识，并在Read and write中巩固强化，实现了"在句型中学习新单词，在对话中学习新句型，在语篇中达到综合运用"的目的。

正确分析单元话题，理解单元内容编排结构，是教师分解教学目标，合理分配时间，组织教学活动的重要依据。

（二）语言点

语言点是指在英语学习过程中所出现的对理解原文形成障碍的语言现象，包括词汇、句型和语篇，通过语言点的学习主要目的是扩充学生的语言知识，提高语言能力。分析语言点，就是要准确找出一个单元或一个课时要学习掌握的词汇、句型和语篇。

词汇教学是小学英语教学的主要任务之一，词汇教学的主要内容包括识记词汇和了解词汇的意义。小学低年级的英语教学以词汇教学为主，中、高年级的英语教学则是在词汇学习的基础上的句型和语篇教学。通过教材分析教师要明确学生要学习的重点词汇，以及根据学生的英语水平完成教学活动可能会用到的词汇，为设计教学活动提供重要参考。

句型教学是小学英语教学的重要内容，掌握一定量的句型是形成和提高小学生语言交流能力的主要途径。目前大多数教材都以话题形式呈现教学内容，因此重点句型明确包含在话题中，教师要通过研读教材明确学生要重点学习的句型，这些句型是教师创设学习情境和学习任务的核心。

语篇教学主要在小学中、高年级进行，在小学英语教材中，语篇通常以对话和故事的形式呈现。语篇教学以发展学生的能力为目的，在具体语境中教学单词和句型。因此，语篇教学的主要内容仍是词汇和句型，不同的是语篇教学中出现的词汇和句型的关联度更高，具有一定的意义指向并带有情感体验。教师要认真阅读教材，除了明确教学的主要词汇和句型之外，也要重视教材中提供的标题和插图，认真分析阅读材料中故事情节的发展，引导学生理解阅读材料，把词汇和句型渗透在教学过程中。

小学英语教材一般都清晰地呈现了要重点学习的词汇和句型，而没有明示语法重点。但是，考虑到英语在我国是外语这一事实，国内的教材编排除了采用"话题"这一线索之外，多数都还有一条"语法线索"贯穿整套教材。教师要了解教材编写的语法线索，从而准确地把握教学重点，避免分散精力。有些教材通过目录表、单元自评等形式标明语法线索，有些教材则需要教师自己判断。对于没有明示语法线索的教材，教师需要通过分析整本甚至整套教材，特别是分析本单元与前后单元的联系来确定教学重点。

例如，人教版小学英语（义务教育教科书）五年级上册Unit One What's He Like?本单元重点学习描述人物体貌特征和个性的语言。围绕句子Who's your art teacher? Mr Jones. What's he like? He's young, 通过单词old，short，thin，tall，strong等进行替换练习，强调Who's...?和What's he like?整个单元没有特别说明语法内容是什么，但通过分析可以看出来是特殊疑问句What和Who的问答。

（三）目标要求

目标有教学导向的作用。对于确认的语言点，要明确要求学生掌握的程度，例如：要求理解还是要求运用？要求能听、说还是能读、写？教材的语法系统对此是有要求的，但这一要求往往不明确显示，需要教师通过教材中的活动要求、练习册等来判断。

例如，根据人教版小学英语（义务教育教科书）五年级上册Unit One What's He Like?呈现的语言点，可以确定本单元的教学目标为：

1. 能听懂Who's your art teacher? What's he like? 并能正确作答。
2. 能够听、说、读、写单词：old, short, thin, tall, strong。
3. 能够听懂指示语，并按照指令完成Let's find out中的简单任务，找出正确的画面。

（四）语言材料与活动

多数小学英语教材提供了丰富的语言材料，主要包括教材中提供的对话、短文、歌曲、小诗等。这些语言材料作为学习内容大多以"活动"的形式呈现。以人教版小学英语（义务教育教科书）为例，教材提供的活动类型主要有Let's learn, Let's play, Let's do, Let's try, Let's talk, Let's sing, Let's spell, Let's chant, Read and write, Story time等。不同的活动由与之对应的语言材料组成，其中内化了不同的语言点，在知识的呈现和学生的学习起到了不同的作用。如Let's learn部分大多呈现完成以某个主题为主的会话所需要的核心词汇和短语，Let's sing和Let's chant部分的语言材料大多生动有趣、活泼灵活、节奏感强、朗朗上口，同时材料内容与Let's learn部分出现的词汇、短语或句型紧密关联，起到强化巩固新知的作用。Let's play, Let's try, Let's do, Let's talk和Group work等则要求教师根据教材提供的对话形式和替换语言材料，组织学生开展与生活情境贴近的对话活动，或能听懂语言材料并作出正确的回应。教师只有掌握这些内容要求，才能组织相应的教学活动，使课堂教学活动集中指向教学的核心。

Read and write 板块通过配有图片的日记、电子邮件、便条等提供有一定意义的语篇综合性训练活动，包括阅读理解活动及个性化写句子或补全文段的活动，旨在帮助学生进一步巩固本单元学习的核心句型和词汇。Let's wrap it up 板块是单元语法现象总结活动，旨在培养学生在学习语言之后，关注语言形式和规律的意识，形成及时总结所学知识、语言规律，最后能进行语言运用的能力。每个单元 C 部分中 Story time 的作用不仅仅是给学生带来乐趣，更重要的是为学习能力较强的学生提供语言拓展内容，以达到分层次教学的目的。

对于教材这样的编写设计，教师要认真分析，正确理解教材中不同板块所呈现的不同活动的目的和意图，将语言材料和活动有机结合，这样才能抓住关键，实现教学目标。

（五）检测

培养学生对学习过程的监测和调控能力是使学生学会学习的一个重要方面。理想的教材应该为学生提供检测学习效果的练习活动，这些活动也可以成为教师获取教学效果反馈的途径。分析教材提供的检测一般要看其难易程度、检测的内容、检测目标、实施方法和综合程度。难易程度是指该检测是否适合不同学生的水平，检测内容是分析检测学生学习效果的途径，检测目标则是分析该检测主要用于了解学生对哪些语言点的掌握程度，实施方法指该检测是否便于师生在有限的时空和条件下开展该检测，综合程度指该检测是否受学生的语言表达能力和交际能力的影响。

以人教版小学英语（义务教育教科书）为例，教材中有专门的活动 Let's check 用以检测学生的学习效果。教材通常在 Let's check 部分提供带有情境的画面，要求学生运用新习得的语言点完成与画面情境相符合的对话。在中、高年级的教材中除了 Let's check 活动用于课堂检测之外，其他活动中教材也提供了形式丰富的检测方法。有 Listen and tick or cross, Listen and circle, Look and circle, Finish the sentences, Talk and match 等，让学生在辨别、对比、选择或分析之后给出自己的学习结果，给学生提供了从认识语言点到会用语言点的练习机会，同时帮助教师检测学生对语言点的掌握程度。另外教材提供的其他活动也有检测的功能，如 Let's do, Let's talk 等活动通常安排在 Let's learn 之后，教师可以灵活运用这些活动，通过让学生做一做、说一说等形式，在巩固新知的基础上检测学生对新知的掌握程度，为下一步的教学活动提供参考。

以上几点是教师分析教材必不可少的基本内容，但并不局限在这几方面。教师应根据教学需要，以上述内容为基础，拓展分析内容，以保证教学需要。

三、教材分析的基本方法

（一）知识分析法

知识分析法是以分析教材知识体系为主的方法，涉及教材整体、单元和课时，是教材分析最基本的方法。通过分析要掌握的知识体系，明确教材的重点和难点，根据不同类型的教材内容分别采用不同的教学方法，以达到预期的教学效果。知识分析首先要确定教材内容中的一般知识、重点知识和应用性知识，并根据这些知识的内在联系，形成知识网络，有利于更全面地理解教材，提升处理教材的能力。对课时教学内容也要进行知识分析，主要分析教学内容的结构、重点和难点，以此确定教学目标和选择教学方法。下面是运用知识分析法分析教材的案例。

案例 3-1

> **人教版小学英语（义务教育教科书）四年级上册**
> Unit Three My Friends, Part A, Let's learn & Let's find out
>
> 教材分析：
>
> 本课时主要学习 Let's learn 中的单词：friendly, tall, short, thin, strong, quiet，以及句型：Who's he/she? My friend is... He/She has... 要求学生能够正确地听、说、读、写这些单词，并能运用所学句型询问并描述自己朋友的外貌特征(教材中的一般知识)。
>
> 由此可见本课时的学习重点为：能够正确地听、说、读、写 friendly, tall, short, thin, strong, quiet 六个单词（重点知识）以及能够运用句型 Who's he/she? My friend is... He/She has... 来描述自己的朋友（应用知识）。

上述案例是采用知识分析法分析教材的比较典型的例子，首先明确了本部分教学内容中需要掌握的单词和句型，即一般知识，在此基础上，对本节课涉及的知识体系进行了系统分析，从而确定本节课的学习重点和难点，即重点知识，根据重点知识，明确了应用知识。通过分析，教师对教材内容有了清晰的认识，教学重点和难点明确，教学思路基本形成。

（二）心理分析法

心理分析法是从学生的学习心理过程入手，分析研究教材和教学中的心理因素。心理分析法是教材分析中常用的方法，主要由分析教材蕴涵的心理因素和学生学习过程中的心理因素两个方面组成。分析教材蕴涵的心理因素主要是分析教材在整体结构的编排、内容的选取和呈现形式的选择等方面的特征和规律，并挖掘指导和支撑这些特征与规律的教育心理学理论体系，从而清晰地把握教材提供了哪些材料以满足学生的认知需求，达到帮助学生习得语言知识和提高语言运用能力的目的。分析学生学习过程中的心理因素主要是分析学生在使用教材进行学习时的心理过程、特点及可能出现的障碍，以确定学生对教材是否适应，学习起来是否得心应手。

教材是小学生学习英语的主要工具和资源，心理分析法能帮助教师合理地使用教材直接提供的学习资源，并深度挖掘教材内含的潜在资源。《标准》把"以学生的发展为本"作为小学英语教材编写的原则之一，为更好地体现这个原则，建构主义学习理论、多元智能理论和先行组织者理论等以研究学习者的学习为核心内容的理论体系成为小学英语教材编写的主要理论依据。

建构主义学习理论关于学习条件的观点强调复杂的学习环境和真实的学习任务，强调社会协商和相互作用，强调用多种方式表征与呈现教学内容，强调学生理解并意识到知识建构的过程和以学生为中心的教学。[①]因此，教师应重点分析教材提供的学习材料在哪些方面与学生的已有经验相关联，能够利用哪些学习材料为学生创设有意义的学习任务，这些学习材料最终应该以什么样的形式呈现给学生。

多元智能理论提出每个人都拥有八种主要智能，但每个人的优势智能有所差异，导致学习个体有自己独特的认知方式。因此，小学英语教材不再只追求学科知识本身的系统性、阶段性和覆盖面。以人教版小学英语（义务教育教科书）为例，教材内容多采用小学生熟悉的生活片段，并通过听、说、读、写、画、玩、演等方式组织学习材料，任务型、活动型的练习活动贯穿教材的始终，为具备不同优势智能的学生提供适合的学习方式，坚持让每个小学生都能发挥自身的智力和非智力因素，灵活地参与英语学习。

先行组织者理论是认知心理学的代表人物——美国教育心理学家奥苏贝尔于1960年提出的一个教育心理学的重要概念。要使英语教学有意义，学生的学习也必须是有意义的。他认为，只有学习的材料能配合学生已有的认知结构时，学习才会有意义。所谓先行组织者是一套清晰的、有组织的资料，以学习者已熟悉的知识为基础而设计的产物。这也是现行小学英语教材多采用图文结合的呈现方式的主要理论依据，将日常生活中学生熟悉的事物与学生要学习的英语表达方式紧密结合起来。请阅读下面运用心理分析法分析教材的案例。

---

① 皮连生.教学设计[M].2版.北京：高等教育出版社，2009：58.

案例 3-2

> **人教版小学英语（义务教育教科书）五年级下册**
> **Unit Two My Favourite Season, Part B, Read and write**
> 教材分析：
> 　　本单元的核心话题是谈论喜欢的季节并说明原因，是四年级下册谈论天气、服装两个话题的延续，又为下一单元学习月份打下基础，因此本单元在整个小学英语教材中起着承上启下的作用。同时这一话题又与学生的生活息息相关，是学生们比较喜欢的话题之一，它能充分调动学生学英语的兴趣，有利于在学生间开展交流。本课的教学内容是该单元的第四课时，是在 Part A 对话学习基础上的拓展与延伸。主要是综合运用前三个课时所学的词汇和句型进行对话交际，为下一课时的阅读教学打下基础。

　　这是一个运用心理分析法分析教材内容的案例，教师从教材单元之间的联系和学生的学习兴趣两个方面着手进行分析，认为本单元"季节"话题与本教材中天气、服装话题相联系，指出了教材在编排结构上的特征和呈现形式上的规律，同时说明"承上启下"的作用，分析了话题与学生的认知之间的关系、学生的兴趣等，确定了教材对学生的适用度，显而易见，这样的分析对教学是非常有益的。

（三）方法论分析法

　　方法论分析法指运用物理学发展中的基本研究方法对比、剖析与挖掘，总结教材中的方法论因素。教材编写者普遍会采用各种方法使教材内容与教法和学法融为一体。分析教材中蕴涵的教法和学法就是挖掘教材内容中的方法论因素。

　　一般情况下，各种类型的知识在学习过程中都有不同的方法论内容，例如学习概念就要注意分析和类比；学习规律要注意归纳与演绎；学习实验要注意实验程序和操作规范；应用知识时要注意对象与技能；等等。这就是说在教材分析中潜藏着重要的方法论因素。在教材分析中将这些潜在的方法论因素发掘出来，自然是教材分析中的一大任务。方法论分析法本身就蕴涵着科学的方法论因素，只要注意挖掘就会对教师的教学方法和学生的学习方法提供有力的帮助，更重要的是能帮助学生养成良好的学习习惯。请阅读下面运用方法论分析教材的案例。

案例 3-3

> **人教版小学英语（实验教科书）六年级下册**
> Unit Two What's the Matter, Mike? Part B, Let's read
>
> 教材分析：
>
> 本课时是整个教学单元的第6课时。本单元的主题是能简单地询问他人的身体状况、心情是否愉快，主要内容是句型What's the matter? How do you feel? How does she/he feel? 的问答。
>
> 在第1—5课时已经学过了I have a headache/cold/toothache/fever...I am happy/sad/angry/bored/tired. He/She is excited 等表达方式，本课时的内容是一篇阅读课文，课文中大多数词组都是已经学过的，融合在一篇较长的阅读中，并加入一些动词词组，旨在教会学生在阅读的过程中快速获得关键信息，运用所获得的信息作出有效的选择，从而达到培养学生获取信息的能力，激发阅读兴趣，树立阅读自信。所以，学习本篇课文首先要引导学生整体阅读课文对话，理解课文细节信息，然后运用思维导图复述阅读内容，强化对课文的理解。

从上述分析可以看出，教师对单元的话题、句型进行了剖析，总结了已经学习过的内容，找出了本课时的重点内容以及学习要求，即"在阅读的过程中快速获得关键信息"，培养学生获取信息的能力。

上述三种分析方法是教材分析常用的方法，还有从整体结构入手分析的结构论分析法、从反馈信息入手的信息论分析法等。掌握不同的分析方法，有利于多角度、全方位对教材进行分析。在实际教学工作中，不论采用哪一种方法，都要能够真正理解教材内容，掌握教材内容的重点和难点，通过教材分析，知道"教什么"，并为"如何教"奠定基础。

四、教材分析的基本步骤

（一）研读《标准》

《标准》是小学英语教学的指导性文件，是编写教材和进行教学的依据。它明确规定了义务教育英语课程的性质、任务、课程目标和内容标准等。因此，在分析教材时应以《标准》为依据，以《标准》的要求为目的。认真学习、研究《标准》是教材分析的前提。研读《标准》有利于教师理解教材的编写理念，有利于教师对教材的合理利用，有利于教师落实《标准》的要求。请看下面一则案例。

案例3-4

> **人教版小学英语（义务教育教科书）五年级下册**
> **Unit Two My Favourite Season, Part A, Read and write**
>
> 本单元以"所喜欢的季节"和"喜欢该季节的原因"为话题，以 Let's learn 的单词为主线，以 Let's talk 为桥梁，以多种形式的任务活动为中心，贯穿整个单元。在 Part A 的教学中，应围绕"所喜欢的季节"和"喜欢该季节的原因"为话题设计系列活动，让学生在轻松愉快的情境中表达语言、感受语言、理解语言，从而习得语言。本课时旨在通过教学设计帮助学生在循序渐进中掌握句子：Which season do you like best? I like winter best. Summer is good, but fall is my favourite season，并能运用这些句子主题交流。

教师依据《标准》，在进行教材分析时充分考虑《标准》的要求和学生的学习兴趣，采用情境教学法。学生在情境中循序渐进地学习语言，符合学生学习语言的规律。合理的教材分析是教师教学过程顺利进行的关键因素。

（二）通读教材

进行教材分析时，教师首先要通读本阶段教学所选用的教材，了解教材的基本框架与编写体例，理解教材编写的思路与内容的逻辑关系，分析语言知识与语言技能的表达方式和程序，研究单元话题、语言点、语言材料、活动等，对听、说、读、写能力的目标要求，语言知识与技能穿插编排的意图。从中领悟教材提供的教与学的方法与过程，明确教材的思路及其内在的逻辑关系，以此作为理解教材的一个重要方面和设计教学过程的重要依据。

以人教版小学英语（义务教育教科书）为例。首先，教师要认真研究每个单元 Part A, Part B 和 Part C 三部分之间逻辑关系，思考 Let's learn, Let's do, Let's talk, Let's play, Read and write 的编排意图，及其中单词、句型、话题材料所提供的活动方法。其次，教师要认真研究教材中的新知识与前后教材中知识的关系，明确教材在知识体系中的作用和地位，发掘新知识、新技能的生长点，以实现知识、技能的正迁移。还要分析新内容与相关知识的联系与区别，从全局上把握和使用教材。请阅读下面的教材分析案例。

案例 3-5

> **人教版小学英语（实验教科书）五年级上册**
> **Unit Two My Days of the Week, Part B, Let's talk**
>
> 本课时为本单元的第五课时，主要学习 Part B, Let's talk 中的句型 What do you do on…? I often… 及对话。本节课的学习重点是学生能够听懂、会说句子：What do you do on Saturdays/Sundays? I often do homework, read books and watch TV，并能在真实情境中运用。
>
> 本节阅读课是对 Part A 的总结和延伸，学生在之前的学习中已经对职业有了简单的接触，而在本单元的 Part A, Let's learn 和 Let's talk 中对职业的相关名称和询问用语又进一步进行了学习，由于学生已经比较熟悉，再加上本节课的学习和巩固，学习内容难度应该不是很大，因此本节课的教学重点是将主要的功能句型用于不同场景中，让学生更多地联系已经学过的语言，让学生在不断地练习、巩固当中综合运用所学知识，从而提高学生的阅读能力和交际能力。

这是一课时教学内容的分析，教师不但分析了本课时的教学内容，而且明确指出了本节课 Part B 是对 Part A 的总结和延伸，即两部分之间的关联，进一步分析了两者之间的关联度以及关联度对学生学习新知识的影响。所以，通读教材是非常重要的，要从教材的整体结构去把握每一个单位，从一个单位去把握每一个课时，这样才能够避免教学中的片面和盲目现象。

（三）分析内容

教师在认识和理解教材的基础上，对教材内容进行分析，加工提炼。一是准确把握教材的思想内容，理解每个单元的话题内容是什么，表达什么样的思想和情感，对重点单词、句型、对话要有深刻的理解。二是准确把握教材的表达特点。三是准确把握教材的重点和难点。教师只有熟悉了教材的体系结构和目标定位，进行教学设计时，才能够前后照应、内容整合、反复渗透。

依据《标准》和教材内容分析结果，结合学生实际，科学准确地制订教学目标，确定教学的重点和难点。这项工作是教师教学设计的重要组成部分，也是设计教学过程和实施教学过程的重要依据。因此，确定教学目标、教学重点与难点是分析研究教材的关键步骤。

首先，通过教材分析把握教材的思想内容是落实语言技能、语言知识、情感态度、学习策略和文化差异五项目标的前提。现行的小学英语教材的编写框架和体例，基本上是以话题为中心的，围绕话题将语言知识、任务、功能、德育内容、多元文化教育、学习技能及形成性评价等要素有机融会贯通。教师要认真分析、挖掘教材中的语言知识、德育及多元文化教育等元素，在教学中有效地利用这些元素对学生进行教育和教学。因为，教材的思想内容是融合在教材的知识体系之中的，需要教师根据各单元的话题对话题所辐射的知识内容加以甄别和判断。例如，人教版小学英语（义务教育教科书）五年级下册第二单元的阅读课文，描述了一个叫Robin的机器人，不仅短文本身趣味性强，而且Robin的聪明伶俐、乐于助人的品质也在短文中得以体现。

其次，通过分析，把握教材的表达特点。小学英语教材基本上是图文并茂的，这样的形式符合小学英语的认知特点，有着较强的亲和力。以人教版小学英语（义务教育教科书）为例：每一个单元以对开的主情境图开篇，其功能是呈现本单元的主要词汇与对话，学生可以通过观察图片感知语用环境，也可以根据图片的提示进行单元语言的复习巩固活动；接下来是Part A，是必学部分，包括Let's talk，教学1～3个话题的情境对话；紧接着是Let's play，通过趣味活动。在感知和体验了语言之后，接下来的Let's learn，教学4～5个生词；再接下来是Let's do，通过活动巩固所学生词。Part A的最后一项是Letters and sounds，教学4～6个字母，要求能够听、说、读、写，了解字母在单词中的读音，了解字母与音素之间的对应关系。仔细分析Part A部分各板块的内容和功能，会发现这是一个完整的感知—体验—实践—巩固的学习过程。分析教材内容的表达特点要从整体入手，在细节上认真分析。整体入手是指从整本教材、整个单元进行分析，找出教材的编写主线、风格、单元内容的构成。从细节上分析是指要认真分析单元中每个板块的内容、每一个板块的功能、各板块之间的关联等，这样才能把握教材的表达特点，才能够在教学中充分利用教材，发挥教材的作用。

最后，通过分析，把握教材的重点和难点，这是分析教材的重要环节，也是分析教材内容的目的所在。正确把握教材的重点和难点需要教师认真地分析话题、确定核心内容，根据核心内容确定重点和难点。以一个单元教学内容为例：首先分析单元的话题、词汇、句型、语音、语法、短文、故事以及与之匹配的练习、游戏等；其次分析这些内容的教学要求，是要求能听、说、读、写的内容，还是要求认读的内容。根据不同的要求确定教材的重点和难点。

从研读《标准》、通读教材到分析教材内容这样一个过程，教师对《标准》有了深入的认识，对教材有了深刻的了解，对教材内容有了正确的把握，不仅实现了教材分析的目的，提高了对课程的认识与理解，而且为教学设计、课堂教学奠定了很好的基础。

五、教材分析的基本要求

尽管一套完整的教材都是由学者精心编写的，但由于学生具有不同的个性、能力和兴趣等，教材不可能满足每一个学生的需要，这就需要教师为了满足不同学生的学习需要有目的地使用教材。对于教师来说，应具备不是"教教材"而是"用教材"的理念。

（一）学会调整与取舍教材

教材的调整和取舍的最终目的是创新优化地使用教材，它是指教师在使用教材的过程中，根据学生及实际教学的需要，在微观层面对教材的内容、结构、顺序、教学活动等进行适当的取舍和调整。《标准》指出，在教材的使用过程中，教师要善于结合实际教学需要，对教材的内容进行适当的取舍和补充，对教学方法作适当的调整。作为英语教师必须认识到，任何一种教材都无法完全满足某一特定学生群体的学习需要，也无法完全满足教师进行教学改革的需要。根据实际需要对教材进行一定的调整和取舍，是当下教材使用的一种常态。正如2011年4月鲁子问教授在青岛市小学英语（外研社版）教材培训会上所说的，"教材提供了给老师进行教学的材料和规定教学的范围，但并不等同于规定了具体的教学内容，具体的教学内容还需要教师根据学生的学习情况和教学目标进行调整和选择"。这就要求教师在对教材作出科学合理的分析的基础上，展开有效的教学设计。

例如，如果教师认为某单元的阅读内容适用，但是阅读练习题的设计不够合理或不太适合自己的学生，就可以用自己编写的练习题代替原有的练习题。再比如，如果教师认为某个活动太难，也可以自己设计活动，并可以选择其他活动替代。无论如何修改，在删减教材的个别不合适内容时，教师应切记修改的目的是为了满足学生的需求，帮助学生更好地理解内容。

（二）适当优化与补充教材

教学内容的安排一般是由易到难，逐步递进，但是并不意味着教学顺序不能调整。在进行教学设计时，教师可以根据实际情况适当调整顺序。例如，马上要过元旦了，教材中正好有一篇有关西方圣诞节的课文，那么教师就可以利用中西方的文化差异去适当地调整顺序，并可以扩展活动，设计关于"如何过新年和圣诞节才更有意义"以及"如何用英语表达对新年的祝福"，并从跨文化的角度培养学生运用语言的能力。这样把教材内容与生活联系起来，有利于提高学生的学习兴趣，也有利于提高学习效果。

例如，教师在讲授人教版小学英语（义务教育教科书）四年级下册Unit Six Shopping时，除了巧妙设置真实的生活情境引导学生学会用英语表达价格之外，还可以适当补充介绍其他国家的钱币知识（图3-1），使学生形成跨文化的意识。这样的教学在扩展学生视野的同时，还会激发学生的兴趣。

图3-1　几个国家或地区的纸币

（三）善于深化与拓展教材

随着信息技术的发展，在网上可以找到丰富的英语学习资源。教材的每一个单元或者模块都紧扣相关主题。在进行教学设计时，教师根据学生的需要，通过补充相关主题的文本、相关信息的链接等，为学生介绍一些学习网站。教师还可以通过布置作业的方式来深化教材，对教材的文本进行延伸和拓展。这样既有利于学生学习知识，又可以锻炼学生的自主学习能力。

媒体链接

请登录课程网，访问"小学英语教学设计"课程拓展资源部分的教材同步资源模块，学习"小学英语教材的创造性使用例谈"材料内容。

资料：小学英语教材的创造性使用例谈.doc

六、小学英语教材介绍

小学英语教师在进行教材分析时，要关注到各种版本小学英语教材的特点。面对小学英语教材出现的"百花齐放，百家争鸣"的多元化局面，教材的选择变得宽泛，作为教师应该积极地分析多种教材，了解其特点，提升自身的教材解读和分析能力。目前国内常见的、使用较为普遍的三种教材是：人教版（PEP小学英语教材）、北师大版（《先锋英语》）和剑桥版（《剑桥少儿英语》），下面对这三种版本教材的特点逐一进行介绍。

（一）人教版小学英语教材的特点

图3-2　人教版小学英语教材

人教版小学英语教材即《义务教育课程标准实验教科书英语（PEP）》（图3-2），是人民教育出版社与加拿大Lingo Media国际集团合作编写的一套全新的小学英语教材，2003年出版。整套教材共8册，每学期一册，供小学3～6年级的学生使用。总体来说，教材的理念新颖，语言地道，信息量大，文化渗透性强。其设计较合理，标准差小，没有明显的缺陷，是一套很全面的、广受欢迎的教材。其特点是：

1. 强调语言运用，把握输入与输出

教材在整体构思、内容安排、活动设计和教学方法选用等方面都紧密联系学生的生活实际，体现语言的交际功能，贯彻语言运用的基本原则，把知识和技能目标融入到任务完成的过程中，体现把"话题—功能—结构—任务"结合起来的总体思路。

根据学生的年龄特点，在起始阶段采用"全身动作反应法"（Total Physical Response），让学生在有韵律的歌唱中感受语言，在轻松愉快的行动中输入语言，让他们在做、唱、表演中学语言（Learning English by doing/singing/acting...），为培养他们运用英语进行交流打下坚实的基础。任务型活动及评价贯穿全书，通过给学生布置简单的任务加强语言的运用，使他们的语言交际活动空间更大，更具有真实性、生活性。虽然大量输入有利于语言的理解和运用，但输出量是被严格控制的。趣味活动中的语言均不要求达到"四会"标准。输出的中心语言点集中在Let's learn和Let's talk中，大大减轻了师生负担。

2. 编排内容有序，呈现具有阶梯性

教材结合教学实际，对不同学段的内容板块及时进行改编和调整。板块模式的变化反映了教学要求的变化，体现了各年级学生需要达到的技能目标的不同。从教材的板块设计来看，从简单的听、说，逐步发展到听、说、读、写，教材对学生"四会"能力的培养和发展具有明显的差异性和层次性，在要求上逐级推进、稳步提高，注重了语言技能的分段培养和落实。这种将教学目标先分散后集中的教材编排特点，明晰了不同学段的教学要求，重点突出，教师易于把握和操作，也符合学生的年龄特征和语言学习规律，学生能够顺利地达到预期的整体教学目标。

该套教材按单元和话题设计编写，前七册教材每册有六个新授单元和两个复习单元；六年级下册将新授单元从六个浓缩为四个，并将两个复习单元合并、扩展为综合复习单元，旨在为小学毕业前的全面和系统复习留足时间。

教材的每个新授单元分为A、B、C三部分，其中A、B部分是基础，要求学生必须掌握，B部分是A部分语言的扩展。C部分供选学，是A、B部分知识的扩展和综合的语言运用。每个部分的板块之间也呈现滚动升级、稳步推进的趋势。这一点在五、六年级的教材中体现得最明显。如在学习Let's learn部分的单词时引出新句型，在Let's try中进一步感知，在Let's talk中活学活用，并在Read and write中巩固强化。即贯穿"在句型中学习新单词，在对话中学习新句型，在语篇中达到综合运用"这一编写意图。在单元之间，各册教材单元衔接紧密，平稳过渡，在深度与广度上逐级提升，将《标准》中小学英语教学目标所涉及的各个话题和知识点串联成可感可摸的知识网。

3. 选材话题有趣，贴近实际生活

该套教材最明显的特点就是内容生动有趣，与实际生活联系密切。这类学习材料能使学生感到亲切自然，容易激发他们的学习兴趣和求知欲。例如，五年级下册教材的单元话题分别是"我的一天""我最喜欢的季节""我的生日""你正在干什么""看看那些猴子们""一次野外旅行"。综观这些话题不难发现，它们几乎都是与"我"有关的话题，或者是学生在生活中喜闻乐见的话题。这就为学习内容和实际生活相联系提供了外在条件，让学生能够边学边用、先用后学，使学生自然而然地提高实践能力。

（二）《先锋英语》的特点

图 3-3 《先锋英语》教材

《先锋英语》（图 3-3）由王蔷主编，北京师范大学出版社出版，是根据教育部印发的《标准》编写的英语课程改革的实验教材，在知识的科学性、编排技巧和特色维度中都具有较好的反响。该套教材遵循了英语学习的规律和儿童心理发展的需求，以小学生的生活经验和认知发展水平为基本出发点，循序渐进地设计课程，充分体现了现代教学理念和素质教育思想，寓教于乐，寓学于做，强调学生在学习过程中的感悟、体验、实践和思维能力的发展。其特点是：

1. 注重培养学生的兴趣

它以小学生喜爱的童话故事为每一单元的课文，主人公是活泼可爱的动物和与学生年龄相近的小朋友，每一单元都围绕主要人物展开故事。教材融入了大量色彩鲜明的画面、可爱的小动物和儿童形象。教材编写注重培养学生的兴趣，主要体现在以下几个方面：第一，针对小学生活泼好动、爱模仿等心理特点，教材中安排的课堂活动以学生活动为主，采用听、说、做、唱、玩、演等形式，开展各种形式的活动，学生始终处于积极参与、乐于参与的状态，使学生的兴趣能够持久保持。第二，教材中设计的游戏不仅可以组织学生有序进行游戏，更能引导学生有意义地进行游戏。例如，在学习自我介绍时采用了毛线缠绕游戏；在学习 boy, girl 等词汇时设计了蒙眼辨音的游戏；在学习动物词汇时设计快速模仿动物发音的游戏；等等。这些游戏最大限度地调动学生的主动性和积极性。第三，教材的辅助材料非常丰富，既有教师用书和学生用书，又有卡片、挂图和原版录音带，更有生动有趣的小布偶，为学生培养学习兴趣奠定了基础。

2. 教材结构设计科学、合理

第一，教材总体结构科学，由易到难，由简到繁，循序渐进。将实践和认识、感性和理性统一起来，学、习结合，学、用结合。每个单元的话题、功能、结构、活动一体化，各板块互相配合，彼此呼应，使英语教学具有综合性。第二，每册教材衔接合理，有机联系在一起。围绕几个主要人物Ann，Ken，Uncle Booky的活动贯穿始终，形象生动，使学生对语言和情境产生一种亲切感，便于联想记忆。第三，注重形成性评价，每个教学单元都具有系统性，有学生、教师和家长多方面参与的测评系统，将系统梳理、主体参与和素质教育融于一体。

（三）《剑桥少儿英语》的特点

图3-4 《剑桥少儿英语》教材

《剑桥少儿英语》（Cambridge Young Learners English）（图3-4）是由国家教育部考试中心、英国剑桥大学语言专家联合开发，经国内相关知名专家团评审，适合中国6—12岁少年儿童英语学习的权威教材。该教材适合儿童心理；符合儿童认知，旨在培养学习兴趣，开发学习潜能，提高学生的综合素质；集基础、有趣、实用、连续、寓教于乐五大模式为一体。整个教学体系的设置为小学阶段学生的英语学习和提高打下坚实基础。其特点是：

1. **教材主题广泛，语言材料真实**

该套教材涉及的题材相当广泛，信息量大，语言材料相对真实，包含了大量的西方文化元素，与时代发展和祖国建设的伟大成就完美融合，逐步渗透素质教育方面的主题，能启发学生的爱国热情，培养儿童的文明意识。

2. **教材体系合理，内容层次性强**

《剑桥少儿英语教材》旨在培养儿童学习英语的基础能力和语感，它含有大量色彩丰富的画面。词汇量虽大，但都是日常生活中经常用到的单词，实用性较强。在内容编排上，知识点由易到难地出现，符合儿童的认知规律。句型的编排同样是由浅入深，且与生活实际密切相关。教材分为Pre-starters, Starters, Movers和Fliers四级，根据不同年龄段的学生编制不同难度的内容材料，以适应每一名学生的需求，帮助他们用好英语。

3. 教材设计理念符合儿童的认知特点

该套教材的最大特色是图文并茂，色彩鲜明，画面精美，并且与文字内容紧密结合。视听结合、形象生动的画面，配有标准地道的语音和旋律优美的儿歌。这样的设计对儿童有强烈的吸引力，符合儿童的心理发展规律。只有适应学生的教材才能真正为其所用，助其成长。编者充分考虑到了儿童的学习特点，将相对枯燥无意义的词汇和语法融入到贴近儿童实际生活的情境当中，配以漂亮的画面和清晰优美的录音，将听、说、读、写结合起来，让儿童在轻松的氛围中感知优美地道的英语。

综上所述，每个版本的教材各有特色。人教版小学英语教材的理念新颖，语言地道，信息量大，文化渗透性强。《先锋英语》以小学生的生活经验和认知发展水平为基本出发点，循序渐进地设计课程。《剑桥少儿英语》的编写适合儿童心理，符合儿童认知，旨在培养学习兴趣，开发学习潜能，整个教学体系的设置为小学阶段学生的英语学习和提高打下坚实基础。除了以上三种版本的教材，国内还有科普版小学英语、灵通少儿英语教材等，教师可以根据学生的特点和需要选取适合自己学生的教材。

学习实践

以人教版小学英语（义务教育教科书）为例，结合学过的教材分析的方法，分小组对小学英语3—6年级教材进行分析。具体要求如下：

1. 遵循教材分析的基本步骤，能够从整体、单元和课时不同层面对教材进行分析。

2. 全面分析教材呈现的内容。对三年级上册其中某一单元进行教材分析。并以微格教学的形式分组派代表汇报。

第二节 小学英语学情分析

微课：小学英语学情分析.mp4

教师教学活动的对象是学生，每一个学生都有不同的特点，每个班级也有不同的特点，这就要求教师在进行教学设计时要注意到学生的学情。学情分析是指教师对所授课班级学生情况的综合分析，一般包括对教学对象的年龄特征、已有的知识经验、学习态度等的全面了解的过程。学情分析是教学设计的重要依据，也是教学准备的一个基本要素。现代教学设计理论认为，认真研究学生的实际需要、能力水平和认知倾向，可以更有效地达成教学目标，提高教学效率。

一、学情分析的意义

（一）确定教学目标的基础

学情分析是教学目标确定的基础。学情分析是为了解决教学"对象"的问题，即教"谁"的问题。教学活动的主体是学生，教学目标的对象也是学生，教学对象的主体性，决定了教学目标的确定必须依据学生的实际。因为只有真正了解学生的现有知识经验和心理认知特点，才能确定学生在不同学科、不同领域和不同学习活动中的最近发展区（已经达到的发展水平与可能达到的发展水平之间的区域）。从知识、技能、能力等方面来阐述的最近发展区就是教学目标。

（二）选择教学方法、设计教学活动的依据

学情分析是选择教学方法和设计教学活动的依据和落脚点。没有学生的知识经验作基础，任何讲解、操作、练习、合作都很难落实。只有根据学生的学习态度、学习风格、心理倾向以及班级学生的精神风貌来选择教学方法，才能够做到有的放矢。例如，在同一个年级同时任教不同班级的教师，即使教学内容相同，也不能够采取同样一种方法，如果一个班级的班风非常活跃，上课时教师除了满足学生爱动的天性，设计诸如全身反应法、游戏法、歌曲法等教学方法，还要设计一些使学生能静下来的教学活动，例如绘画、听写单词等。总之，学情分析是对"以学生为中心""以学定教"的教学理念的具体落实。

（三）"以生为本"理念的落实

《标准》指出要培养学生学习英语的兴趣，通过英语教学，促进学生的全面发展。小学英语教学需要深入了解每一个学生的个性特征，关注学生的个体差异，努力提供适应不同类型学生的学习资源、学习速度和学习策略指导，优化课堂教学过程和课外语言实践活动环境，使每一个学生都能得到最大的发展。在学习过程中，学生是以自己的特点和学习方式，通过构建或重组自己的认知结构获得学习结果。因此，进行学情分析，可以更好地落实"以生为本"的理念，关注学生的学习效果，使每一个学生都得到发展。

媒体链接

资料：给每一株野草开花的时间.doc

请登录课程网或扫描二维码，访问"小学英语教学设计"课程拓展资源部分的教材同步资源模块，学习赏析资料"给每一株野草开花的时间"。

二、学情分析的基本内容

学情分析的内容涉及面非常宽，学生各方面的情况都有可能影响他们的学习。学生现有的知识基础、学生的兴趣点、学生的思维特点、学生的认知状态和发展规律，学生的生理心理状况、学生个性及其发展状态和发展前景，学生的学习动机、学习态度、学习风格、学习效果，生活环境，学生的最近发展区、学生感受、学生成功感等，都是进行学情分析的切入点。教师要根据教学内容的需要，确定学情分析的切入点。一般认为，学情分析的基本内容包括以下几方面。

（一）学生起点水平分析

1. 学生年龄特征分析

学生在身心发展和成长的过程中，其情绪、情感、思维、意志、能力及性格还不稳定，具有很大的可塑性和易变性。通过了解他们的生理、心理特点，分析其与学习内容是否相匹配及可能产生的知识误区，充分预见可能存在的问题，有针对性地加以解决，使教学工作具有较强的预见性、针对性和实效性。儿童身心发展是有规律的，尊重儿童身心发展的规律，对教师的教学工作具有重要的指导意义。

知识链接

> **皮亚杰的认知发展理论**
>
> 皮亚杰的认知发展理论是当代最有影响力的心理发展理论，对教育教学产生了重要的影响。他将个体的发展分为四个不同的阶段：
>
> 感知运动阶段（0—2岁）：靠动作靠感知觉思维。
>
> 前运算阶段（2—7岁）：知觉的集中倾向性、不可逆性、自我中心主义。
>
> 具体运算阶段（7—11岁）：明显的符号性和逻辑性、缺乏抽象性，如A>B，B>C，则A>C。
>
> 形式运算阶段（11—16岁）：假设-演绎思维、抽象思维、系统思维。

正如皮亚杰的认知发展理论所指出的，小学生正处在具体运算阶段，这一阶段较前一阶段儿童的认知结构已发生了重组和改善，具有一定的思维能力，但仍需要具体事物的支持。小学生对于英语学习还处于初步感知阶段，对于较为高深抽象的语法知识可能无法完全理解，他们往往对有趣味的小故事、旋律轻快优美的儿歌、色彩鲜艳的图片和颇有趣味的小游戏有较高的兴趣，也会投入较多的注意力。因此，教师应该首先了解小学生的这些特点，针对小学生的年龄特征，有效地开展教学设计。此外不同年龄的学生感兴趣的话题不同，教师不仅要结合学生的兴趣开展教学，又要适当引导学生，不能一味屈尊或者迁就学生的不良兴趣。

2. 学生知识、能力水平和经验分析

学生已有的知识、能力水平和经验是学生达成目标的基础。教学设计要遵循教学规律，符合学生的知识建构需求，符合教学原理。教学设计要研究学生的知识起点、能力水平和经验，要考虑学生的可接受性，把握学生学习的最近发展区，力求使教学内容和教学水准适合学生的知识、能力水平和心理特征。

针对具体的教学内容，学生的已有知识和能力水平分析是要确定学生需要掌握哪些知识和能力、具备哪些生活经验，然后分析学生是否具备这些知识和经验。教师可以通过单元测验、摸底考查、问卷等较为正式的方式，也可以采取抽查或提问等非正式的方式获取学生的信息。如果发现学生知识、能力或经验不足，一方面可以采取必要的补救措施，另一方面可以适当调整教学难度和教学方法。

教师在做教学设计时，必须充分考虑外界环境的变化对学生身心发展的影响，教师只有了解了学生的内心需要，熟悉小学生的认知发展规律和学习特征，才能设计合理的教学活动；学生才会从中受益，在潜移默化中体会学习英语的乐趣，从而逐渐喜欢上英语，为今后的学习奠定良好的基础。

（二）学生学习态度分析

情感态度与价值观培养既是一种教育教学手段，又是课程目标，是学生学习的重要结果。在新课程改革中，学生的学习不再仅仅属于认知、理解的智力范畴，已渗透扩展到情意、价值观等非智力领域。

"知之者不如好之者，好之者不如乐之者"，教师要认识到学习态度与情感对学习活动的促进作用。小学英语教师要在充分考虑学生的认知因素的同时，充分重视学生的学习态度与情感，努力发挥情感因素在提高学生学习效率、促进学生个性成长等方面的积极作用。在小学英语课堂上，如果学生全神贯注，在进行游戏、小组练习、组织竞赛等各种活动时都非常投入，这说明他们具有积极的学习态度，对学习充满了热情和兴趣。相反，如果学生上课总是注意力不集中，对各种学习活动一点儿也不关心，不愿意参与各项学习活动，这就说明他们缺乏积极的学习态度，对学习没有兴趣，也没有情感投入。所以，小学英语教师要努力培养学生积极的学习态度和热爱学习的情感。

（三）学生的学习动机分析

学习动机是影响学习效果的非智力因素，是促使个体进行学习的内部动力。学习动机对学习活动起着激发、导向和调节的作用。因此，学习动机是影响学习效果的重要因素。

学生的学习动机可以分为外部动机和内部动机两个范畴。外部动机（extrinsic motivation）指由外部诱因所引起的动机。例如，一个学生为了得到教师的表扬和家长的奖励而学习就是外部动机作用于学生学习的结果。内部动机（intrinsic motivation）指由学习活动本身作为学习的目标而引发的推动学生学习的动力，学生在学习活动中得到满足。例如，一个学生学习是因为认为学习是一件很愉快的事情。外部动机和内部动机在学生的学习过程中的推动作用是不相同的。外部强化是激发外部动机的必要条件，认知好奇心是内部动机的核心。在学习活动中，内部和外部动机既可以同时发挥作用，也可能交替发挥作用，二者之间可以相互转化。作为小学英语教师，我们不仅要注意调动学生的外部动机，更应注重培养学生的内部动机。

（四）儿童语言学习分析

小学英语教学的主要任务是为学生学习英语提供帮助。要帮助学生学习外语，需要了解儿童语言学习的规律。儿童是如何学习语言的？学习第一语言和第二语言有什么不同之处？成年人和儿童学习第二种语言有什么不同之处？只有了解这些问题，才能成功地帮助儿童学习外语。儿童语言学习分析主要包括以下几个方面：

1. 儿童学习英语和汉语的差别

儿童学习（learning）英语和习得（acquisition）母语截然不同。第一，从学习英语的条件来看，花费在英语学习上的时间限制了小学生的语言输出机会。小学阶段每周开设的英语课，大约是每周有3个课时，儿童很少有机会体验真正的英语情境。相反母语输出的信息量很大。第二，英语与母语学习环境不同，在学习英语的过程中，听、说、读、写四项基本技能的训练几乎同步进行，一旦儿童表达错误，老师会及时纠正。这样的做法很容易使儿童逐渐丧失学习英语的自信心。而儿童习得母语是先学会听，然后再说，再读、写，是逐步进行的。在日常生活中，学习英语的儿童在课外环境中一般不用英语交流，而是用母语交流。

知识链接

> **儿童习得母语的方式**
>
> 　　一般来说，儿童习得母语主要有以下几种方式：模仿重复、看电视、听歌曲、听故事、自言自语和玩游戏等。
>
> 　　因个体差异及环境的不同，儿童成功习得第一语言的方式也会有所不同。可以肯定，在大多情况下，儿童在轻松愉快的情境中成功习得母语的可能性更大。儿童成功习得母语有两个重要的因素：第一，与周围的人不断地交流；第二，用语言做事情。例如：
>
> 　　他打你呀？意思是：他打我呀。（"我、你、他"不分。）
>
> 　　天白了。意思是：天亮了。
>
> 　　天下水了！意思是：天下雨了。
>
> 　　下次永远也不跟妈妈了！意思是：妈妈上班时下次不哭着缠妈妈了。
>
> 　　在习得母语的初级阶段，儿童从成人那里内化的语言规则是独特的，很有趣，但并不符合语法规则。随着年龄的增长，在父母的不断引导下，儿童会慢慢地无意识地感悟出一套符合逻辑的语言规则，最终成功地习得语言。在教儿童学习第二种语言时，教师应努力为儿童提供和习得母语相似的体验。可以采用不同的教学方法和设计不同的教学活动激发儿童去参与，保持儿童学习英语的兴趣。

2. 儿童学习英语的优势

　　儿童心理学对儿童语言学习的规律有一个全面的分析，行为主义者认为儿童可以被看成是对所受到的刺激和正负反馈作出被动反应的白板，在"反馈—反应"的过程中完成学习。这一观点坚持"教"等于"学"，即学习是一种传授。相反，皮亚杰提出儿童是通过作用于自然和社会环境来积极地建构自己的观点。[1]儿童天生具有好奇心，他们总是充满热情，表现出极强的参与活动的愿望。如果儿童开心，感觉到所处的环境安全，那么，他们就会享受学习。

　　和成年人比较起来，儿童学习英语具有以下优势：

（1）可塑性较强；

（2）擅长模仿；

（3）对新事物勇于尝试，好奇心强；

（4）对背诵诗歌、摇篮曲、听故事绕口令等活动表现出极大的兴趣。

---

[1] Jean Brewster, Gail Ellis, Denis Girard. 小学英语教师教学指南[M]. 王晓阳，译. 北京：高等教育出版社，2005：27.

小学教师在儿童的成长中起着重要的作用，英语教学不仅仅是在教一种语言，更重要的是要促进儿童的全面发展。在设计教学活动时，要通过不同的方式与儿童互动，创造和谐的氛围，让儿童感受到学习英语的乐趣，在此过程中开发他们的潜力，让他们体会学习英语的意义。

三、学情分析的常用方法

（一）统计学分析法

主要包括整体分析、整群分析和分层抽样分析三种分析方法。若只是想了解某个班级整体的学习情况，可以逐个调查每个学生的情况，对每个学生的情况进行分析。若是对整个学校进行学情分析，这种方法就不适用。虽然整体分析的工作量比较大、耗时较长，但是比较精确，分析效果也较好。教师在进行学情分析时，根据分析目的和学生平时的成绩、表现把学生分成不同群体，再来选择其中某一代表性群体进行整体分析。这种分析方法简便易行，但分析结果精确程度不够。分层抽样分析是将分析对象按某种属性进行分层，然后按照一定比例在每个层中抽取一定数量的学生进行分析。这种方法相对来说比较合理，具备一定的科学性，对于大群体来说比较适用。

（二）教学现场观察法

这是教师有目的、有计划地主动对学生进行调查的一种分析方法。这里所说的现场是指自然常态的教学现场。在教学现场中有许多珍贵的教学片段供教师收集整理，然后思考改进。小学英语教师可以充分利用课堂资源，在每一节课结束后都进行分析。这种分析方法简单易行，通过直接观察，即可准确把握学生的学习情况。

（三）访谈法

访谈法是教师与分析对象或者分析对象的接触人群直接正面交谈，询问学生学习体验的方法。访谈法容易受到访问对象的年龄和认知水平的影响，特别是低年级的学生，他们很难对自己的感受作出客观准确的判断。还有家长，其描述可能更多地带有个人主观色彩。

（四）问卷调查法

问卷调查法常用在调查学生学习英语的兴趣方面，一般用于高年级学生。问卷调查存在的问题是，部分学生可能在答题时会作出错误判断或考虑到某些因素而有所隐瞒。

调查不应采用某种单一的方法，而应做到多个结合、相互补充、综合分析。

四、学情分析的基本要求

（一）避免学情分析泛化、形式化

部分小学英语教师的教学设计中的学情分析形同虚设，或存在泛化现象。用对学生群体心理模糊性特征的分析代替对本班学生具体知识、能力的分析，缺乏对学生具体学习困难的诊断和分析。有的教学设计中尽管写到了教学分析，但是却空洞。请看下面的学情分析：

低年级的小学生认知水平较低，他们喜欢色彩鲜明的材料，他们活泼好动，比较喜欢游戏，喜欢表现自己并希望得到老师的表扬。

这样的学情分析是对本班学生在特定阶段的年龄特点和学习能力的判断，但是这种判断比较空洞，对于具体一堂课的设计的指导意义甚微。

本节课的不足之处在于学生对基本句型的运用不够灵活。

这种分析显得空泛，流于形式，其原因可能是教师缺乏深入思考，也可能由于教师缺乏有效的理论指导，再加之经验缺乏，导致分析的有效性不够。教师需要做出更为详细的调查，例如导致学生对基本句型运用不够灵活的具体原因，是词汇量掌握较少或课堂练习时间较少，是教师的示范例句太少或太难，还是其他原因。请阅读下面学情分析的案例。

案例3-6

> **人教版小学英语（实验教科书）五年级上册**
> Unit Two My Days of the Week, Part B, Let's try & Let's talk
> 学生已在第四课时学习并掌握了Saturday，Sunday，do homework，read books，watch TV这两个单词和三个短语，同时还能够听懂句子What do you do on...? 并用 I often...来回答，但是仅局限于口头的表达，缺乏对句型的熟练认读，不能正确、灵活地替换关键词去询问并回答周末的活动。因此，本节课的学习难点是能在创设的和真实的情境中运用已学的短语和新句型谈论

> 学习和生活。另外，在学习和掌握句型之前，Let's try 部分的内容较多且易混淆，学生听起来有一定的难度，要注意引导学生仔细看图，细听录音，独立完成听音圈图的练习，为对话的教学进行铺垫。

上述案例中教师根据学生的原有学习基础及学习现状，设计出真实的情境，运用已学知识复习巩固，引导学生进一步学习，为学习新知识做好铺垫。

（二）避免脱离教学内容的学情分析

有些教师只是在教学设计时简单地写出学生原有的基础，却很少谈到具体到某一单元的内容时学生的学习基础，以及教师对重点与难点的处理上如何满足不同层次学生的需求。

对学情分析的不正确认识是教师在实际教学中忽视学情的主要原因，进一步导致学情不能为教学目标的制订和教学过程的设计提供有价值的信息，使得学情分析和教学设计的其他部分互相割裂、毫无联系，这样的学情分析是低效的。请阅读以下学情分析。

案例 3-7

> **人教版小学英语（义务教育教科书）四年级上册**
> **Unit Three My Friends, Part A, Let's learn**
>
> 有关体貌特征的话题学生在三年级下册 Unit Three At the Zoo 就已经接触过了，并学习了描述人物或动物体貌特征的单词 tall, short, long, big, small 及句子 I'm tall. You are short. It has big eyes and small ears 等。本课时要在此基础上进一步复习巩固，并拓展该话题的广度和深度，增加词汇 quiet, strong, thin 以及句型 I have a good friend. He's/She's tall and strong. 由于四年级的学生年龄小，受已有的知识储备的限制，运用句型 I have a… friend. He's/She's tall and strong 来描述自己的朋友是本节课的难点。所以设计了 Let's chant 歌谣，融交际用语和情境于真实的生活学习中，不仅摆脱枯燥无味的课堂，而且拓宽他们的思维空间。

上述案例紧扣教学内容和学生已有的学习基础，精心考虑有效激发学生的学习兴趣的途径，案例中教师采用"I have a… friend. He's/She's tall and strong"句型，设计了 Let's chant 歌谣环节，融交际和生活于一体。

学习实践

结合学情分析的主要内容，分析3—6年级学生学习英语的特点及规律。具体要求如下：

1. 以儿童心理学理论和儿童语言学习规律为依据。
2. 能够根据不同年级的学生所呈现的年龄特征分析教师应采用的教学方法。
3. 实践练习：分小组探讨三年级学生学习英语的特点及规律，以微格教学的形式分组交流。

本章小结

1. 小学英语教材的有效使用应以教材分析为前提。教材分析对设计教学目标、选择教学方法、组织教学活动有着非常重要的作用。教材分析的内容主要包括单元话题、语言点、目标要求、语言材料与活动、检测。基本方法有知识分析法、心理分析法、方法论分析法。教材分析的基本步骤包括研读《标准》、通读教材及分析内容。教师要学会调整与取舍教材、适当优化与补充教材、善于深化与拓展教材。

2. 学情分析是确定教学目标的基础，选择教学方法、设计教学活动的依据、"以生为本"理念的落实。学情分析的基本内容包括学生起点水平分析、学习态度分析、学习动机分析、儿童语言学习。学情分析的常用方法有统计学分析法、教学现场观察法、访谈法、问卷调查法。在进行学情分析时，教师要避免学情分析的泛化、形式化，避免脱离教学内容的学情分析。

学习思考

1. 小学英语教师如何灵活使用教材？
2. 请调查两所小学的英语教学情况，总结当前小学英语学情分析中存在的主要问题，并提出相应的解决策略。

推荐阅读

1. 程晓堂，孙晓慧.英语教材分析与设计[M].修订版.北京：外语教学与研究出版社，2011.

　　该书主要内容包括有关《标准》和英语教材的基本理论以及英语教材的编写、评价、选择和使用等方面的方法和实际操作建议，引导读者要善于分析、利用教材，并创造性地使用教材，是英语教学研究的好帮手。

　　2. 陈威.小学生认知与学习[M].北京：高等教育出版社，2013.

　　该书是全国教师教育课程资源专家委员会组织审定的高等院校小学教育特色专业精品课程资源之一，依据《教师教育课程标准（试行）》的精神，紧密结合教与学的实践，以"小学生认知与学习的基本理论""小学生认知与学习的基础""小学生认知发展特点及培养""小学生的学习特点及培养""小学生的学习心理及辅导"五大模块十章内容，有机融合儿童心理学和教育心理学关于小学生认知与学习的特征与指导的最新理念与研究成果，形成了完整而清晰的理论体系和指导策略体系。

第四章　小学英语教学目标设计

本章导读

本章学习关注以下要点：
- 小学英语课程目标、教学目标及其之间的关系
- 小学英语教学目标设计的原则与方法

问题情境

　　李威是师范院校毕业班的一名学生，目前她正在一所农村小学进行教育实习。在这里，她承担了三年级两个班的英语教学工作。今天，她要教授的是人教版小学英语（义务教育教科书）三年级下册 Unit Three At the Zoo 单元的第二课时。在设计这节课时，李威有意识地运用情境教学法、全身反应教学法和任务型教学法设计了丰富的课堂教学活动，例如听唱儿歌、做游戏、小组竞赛等。借助实习小学的"班班通"，她还制作了精美的PPT课件，动手绘制了几张动物卡片。由于自己在大学里的学习成绩一直处于班级前三名，她对自己精心设计的这一节小学英语课充满了信心，课前还邀请了小学指导老师和大学教育实习指导老师来听课。

　　这节精心设计的课在实际教学中的实施效果如何呢？让指导老师们感到意外的是：一节40分钟的课，她上到20分钟时就结束了。课后，老师们问她的第一个问题是：这节课的教学目标是什么？达成了没有？李威回答："我这节课的教学目标就是教四个单词 fat, thin, tall, short 和两个句型 Look at this... 和 It's... 课堂上我分别选用了四个动物来表示这四个形容词：panda, monkey, giraffe, deer。为了吸引学生的注意力，我还将这四个动物的卡片贴到黑板上，并在动物卡片旁边将表示它们特征的这四个形容词写了出来。在单词旁边，我把句型也写了出来。这节课教学目标已达成。不过，因为紧张，课前设计的几项教学活动，比如做游戏和小组竞赛等，都没有进行，所以这节课就提前结束了。"

启发思考

　　从李威的回答中可以看出，她认为：在课堂教学中，教师讲授完了知识点，就达成教学目标了。你同意李威的这一看法吗？从她的回答中，你认为她这节课没有上满40分钟的原因是什么？另外，你认为判断教师课堂教学是否有效的依据是什么？

前面章节中已介绍了教学目标是在分析教学问题之后教师根据教学目的、内容及学生实际而制订的具体要求和标准，也是教师预期的学生学习的结果。它是教学目的的具体化，是课堂教与学的方向，是判断教学是否有效的直接依据。本章学习如何设计教学目标。通过本章的学习，全面了解小学英语课程目标、教学目标的基本内容，掌握设计教学目标的基本方法和要求，促进教师教学设计能力的提升。

第一节 小学英语教学目标综述

小学英语教学目标是义务教育英语课程目标的具体落实，是指学生经过小学阶段英语全部课程的学习，在语言技能、语言知识、情感态度、学习策略和文化意识五个方面所要达到的具体标准，是学生素质全面发展的总体要求。为能正确理解小学英语教学目标，首先要了解《标准》，它是义务教育阶段英语教学的指导纲领，是教师进行教学设计的根本依据。

知识链接

教学目标

关于"教学目标是什么"，国内外专家给出了各自不同的理解。美国心理学家，新行为主义代表人物之一L.H.克拉克认为，教学目标是"目前达不到的事物，是努力争取的、向前的、将要产生的事物"。我国教育技术学专家乌美娜认为，"学习目标（对教师或教学人员而言，它常被称作"教学目标"）也称行为目标，是对学习者通过教学以后将能做什么的一种明确、具体的表述"。我国课程与教学论专家迟艳杰认为，教学目标是"教学活动主体预先确定的在具体的教学活动中所要达到的教学结果和标准。它规定了当教学活动结束时，学生在教师指导下所取得的变化"。我国著名教育心理学家、华东师范大学教授皮连生认为教学目标是"教学目的或教学目标是预期学习者学习的结果"。

一、课程目标

课程目标是指课程预期的学生行为与思想方式的变化、发展及其程度。《标准》规定了义务教育阶段英语课程的总目标,并按照能力水平设置了分级课程目标和分级课程目标的具体标准。英语课程总目标、分级目标和分级标准是教师进行教学设计、确定教学目标的重要依据。

(一) 总目标

总目标是国家教育部对义务教育阶段英语课程质量规格的总体要求。《标准》提供了课程目标的总体框架结构,明确规定了义务教育阶段英语课程的总目标是:"通过英语学习使学生形成初步的综合语言运用能力,促进心智发展,提高综合人文素养。"总目标突出体现了素质教育的理念,展现了课程对学生发展的意义;同时,也凸显了课程的工具性与人文性的高度统一。课程目标结构如图4-1所示:

图4-1 课程目标结构

由目标结构图可以看出,目标的核心部分是综合语言运用能力。综合语言运用能力的形成建立在学生语言技能、语言知识、情感态度、学习策略和文化意识等素养整体发展的基础上。语言技能和语言知识是综合语言运用能力的基础,文化意识是学生正确理解和得体运用语言的保证,情感态度是影响学生学习和发展的重要因素,学习策略是提高学习效率、发展自主学习能力的保证。

义务教育英语课程总目标为小学英语教师开展小学英语教学工作指明了方向,充分理解课程总目标的五个方面及其关系对于落实英语课程总目标非常重要。

（二）分级目标

分级目标是英语课程总目标的具体体现，是学生在语言技能、语言知识、情感态度、学习策略和文化意识五个方面应达到的综合行为表现。义务教育阶段的英语课程按照能力水平设为五个级别，从三年级起开设英语课程，四年级应完成一级目标，六年级完成二级目标，七至九年级分别完成三、四、五级目标。二级目标是小学阶段英语课程的终极目标，小学阶段英语课程应完成的一级和二级目标如表4-1所示：

表4-1　一、二级分级目标描述

级别	目标描述
一级	对英语有好奇心，喜欢听他人说英语。 能根据教师的简单指令做动作、做游戏、做事情（如涂颜色、连线）。能做简单的角色表演。 能唱简单的英文歌曲，说简单的英语歌谣。能在图片的帮助下听懂和读懂简单的小故事。能交流简单的个人信息，表达简单的感觉和情感。能模仿范例书写词句。 在学习中乐于模仿，敢于表达，对英语具有一定的感知能力。 对学习中接触的外国文化习俗感兴趣。
二级	对继续学习英语有兴趣。 能用简单的英语互致问候，交换有关个人、家庭和朋友的简单信息，并能就日常生活话题作简短叙述。能在图片的帮助下听懂、读懂并讲述简单的故事，能在教师的帮助下表演小故事或小短剧，演唱简单的英语歌曲和歌谣。能根据图片、词语或例句的提示，写出简短的描述。 在学习中乐于参与、积极合作、主动请教。初步形成对英语的感知能力和良好的学习习惯。 乐于了解外国文化和习俗。

从表4-1可以看出，课程目标对一、二级目标的描述都涉及语言技能、语言知识、情感态度、学习策略和文化意识等方面，呈现出了各个级别在目标上的整体差异。

分级目标便于教师从宏观上把握不同阶段的课程目标，是教师制订学年、学期课程教学目标的主要依据。由一级目标可以看出，三、四年级的小学英语课程重点是培养学生对英语学习的兴趣。教师在设计教学时应注意以下几个方面：

第一，听做能力。儿童语言习得中有一个沉默期，他们能听懂他人的意图，按其要求或指令去做，但还不能表达自己的意图。他们能听懂的东西比能说的东西要多。因此，教师要增加课堂上的语言输入，并多带领学生做动作、做游戏、做事情。

第二，词句书写。《标准》要求三、四年级的学生"能模仿范例书写词句"。这不仅是教师书写教学的方式，更是具体要求。而且书写内容要以有意义的词和句为主。

第三，学习策略。学习策略是指学生为了有效地学习和使用英语而采取的各种行动和步骤以及指导这些行动和步骤的信念。在三、四年级学生开始学习英语课程的时候，教师就要在教学中有意识地培养学生的英语学习策略，使他们能够做到"在学习中乐于模仿，敢于表达，对英语具有一定的感知能力"。

第四，学习兴趣。学习兴趣是内在动机在学习上的体现。学生的学习兴趣是学习积极性的一个重要方面。在学习语言技能、语言知识的过程中，教师需要培养学生对于英语学习的兴趣和爱好。

由二级目标可以看出，五、六年级的英语课程对总目标五个方面的要求更加具体、明确，难度也有了明显的提升。教师在设计教学时应注意以下几个方面：

第一，说的能力。与一级目标"表达简单的感觉和情感"相比，二级目标提高了对"说"的要求，提出了"能就日常生活话题作简短叙述"。"简短叙述"即要求学生在达成一级"交流简单的个人信息"目标的基础上，围绕简单的话题，例如"个人、家庭和朋友"，进行独立的表达。这就要求教师在设计教学时，不仅要设计以对话为主的课堂口语练习活动，而且要引导学生在对话中交流有意义的信息。

第二，演的能力。二级目标规定了"能在教师的帮助下表演小故事或小短剧，演唱简单的英语歌曲和歌谣"的要求。这个要求界定了表演的内容是"小故事"和"小短剧"，是有主题、有情节的内容，而不是一般意义上的对话。同时还明确了教师在活动中指导者的角色，指导和帮助学生完成表演任务。

第三，写的能力。二级目标对"写"的要求，由一级"模仿范例书写词句"提升为"简短的描述"，突出语言的工具性和交际意义。例如，写作的内容不再是简单的句子练习，而是要求能够用已有语言知识整体"描述"，是有意义的语篇表达。这些变化要求教师一定要重视语篇教学，带领学生理解语篇内容，分析语篇结构，筛选关键词句，提高学生的语篇阅读能力，为写作打好基础。同时，在学生写作时，教师要提供图片、词语或例句等信息，引导学生在提示信息的帮助下展开写作。

第四，学习习惯。学习习惯是学生在学习活动中所形成的一贯的稳定的学习行为方式。小学阶段是学生学习习惯形成的关键期。在小学英语教学中，教师要注重培养学生良好的学习习惯，为他们今后的学习与发展奠定基础。例如，要求学生课前做好预习，课上认真听课、积极思考、课后及时复习、独立完成作业；要求学生坚持晨读、坚持听录音、坚持课外阅读等，都是培养学生形成良好学习习惯的途径。

(三) 分级标准

分级标准是对分级目标的进一步细化。它既是教学的内容，也是教学的具体目标。针对综合语言运用能力的五个方面，分级标准对它们分别提出了级别要求。其中，对语言技能中的听、说、读、写等技能提出五个级别的不同目标要求，对语言知识、情感态度、学习策略和文化意识提出了二级和五级的目标要求。分级标准的框架如表4-2所示：

表 4-2 分级标准的框架

综合语言运用能力构成部分 \ 课标等级	一级	二级	三级	四级	五级
语言技能	√	√	√	√	√
语言知识		√			√
情感态度		√			√
学习策略		√			√
文化意识		√			√

下面对小学阶段应完成的一、二级目标要求分别进行解析。

一级目标要求：

从表4-2可以看出，小学三、四年级应达到的一级目标中只对语言技能提出了具体应达到的标准要求。如表4-3所示：

表 4-3 一级目标分项标准

综合语言运用能力构成部分 \ 课标等级		一级标准描述
语言技能	听做	1. 能根据听到的词句识别或指认图片或实物。 2. 能听懂课堂简短的指令并做出相应的反应。 3. 能根据指令做事情，如：指图片、涂颜色、画图、做动作等。 4. 能在图片和动作的提示下听懂简单的小故事并做出适当的反应。
	说唱	1. 能根据录音模仿说话。 2. 能相互致以简单的问候。 3. 能相互交流简单的个人信息，如姓名、年龄等。 4. 能表达简单的情感和感觉，如喜欢和不喜欢。 5. 能根据表演猜测意思、说出词语。 6. 能学唱英语儿童歌曲和歌谣15首左右。 7. 能根据图、文说出单词或短句。
	玩演	1. 能在教师的指导下用英语做游戏并在游戏中进行简单的交际。 2. 能做简单的角色表演。
	读写	1. 能看图识词。 2. 能在指认物体的前提下认读所学词语。 3. 能在图片的帮助下读懂简单的小故事。 4. 能正确书写字母和单词。 5. 能模仿范例写词句。
	视听	能看懂语言简单的英语动画片或程度相当的英语教学节目，课堂视听时间每学年不少于10小时（平均每周20～25分钟）。

语言技能一级标准从听做、说唱、玩演、读写和视听五个方面，具体规定了学生经过三、四年级的学习应达到的能力标准。语言技能是构成语言交际能力的

重要组成部分，包括听、说、读、写四个方面的技能以及这四种技能的综合运用能力。听和读是理解的技能，说和写是表达的技能。这四种技能在语言学习和交际中相辅相成、相互促进。学生应通过大量的专项和综合性语言实践活动，形成综合语言运用能力，为真实语言交际打基础。因此，听、说、读、写既是学习的内容，又是学习的手段。语言技能目标以学生在某个级别"能做什么"为主要内容，这不仅有利于调动学生的学习积极性，促进学生语言运用能力的提高，也有利于科学、合理地评价学生的学习结果。

二级目标要求：

小学五、六年级应达到的二级目标中，对综合语言能力的五个方面都提出了具体的标准要求。如表4-4所示：

表 4-4 二级目标分项标准

综合语言运用能力构成部分	课标等级	二级标准描述
语言技能	听	1. 能借助图片、图像、手势听懂简单的话语或录音材料。 2. 能听懂简单的配图小故事。 3. 能听懂课堂活动中简单的提问。 4. 能听懂常用指令和要求并做出适当的反应。
	说	1. 能在口头表达中做到发音清楚，语调基本达意。 2. 能就所熟悉的个人和家庭情况进行简短对话。 3. 能运用一些最常用的日常用语（如问候、告别、致谢、道歉等）。 4. 能就日常生活话题作简短叙述。 5. 能在教师的帮助和图片的提示下描述或讲述简单的小故事。
	读	1. 能认读所学词语。 2. 能根据拼读的规律，读出简单的单词。 3. 能读懂教材中简短的要求或指令。 4. 能看懂贺卡等所表达的简单信息。 5. 能借助图片读懂简单的故事或小短文，并养成按意群阅读的习惯。 6. 能正确朗读所学故事或短文。
	写	1. 能正确地使用大小写字母和常用的标点符号。 2. 能写出简单的问候语和祝福语。 3. 能根据图片、词语或例句的提示，写出简短的语句。
	玩演视听	1. 能按要求用简单的英语做游戏。 2. 能在教师的帮助下表演小故事或小短剧。 3. 能学唱简单的英语歌曲和歌谣30首左右（含一级要求）。 4. 能看懂程度相当的英语动画片和英语教学节目，课堂视听时间每学年不少于10小时（平均每周20～25分钟）。
语言知识	语音	1. 正确读出26个英文字母。 2. 了解简单的拼读规律。 3. 了解单词有重音，句子有重读。 4. 了解英语语音包括连读、节奏、停顿、语调等现象。

续表

综合语言运用能力构成部分	课标等级	二级标准描述
语言知识	词汇	1. 知道单词是由字母构成的。 2. 知道要根据单词的音、义、形来学习词汇。 3. 学习有关本级话题范围的600~700个单词和50个左右的习惯用语，并能初步运用400个左右的单词表达二级规定的相应话题。
	语法	1. 在具体语境中理解以下语法项目的意义和用法： ● 名词的单复数形式和名词所有格； ● 人称代词和形容词性物主代词； ● 一般现在时，现在进行时，一般过去时和一般将来时； ● 表示时间、地点和位置的常用介词； ● 简单句的基本形式。 2. 在实际运用中体会以上语法项目的表意功能。
	功能	理解和运用有关下列功能的语言表达形式：问候、介绍、告别、请求、邀请、致谢、道歉、情感、喜好、建议、祝愿等。
	话题	理解和运用有关下列话题的语言表达形式：个人情况、家庭与朋友、身体与健康、学校与日常生活、文体活动、节假日、饮食、服装、季节与天气、颜色、动物等。
情感态度		1. 能体会到英语学习的乐趣。 2. 敢于开口，表达中不怕出错误。 3. 乐于感知并积极尝试使用英语。 4. 积极参与各种课堂学习活动。 5. 在小组活动中能与其他同学积极配合和合作。 6. 遇到困难时能大胆求助。 7. 乐于接触外国文化，增强祖国意识。
学习策略		**基本策略** 1. 积极与他人合作，共同完成学习任务。 2. 遇到问题主动向老师或同学请教。 3. 会制订简单的英语学习计划。 4. 对所学内容能主动复习和归纳。 5. 在词语与相应事物之间建立联想。 6. 在学习中集中注意力。 7. 在课堂交流中，注意倾听，积极思考。 8. 尝试阅读英语故事及其他英语课外读物。 9. 积极运用所学英语进行表达和交流。 10. 注意观察生活或媒体中使用的简单英语。 11. 能初步借助简单的工具书学习英语。
文化意识		1. 知道英语中最简单的称谓语、问候语和告别语。 2. 对一般的赞扬、请求、道歉等做出适当的反应。 3. 知道世界上主要的文娱和体育活动。 4. 知道英语国家中典型的食品和饮料的名称。 5. 知道主要英语国家的首都和国旗。 6. 了解主要英语国家的重要标志物，如英国的大本钟等。 7. 了解英语国家中重要的节假日。 8. 在学习和日常交际中，能初步注意到中外文化异同。

在二级目标中，教师需要注意以下几个方面：

第一，语言技能。对"说"的要求提高了，要求在教师的帮助和图片的提示下进行"描述"。描述有别于讲述，不仅要把事情讲出来，还要进行生动的表述；不仅要讲过程，还要形象地叙述。对"写"的要求也提高了，要求学生从被动地模仿范例书写句子到主动地写出小语篇。

第二，语言知识。义务教育阶段学生应该学习和掌握的英语语言基础知识包括语音、词汇、语法、功能和话题共五个方面的内容。知识是语言能力的有机组成部分，是发展语言技能的重要基础。二级目标对语言知识五个方面的内容都进行了具体的要求，为教师开展教学活动提供了指引。

第三，情感态度。《标准》指出，情感态度指兴趣、动机、自信、意志和合作精神等影响学生学习过程和学习效果的相关因素，以及在学习过程中逐渐形成的祖国意识和国际视野。保持积极的学习态度是英语学习成功的关键。教师应在教学中，不断激发并强化学生的学习兴趣，并引导他们逐渐将兴趣转化为稳定的学习动机，以使他们树立自信心，锻炼克服困难的意志，认识自己学习的优势与不足，乐于与他人合作，养成和谐和健康向上的品格。通过英语课程的学习，增强祖国意识，拓展国际视野。

第四，学习策略。《标准》指出，英语学习策略包括认知策略、调控策略、交际策略和资源策略等。认知策略是指学生为了完成具体学习任务而采取的步骤和方法；调控策略是指学生对学习进行计划、实施、反思、评价和调整的策略；交际策略是学生为了争取更多的交际机会、维持交际以及提高交际效果而采取的各种策略；资源策略是学生合理并有效利用多种媒体进行学习和运用英语的策略。学习策略是灵活多样的，策略的使用因人、因时、因事而异。在英语教学中，教师要有意识地帮助学生形成适合自己的学习策略，为终身学习奠定基础。小学是初步培养学习策略的阶段，二级标准学习策略要求学生能对所学内容进行主动的、有条理的整理和复习。在英语课程教学中，教师要帮助学生有效地使用学习策略，不仅有利于学生把握学习的方向，采取科学的途径，提高学习效率，而且还有助于他们形成自主学习的能力，为终身学习奠定基础。

第五，文化意识。语言学习与文化意识的形成是相辅相成的。《标准》指出，语言有丰富的文化内涵。在英语教学中，文化是指所学语言国家的历史地理、风土人情、传统习俗、生活方式、文学艺术、行为规范、价值观念等。接触和了解英语国家文化有益于对英语的理解和使用，有益于加深对本国文化的理解与认识，有益于培养世界意识。在教学中，教师应根据学生的年龄特点和认知能力，逐步扩展文化知识的内容和范围。小学阶段要求学生对英语国家文化及中外文化的异同有粗略的了解，培养学生比较中外文化的意识；教学中所涉及的英语国家文化知识，要与学生身边的日常生活密切相关并能够激发学生学习英语的兴趣。

随着英语学习阶段的提高，要逐步扩大学生接触异国文化的范围，帮助学生拓展视野，提高学生对中外文化差异的敏感性和鉴别能力，进而提高跨文化交际能力，并能在学习和日常交往中注意这些异同，避免因文化因素带来的交际障碍，从而保证交流的顺畅。

分级标准既是教师开展英语教学目标设计的具体指导，也是教师英语教学的行动指南，分级标准绝大多数都是以学生"能做什么"的形式来描述的，体现了让学生"能用英语做事情"的英语教学基本理念，是教师设计单元和课时教学目标的直接依据。

二、教学目标

微课：小学英语教学目标及其功能.mp4

教学目标是指学生通过学习在知识与能力等方面应该达到的程度，是教师教学活动将引起的学生内部心理和外部行为的改变。对教师来说，教学目标是教学的预期结果，而对学生来说，教学目标就是预期的学习结果。为此，教学目标也被称为学习目标。在教学实践中，教学目标通常分为学期教学目标、单元教学目标和课时教学目标。

（一）学期教学目标

学期教学目标是教师在研读教材的基础上，结合授课对象，所确定的一个学期的教学目标，主要体现在学期课程纲要中，是学期课程纲要中的"教学目标"部分。学期教学目标既是教师一个学期中的教学任务，是学生经过一个学期的学习所要达到的学习结果，也是学期教学评价的主要依据。请阅读下面的学期教学目标设计案例。

案例 4-1

> **人教版小学英语（实验教科书）五年级下册**
> **学期教学目标**
>
> 1. 能听、说、读、写 81 个单词或短语以及 16 组句子和 11 个单句（包括日常活动、季节、生日、电话用语、动物和野营等几个话题）。要求能在真实语境中正确运用，并能读懂简短语篇。
> 2. 能听、说、认读 21 个单词。

> 3. 能学会4个手工制作。
> 4. 能听懂、会唱8首歌曲。
> 5. 能听懂、会吟唱10首歌谣。
> 6. 能完成6个自我评价活动。
> 7. 能理解6个幽默小故事。
> 8. 能了解6项简单的中西方文化知识。

从以上的学期教学目标可以看出教师对《标准》的理解。根据分级目标二级的表述，案例4-1中，目标"1"就是为了达成二级目标中"能用简单的英语互致问候，交换有关个人、家庭和朋友的简单信息"的要求；目标"4"、"5"是为了达成二级目标中"演唱简单的英语歌曲和歌谣"的要求；目标"7"是为了达成二级目标中"能在图片的帮助下听懂、读懂并讲述简单的故事"的要求；目标"8"是为了达成二级目标中"乐于了解外国文化和习俗"的要求。

（二）单元教学目标

单元教学目标是教师根据教材结构和知识体系，结合学生实际设计的阶段性教学目标，它是学期教学目标的分解。教师可以根据教材编写的顺序进行单元教学设计，也可以在解读《标准》、分析学生实际水平的基础上，对各单元进行重组，以保证教学的顺利进行和教学目标的达成。请阅读下面的单元教学目标案例。

案例4-2

> **人教版小学英语（实验教科书）五年级下册**
> **Unit One This Is My Day**
>
> 教学目标：
> 1. 能力目标
> （1）能理解一般现在时的基本句型，能够使用频度副词问答作息时间和周末活动，如：When do you do morning exercises? I usually do morning exercises at 8:30.
> （2）能听、说、读、写单词：when, evening, at, usually, noon, weekend, often, sometimes；能听、说、读单词work, tell；听、说、读单词about, policeman, rain, either, next。
> （3）能够听、说、读、写与日常作息有关的动词短语及介词短语，

如：eat breakfast，do morning exercises，play sports，eat dinner，in the evening，at noon 等。

（4）能够用所学语言知识描述一天中的生活起居以及周末活动等。

2. 知识目标

能够用英语表达出自己及其他人一天中的生活起居及周末活动，并能在实际情境中灵活、自然运用频率副词。

3. 情感、策略、文化目标

（1）情感态度：养成良好的作息习惯。能够理解、尊重从事不同职业的人。

（2）学习策略：训练角色扮演能力，在调查、询问和学习的过程中学会思考如何更好地安排作息时间。

（3）文化目标：了解白天、黑夜、工作日、周末等相关概念以及中西方中小学生作息时间安排上的异同。

案例 4-2 中的教学目标主要依据分级标准二级中的五个方面设计。例如，能力目标"（1）""（3）"依据语言技能标准"说"中"2. 能就所熟悉的个人和家庭情况进行简短对话"和"4. 能就日常生活话题作简短叙述"的要求；知识目标依据的是语言知识二级标准"话题"所提出的"理解和运用有关下列话题的语言表达形成：……，文体活动、节假日……"的要求；学习策略目标依据的是学习策略二级标准中"1. 积极与他人合作，共同完成学习任务"和"9. 积极运用所学英语进行表达和交流"的要求；文化目标依据的是文化意识二级标准中"8. 在学习和日常交际中，能初步注意到中外文化异同"的要求。

（三）课时教学目标

课时教学目标是教师为一节课所确定的教学目标，是一节课教学所要达到的结果，是单元教学目标的细化。课时目标的达成保证了单元目标的实现，而单元目标的实现最终确保了学期和课程目标的达成，如图 4-2 所示。

如图 4-2 所示，《标准》、学期教学目标、单元教学目标和课时教学目标呈现出自上而下、逐级递进的关系，上级目标制约和包含了下级目标，下级目标的达成是实现上级目标的保证。这也体现了教师如何在课程标准的引领下，进行从宏观到微观、从概括到具体的教学目标设计。

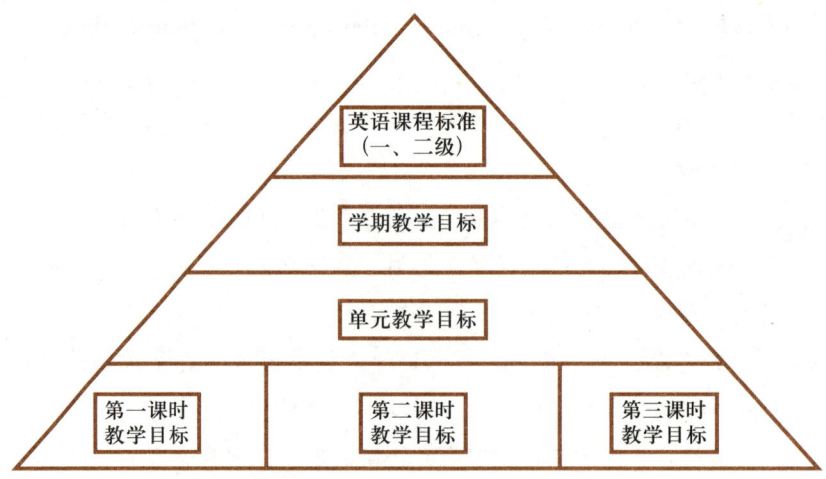

图4-2 小学英语教学目标框架

单元教学目标和课时教学目标的设计是教师在备课环节中需要仔细斟酌的项目，它们的确定为课堂教学勾勒出了轮廓。请阅读下面的课时教学目标案例。

案例4-3

人教版小学英语（实验教科书）五年级下册
Unit One This Is My Day

教学目标：

1. 第一课时学习目标

（1）能够听、说、读、写与日常作息有关的动词短语及介词短语，如：do morning exercises, eat breakfast, have English class, play sports, eat dinner 等。

（2）能够听懂问句：When do you do morning exercises/…? 并能用所学动词短语替换句型"I usually… at…"中的关键词回答问句。

2. 第二课时学习目标

（1）能听懂、会说，如：When do you do morning exercises? I usually do morning exercises at 8:30. 并能在实际情境中运用。能够根据实际情境正确使用频率副词 usually, sometimes, often。

（2）能用 Let's find out 中的表格来询问同学的作息时间。

（3）能够听懂 Let's try 部分的录音并正确完成。

3. 第三课时学习目标

能听、说、读、写句型：When do you eat dinner? I eat dinner at 7:00 in the evening. When do you get up? I usually get up at 12:00 at noon.

一个单元的教学往往需要若干连续的课时来完成。教师在设计课时教学目标时，一定要注意各个课时之间的联系和学生能力的发展。例如，案例4-3中，第一课时的目标主要是会听、会读、会写本单元的主要词汇和句型，并理解它们所表达的意思；第二课时的目标主要是在理解知识点的基础上，能够将其运用到口语交际中；而第三课时则强调听、说、读写综合语言运用能力的形成。从儿童语言学习的规律分析，上述课时目标中对学生语言技能的要求也符合听、说、读、写的语言学习顺序。此外，这三个课时教学目标之间既彼此联系，又相互制约。前一个课时教学目标的达成是进行后一个课时教学的保证，而所有课时教学目标的达成则能保证单元教学目标的实现。

从上述课时教学目标设计中还可以看出，小学英语教学核心目标之一是语言技能目标。所以，当前的小学英语教学设计也并不强调每位教师都按照"知识、技能、情感态度"等分类方法设计课时教学目标，而是根据《标准》、教材内容以及学生情况，设计适合自己课堂教学的具体、可行的目标。

三、小学英语教学目标的功能

教学是教师有组织、有计划、有目的地展开的一系列教育活动。它从提前设定的教学目标出发，并以此为依据进行评价。所以，教学目标既是教学活动的出发点，也是教学活动的归宿，是将整个教学活动串联在一起的中心轴线，是一节课的纲，在教学过程中起着导教、导学、导评价的功能（可扫描二维码，阅读相关案例，感受教学目标的功能）。

案例：教学目标的功能.doc

（一）导教

目标的导教功能是指教学目标具有指导教师课堂教学的功能，引导教学过程向着达成目标的方向进行。教学目标确定后，教师就可以根据教学目标设计教学过程、选择教学方法和教学媒体。教学活动逐渐展开的过程也就是教学目标逐一落实的过程。下面请看一名学生在教育实习期间做的教学设计。

案例4-4

人教版小学英语（义务教育教科书）三年级下册
Unit Six How Many? Part B, Let's learn

教学目标：

1. 在图片的帮助下，能说出数字sixteen, seventeen, eighteen, nineteen, twenty, 做到发音清楚，语调正确；

2. 借助图片和板书，能听懂、会说句子"How many…can you see? I can see…"，并能正确朗读和在游戏中灵活操练对话。

教学过程：

Step Ⅰ Warm-up & Lead-in

1. 数数：学生数不同数量的铅笔和动物，读电话号码（数量控制在15以内）。

2. 报电话号码：学生说出父亲的电话号码。

3. 抢糖果：学生数糖果的数量（控制在15以内），回答正确者得到一颗糖果。

Step Ⅱ Presentation

1. 数数：教师添加糖果，问"How many…can you see? 学生回答I can see…"，教师在黑板上写出数字16到20的英文。

2. 做游戏：教师带领学生做"读一读，扭一扭"的数字游戏。

Step Ⅲ Practice

1. 小组比赛：PPT出示不同事物：bird，girl…，教师问学生"How many…can you see?"小组回答"I can see…"看哪一组答对的最多。

2. 数字加减法：每小组选出一名代表在黑板上写出数字16至20间的数学问题，小组内其他队员回答。在数学和英语的综合训练中，看看谁是真正的综合小能手。

Step Ⅳ Extension

演一演，练一练：每组学生先后在教室里扮演动物走秀，后由小组队长向全班同学提问"How many…can you see ?"其他学生观看表演并回答问题"I can see…"

在上述教学设计中，教学目标对课堂教学的指导作用如表4-5所示：

表4-5 Unit Six How Many? Part B, Let's learn课时教学目标导教功能分析

教学目标	教学过程	教学方法、技巧与教学活动		教学媒体
目标1：在图片的帮助下，能说出数字sixteen, seventeen, eighteen, nineteen, twenty，做到发音清楚，语调正确	StepⅠ复习数字1～15	任务型教学途径	1. 读电话号码 2. 看图说数字	幻灯片、铅笔、动物、糖果图片
	StepⅡ学习数字16～20	任务型教学途径	看图回答数字	幻灯片、动物图片
		全身反应法	读一读，扭一扭	
	StepⅢ巩固数字16～20	游戏教学	1. 小组竞猜数字 2. 数学游戏	幻灯片、卡片、黑板
	StepⅣ游戏运用数字16～20	游戏教学	表演动物走秀	幻灯片、动物图片
目标2：借助图片和板书，能听懂、会说句子"How many...can you see? I can see..."并能正确朗读和在游戏中灵活操练对话	StepⅠ学习句型	任务型	看图回答，教师问："How many...can you see?"学生答："I can see..."	幻灯片、动物图片
	StepⅡ操练句型	游戏教学	小组竞猜：用"I can see..."回答	幻灯片、卡片、黑板
	StepⅢ运用句型	游戏教学	表演动物走秀，问："How many...can you see?"答："I can see..."	幻灯片、动物图片

从上述教学设计案例及其分析，可以看出以下几点：

（1）教学目标对教学过程具有指示作用。例如，目标1要求学生能说出数字16～20；教师设计了先复习学过的数字，再学习16～20，然后练习16～20，最后运用16～20解决问题的教学过程。

（2）教学目标对教学方法具有指示作用。针对目标1，教师尽量创造各种机会和条件让学生练习"说出数字"。例如，设计任务型教学途径和全身反应法教学，为学生提供在活动中"说出数字"的练习活动。

（3）教学目标决定了教学媒体的选择。目标1和目标2的表述中已经决定了教学中所要使用的部分媒体形式，例如图片和黑板。另外教师在教学中还运用了多媒体幻灯片和卡片。

上述两个目标，一个涉及词汇学习，另一个涉及句型学习。目标1是目标2的基础，目标2是目标1的延伸。由于英语学习词不离句的特点，所以目标1和目标2同时指导着教学过程。但是，从表4-5中可以看出，教学过程前两个环节（StepⅠ和StepⅡ）的设计主要是为了达成目标1，后两个环节（StepⅢ和StepⅣ）则是为了达成目标2。

（二）导学

目标的导学功能指的是教学目标具有指导学生课堂学习的功能，引导学生的学习向着达成目标的方向进行。学生的学习一般是目标指引的学习。在教学过程开始时，教师明确地告诉学生教学目标，能引起学生的注意，并激发他们的学习动力和兴趣，使他们把注意力集中在要达成的目标上，有助于教学目标的达成。请阅读下面的教学设计案例。

案例4-5

人教版小学英语（实验教科书）六年级上册
Unit Four I Have a Pen Pal, Part A, Let's learn

教学目标：

1. 通过单词学习，能够总结出动词到动名词的变化规律，能说出它们在句子中的位置和作用；

2. 借助教师示范和教学录像，能熟练应用like doing表达自己或他人的爱好，并能询问对方的兴趣爱好；

3. 在教师的示范下，学会如何用网络与外籍朋友交流。

教学重点、难点：

重点：动名词用法、询问对方兴趣的常用语；

难点：尝试通过网络认识外籍朋友。

学习方法：

小组合作学习、讨论法、练习法。

教学流程：

Step Ⅰ Warm-up & Lead-in

1. 分组、分工，讲规则：按每组6人将全班分为若干小组，每小组确定一名组长、一名汇报员。组长组织活动并做决定，汇报员向老师汇报小组活动情况。每名组长佩戴小组臂章。

2. 自我介绍、互相认识：教师做自我介绍（讲到I like watching films in the cinema. I like travelling. Playing basketball is my favourite. And I like making friends with good children），并认识学生、和学生们交朋友。

3. 教师引出不同的交友方式：笔友，进入新课学习。

Step Ⅱ Presentation

1. 教师展示自己笔友的信息，学生听看并回答问题（关于教师笔友的信息）："What's my pen pal's name?" "What's… hobby?"

2. 跟教师读。

Step Ⅲ Practice

1. 连线。

2. 看录像，复读：It's a dialogue about hobby. Listen and repeat.

Step Ⅳ Extension

1. 组内对话："What is your hobby?"

2. 填空。

> **Step V Summary and Homework**
> 　　1. 教师总结：Hobby is very important in life. Hobby can help us get success. Hobby can help us be happy. And hobby can help you make many friends. Please learn more things that you like…
> 　　2. 布置作业：（1）Find out your hobbies or possible hobbies. Then make a plan to get better.（2）Recite all the hobby words on Page 46 to your captain.

　　该案例教学设计中的目标及其后面的教学重点与难点和学习方法设计，不仅告诉了学生本节课的教学目标，还告诉了学生教学目标达成过程中可能会遇到的困难（重点、难点），同时也给学生提供了达成教学目标的方法（学习方法）。请看表4-6对教学目标导学功能的分析。

表4-6　I Have a Pen Pal, Part A 第一课时教学目标导学功能分析

教学目标	学习重难点	学习过程及意图		学习方法
1. 通过单词学习，能够总结出动词到动名词的变化规律，能说出它们在句子中的位置和作用	重点	Step Ⅲ	Step Ⅱ activity 1 听老师讲动名词的用法（听）	小组合作学习
			activity 2：寻找老师笔友的爱好，发现动名词的用法；activity 3：动名词与其意义连线，理解动名词的用法；activity 4：读课文词汇,读动名词（读）	
2. 借助教师示范和教学录像，能熟练应用 like doing 表达自己或他人的爱好，并能询问对方的兴趣爱好	重点	Step Ⅲ	activity 5：询问同学的兴趣爱好，交流中运用动名词（说）	讨论法
3. 在教师的示范下，学会如何用网络与外籍朋友交流	难点	Step Ⅲ	activity 6：写出自己的兴趣爱好，运用动名词进行简单的描述（写）	练习法

　　从上述的教学设计案例及教学目标导学功能分析表中，可以看出：

　　第一，教学目标决定教学的重点、难点。教学目标是依据课程标准、教材内容和学生学习情况制订的，它表述的是学生学习后应取得的学习结果。教学目标确定后，教学的重点难点也就确定了。案例中，六年级学生在网络上交朋友不难，但是在网络上用英语与外籍朋友交流就有难度了。所以，目标3的达成的确是一个难点。而目标1和目标3则是学生在本节课中应该重点达成的知识和能力目标。

　　第二，教学目标指导学习过程。本课时教师主要设计了6项课堂活动，从上表列出的学习过程可以发现，前四个活动是为了达成目标1，第五个活动是为了达成目标2，第六个活动是为了达成目标3。这几项活动旨在锻炼学生听、说、读、写能力。由于听和读是语言输入的过程，说和写是语言输出的过程，所以，案例中的学习过程是按照听、读、说、写的顺序依次安排的。

　　第三，教学目标指导学习方法。目标1要求学生"总结出动词到动名词的变

化规律，能说出它们在句子中的位置和作用"。总结语法规律对于六年级的学生是有困难的。所以，教师让学生在小组合作学习中完成。而目标2要求学生"能熟练应用like doing表达自己或他人的爱好，并能询问对方的兴趣爱好"。这个目标的确定就已经明确了学习方法，即两个人或多人的讨论交流。

此外，案例中目标1反映理解，目标2反映应用，目标3则是对学生的提高要求，也是对后续课时中学习内容的铺垫（Let's read中将学习两封笔友间的书信）。这三个目标之间呈现递进的关系，它们是学生学习中需要依次完成的任务。

教学目标具有指导学生学习的功能。但是，教师呈现给学生教学目标的方式也应根据不同的学段和学科而有所不同。对于小学低年级学生，教师不要生硬地在上课开始时宣布预先写好的几条目标，教师应以生动的语言告诉学生，某个课题或某个教学单元学完以后，他们将要获得什么新本领，获得哪些新知识，以鼓励他们努力完成学习任务。①

（三）导评价

教学目标导评价功能指的是教学目标具有指导课堂教学评价的功能。在教学准备中，教师设计的教学评价应该与教学目标相匹配。教师需要根据目标，设计适合的评价方案，以此来评判学生的学习过程和结果，促进教学的有效开展。请阅读下面案例中教师根据教学目标设计的教学评价方案。

案例4-6

人教版小学英语（义务教育教科书）四年级上册
Unit Three My Friends, Part A, Let's learn

教学目标	1. 在听录音、看图或卡片的基础上，能够听、说、认读词汇short, strong, thin, quiet, friendly，做到发音清晰、正确；在熟读的基础上，会拼单词，并在四线格中正确、规范地书写单词（达成率95%） 2. 在所学词语及句型、教师示范引导、指名描述的基础上，学生能熟练模仿句型I have a good friend和She's/He's...来描述自己的朋友，做到发音清晰，语音、语调准确（达成率85%）
评价设计	1. 针对学习目标1，借助录音、单词卡片，通过点名提问单词的读音及观察学生的口型、书空、默写等方式，使学生达到能正确听、说、认读、书写词汇的目的 2. 针对学习目标2，教师通过示范引导、学生模仿、小组合作、指名提问、小组展示等方式，使学生达到能听懂教师的指令、要求和提问，并能灵活运用所学单词和句子来描述人物体貌特征的目的

---
① 皮连生. 教学设计[M]. 2版. 北京：高等教育出版社，2009：81.

媒体链接

> 请登录课程网，访问"小学英语教学设计"课程拓展资源部分的教材同步资源模块，阅读教学目标"导评价"功能案例。

上述案例只摘录了教学设计中的"教学目标"和"评价设计"两部分。其中，评价的设计是分别针对每一个教学目标展开的。教师为不同的教学目标设计了不同的课堂评价方案，以验证目标的达成情况。从案例中可以看出：

第一，教学目标决定评价内容。两个教学目标中，一个涉及词汇学习，要求学生能听、说、读、写形容人物外貌及性格的词汇；一个涉及句型学习，要求学生能运用句型描述自己的朋友。所以，评价目标1主要检测词汇学习的结果，评价目标2主要检测句型学习的结果。

第二，教学目标决定评价方式。针对教学目标1词汇学习目标中"听、说、认读、书写"四个方面的要求，评价目标1中分别采取了不同的评价方式：听单词录音、说单词读音、读单词卡片、英语本上书写单词。针对目标2句型学习中"模仿句型I have a good friend和He's/She's…来描述自己的朋友"的要求，评价目标2采取了"教师示范引导、学生模仿、小组合作、指名提问、小组展示"等方式。

第三，教学目标决定评价标准。针对教学目标1提到的"发音清晰、正确"读单词和"在四线格中正确、规范地书写单词"的要求，评价目标1分别采取了"提问单词的读音及观察学生的口型"和"默写"的方式。

学习实践

以人教版小学英语（义务教育教科书）为例，结合第三章已学过的教材分析与学情分析内容，根据本章所述课程目标与教学目标的关系，分析四年级下册教材内容，选择某一单元教学内容完成该单元教学目标的设计，确定教学重点、难点。具体要求如下：

（一）教材分析及学情分析

1. 对教材的分析能够从整册书到具体单元全面分析。

2. 能够从《标准》对四年级学生的要求出发，充分分析学生在三、四年级具备的语言技能、学过的语言知识，确定四年级下册教学的起点。

（二）设计教学目标

1. 在教材分析的基础上，首先确定四年级下册的教学目标，教学重点、难点，并据此设计该单元的教学目标，确定教学重点、难点。

2. 目标能够兼顾语言技能、语言知识、情感态度、学习策略及文化意识五个方面。

3. 按照分析教材、分析学情、设计教学目标、确定教学重点与难点的顺序，完成该单元教学目标设计的文本。

（三）实践练习

1. 以学习小组为单位，讨论交流本人的设计。

2. 每个小组整理出一份设计文本，与其他小组交流。

（四）登录课程网，学习参考"单元教学目标设计"学生作品范例。

第二节 小学英语教学目标设计的原则与方法

微课：设计小学英语教学目标的基本方法和原则.mp4

设计教学目标是指教师根据教材分析和学情分析，确定教学活动预期达到的结果，是教育目的、课程目标的具体化，也是教师完成教学任务所要达到的要求和标准。设计教学目标是教学设计中最重要也是最关键的一个环节。教学目标设计得是否科学、合理，将直接影响到课堂教学质量。本节主要学习小学英语课时教学目标设计的原则、方法及要求。

一、教学目标设计的基本原则

设计小学英语教学目标时，除了遵循第一章所讲的教学设计的几大基本原则外，还要遵循以下几个原则：

（一）关注英语语言技能的形成

指教师在设计教学目标时应关注学生英语语言技能的形成，以学生学会了什么、能够用英语做什么为基本原则之一。这是《标准》对小学英语教学的要求。教学目标是学生的学习结果，学生是教学目标的主体。然而，教师在设计教学目标时，容易把"学习行为"当作"学习结果"，把"技能的培养过程"与"技能的形成"混淆。请阅读下面的小学英语教学目标设计案例：

Students will be able to:

(1) read and know about the two cities introduced in the reading passage;

（2）choose proper prepositions used with relative pronouns;

（3）learn some expressions to describe a city or a place;

（4）write a short passage about Beijing.

其中（1）、（3）条目标中"read and know about"（阅读和了解）和"learn"（学习）关注的均是学习行为，是培养英语语言技能的过程，而不是学习结果，不代表英语语言技能的形成。所以，目标（1）可以改为"read the passage accurately and memorize the two cities introduced in the reading passage"；目标（3）可以改为"use some expressions to describe a city or a place"。

请阅读下面教学目标中关于英语语言技能形成的表述内容，并尝试改写。

案例4-7

> **外研社新标准英语四年级下册**
> **Unit Two Will it Be Windy in Beijing?**
>
> 教学目标：
>
> 1. 知识目标
>
> （1）复习天气状况单词windy，sunny，hot，cold，rain，snow；
>
> （2）能够灵活运用句型"It will be… in…""Will it be… in…?"会用"Yes, it will./No, it won't."作相应的回答。
>
> 2. 能力目标
>
> 学会运用所学知识谈论未来的天气状况。
>
> 3. 情感目标
>
> （1）培养热爱大自然的情感；
>
> （2）通过小组合作、讨论、交流，感受把所学知识融入到实际交往中的乐趣，产生积极的学习情感。
>
> "复习""在创编对话交流的过程中"以及"感受"等表达方式关注的都是学生的语言学习过程，而不是具体的语言技能。此教学目标可以这样改写：
>
> 1. 知识目标
>
> （1）能准确默写天气状况单词windy，sunny，hot，cold，rain，snow；
>
> （2）能用句型"It will be… in…""Will it be… in…?"造句。
>
> 2. 能力目标
>
> 能运用所学单词和句型与同学谈论未来的天气状况。

3. 情感目标

（1）收看天气预报，关注气候变化；

（2）积极参加小组活动，主动承担任务。

（二）关注学生已有英语语言知识基础

指教师要依据学生的英语语言知识基础设计教学目标。教师要在充分了解所有学生现有英语语言知识的基础上，使教学目标的设计既能满足全体学生的学习需求，又能体现出学生之间的差异。小学英语课程作为素质教育课程，肩负着促进学生全面发展的重任。由于学生在年龄、性格、认知方式、生活环境等方面存在差异，他们具有不同的学习需求和学习特点。这就要求教师设计具有一定弹性的教学目标，既能满足不同水平学生的英语学习需求，又给学生留下发挥的空间。请看下面的小学英语教学目标设计案例。

案例4-8

教学目标：

1. 能用所学语言描述动物的大小、外观、动作特点及习性等基本特征。

2. 能在讨论中说明自己对动物的喜好并给出理由。

——摘自《义务教育英语课程标准（2011年版）》附录6教学实例4

其中，目标1要求学生用"所学语言"描述动物的特点及习性，学生们的表现可能会比较接近；然而目标2要求学生能够在"讨论中说明"自己是否喜欢动物、喜欢什么动物、为什么，学生们之间的差异性将体现出来。

只有最大限度地满足个体需求，才有可能获得最大化的整体教学效益。此教学目标设计的第一条是全体学生在教学过程结束后都应该完成的目标，而且大部分学生给出的描述应该就是课堂上教师带领大家学习的那几条关于动物基本特征的范例。然而，在第二条教学目标的达成情况中，学生们肯定会因为个人的喜好以及英语学习水平的差异而给出不同的说明。这样的目标既面向了全体学生，又为不同层次的学生提供了发挥的空间。请看下面的小学英语教学目标设计案例。

案例 4-9

> **人教版小学英语（实验教科书）五年级上册**
> Unit Two My Days of the Week, Part A, Let's try & Let's talk
> 教学目标：
> 1. 借助图片、板书和"班班通"，95%的学生能听懂、会说句子：Do you often read books in this park? No, I don't./Yes, I do. 全体学生能够正确地仿读、朗读对话，做到发音清晰，语音、语调正确。
> 2. 通过"魔盒"游戏和Pair work活动，90%的学生能在创设的或真实的情境中正确、熟练、灵活地运用句型Do you often…? No, I don't./Yes, I do.

在充分分析学情的基础上，教师用"95%""90%"和"全体"表明了目标的达成率，同时显示了教师对全班学生学情的把握非常清晰。这种设计方式让每位学生在学习结束后，不仅能够参照目标检测自己的学习结果，还能判断自己在班集体中的学习程度。案例中设计的教学目标既面向了全体学生，又尊重了个体差异。

（三）注重培养学生学习英语的兴趣

坚持培养学生学习英语的兴趣是教师设计小学英语教学目标时应该考虑的重要因素。为了确保学生持久的英语学习兴趣，教师一定要让学生从学习中获得成就感，让学生在每一堂课中都有收获、有发展。"为了每一位学生的发展"是新课程的核心理念，它体现在教学设计中就是要求教师把握好教学目标的定位，使教学目标呈现出具有一定难度的学习要求。这个难度的把握需要教师认真分析学生的原有水平和现有能力，确立有利于逐步提高学生的基本语言素养和基本外语学习能力的教学目标。克拉申的"i+1"理论指出教学要在学生原有水平"i"上加一个难度"1"。"跳一跳，摘桃子"也强调，目标应该是在力所能及的范围内再稍作努力就可以达到。教学目标就像长在树上的"桃子"，教学过程的一切活动都是要"让学生跳一跳就能摘到桃子"。如果目标设置得太低，学生无须蹦跳就能摘到桃子，就会使他们失去跳的动力，失去继续学习的兴趣，不利于学生的发展。相反，如果目标设置得太高，学生连跳数次仍然摘不到桃子，他们就会认为努力是无效的，最终丧失学习的兴趣，停滞发展。

知识链接

"i+1"理论

"i+1"理论是克拉申在第二语言习得理论中提出的"语言输入假说"的精髓。"i"为语言学习者现有的水平,"1"就是稍高于语言学习者现有水平的语言知识。克拉申认为语言输入全部是习得者很容易理解的材料是不可取的,这将无法起到激发学习者兴趣和动机的作用。语言输入的内容应该有适当的"信息差",也就是"i+1"理论中的"1"。该原则的实质是语言输入总体难度不超过学习者的学习能力,但又包含了略高于学习者现有能力的语言信息。

我国教育专家林格曾说过,教育者在帮助学生设立阶段目标时要注意尺度,"跳起来正好够得着"应是目标设立的基本原则。只有"跳起来"学生才能掌握发展的机会,只有"够得着"学生才能收获发展的喜悦。请看下面的小学英语教学目标设计案例。

案例4-10

人教版小学英语(义务教育教科书)四年级上册
Unit Three My Friends, Part A, Let's learn

教学目标:

1. 听、说、认、读 short, thin, strong, quiet, friendly;
2. 能灵活运用句型 I have a good friend. He/She is… 并适当利用一些形容词描述自己的朋友;
3. 能听懂、学唱歌谣。

这个案例中的教学目标"1"是对全班学生本节课学习的基本要求,目标"2"则是对学生的较高要求。目标"2"需要学生在灵活掌握句型"I have a good friend. He/She is…"用法的基础上才能达成;目标"3"需要学生熟悉歌曲旋律及歌词,并经过反复说唱才能达成。这两个目标的达成将会使学生明显感受到本节课的收获与进步,因为他们不仅又学会了一首英文歌谣,还能够用简单的英语描述一个人的外貌及性格特征。

媒体链接

请登录课程网或扫描二维码，访问"小学英语教学设计"课程拓展资源部分的教材同步资源模块，阅读"注重培养学生英语学习的兴趣"教学目标设计案例。

案例："注重培养学生英语学习的兴趣"教学目标设计.doc

对教学目标难度的把握需要教师认真分析学情和教材。如果教师在教学过程中发现目标的设计超出学生的现有能力，那就要及时地给学生提供一定的帮助或支持。

（四）坚持SMART原则

SMART（Specific, Measurable, Achievable, Realistic, Timing）原则是指教学目标中关于行为的设计原则，即教学目标设计的五个要求"具体化、可测性、可达成性、可操作性和时间性"。"具体化"指教学目标要说明学生在教学过程结束后能够用英语具体做到什么。例如，用英语说出什么、写出什么或表演出什么等。"可测性"指教师设计的英语学习行为要便于检测。"可达成性"指教师设计的英语学习行为要让学生能够完成。"可操作性"指英语学习行为的设计要具体、避免笼统，越具体的教学目标操作性越强。"时间性"指教学目标中的英语学习行为要能够在一定的时间内实现。下面是从多个教学目标设计案例中摘录的句子[①]：

中文表述的教学目标：
1. 能朗读并理解本课的内容；
2. 能掌握基本的阅读技巧；
3. 了解世界地图，知道世界上几个国家的城市；
4. 能够按顺序正确认读、理解与月份相关的词汇，并能在相应的功能句中熟练运用；
5. 学生能够通过小组间良性的合作和竞争，养成友好互助的精神；
6. 养成乐观自信的学习态度；
7. 能进一步提高英语学习的热情。

英文表述的教学目标：
1. Students can improve their listening ability.
2. Students can fully master the words learned in this class.

---

① 以下中英文教学目标表述案例均由河南省新郑市教研员张勇提供。

3. Students can understand the inter-relationship of the paragraphs and develop strategies.

上述目标设计中出现的句子都太笼统，不易于操作，也难以检测，更不能保证绝大多数学生在课堂学习结束后都能达成目标。此外，中文表述的教学目标"3"中的"了解世界地图"超出了《标准》要求，不符合"可达成性"原则；中文表述的教学目标"6"中提到的"养成乐观自信的学习态度"和"7"中提到的"提高英语学习的热情"都不符合"时间性"原则，是无法通过一两节英语课实现的。英文表述的教学目标中，"improve… listening ability"，"master the words"，"understand the inter-relationship… develop strategies"等也不符合"具体化"和"可测性"原则。请看修改后的案例。

中文表述的教学目标：
1. 能正确朗读课文并回答课后问题；
2. 阅读中能够通过略读（skimming）概括出文章的主要内容和段落大意，能够通过跳读（scanning）完成课后练习题；
3. 能说出英国、美国、澳大利亚、新加坡等英语国家的首都；
4. 能按顺序说出12个月份单词，并能够与同学交流彼此的生日信息；
5. 能积极参与小组合作学习，完成本人在小组内的任务，并能够帮助小组内其他同学完成任务；
6. 能积极回答问题，按时完成课堂任务；
7. 能积极参与课堂活动。

英文表述的教学目标：
1. By listening, students can understand and answer the questions.
2. Students can read/spell the words learned in this class and make sentences with the words.
3. Students can draw a map of the structure of the paragraphs.

二、教学目标设计的基本方法

设计教学目标是在研读课标、分析教材和学情的基础上进行的。1962年以研究行为目标而著称的马杰提出教学目标的描述应包括行为、条件和标准三个基本要素。在教学实践中，有的学者提出，应该在马杰三要素的基础上再增加一个主体，即对教学对象的描述。这样，一个规范的教学目标就包括了四个要素：对象（audience）、行为（behavior）、条件（conditions）和标准（degree），设计教学目标就要按照这四个要素进行表述。

A：对象（audience），教学对象。教学对象是学生，因此教学目标也称为学习目标。

B：行为（behavior），指通过学习以后学生的能力能够达到的行为标准，即学生能够做什么，体现在听、说、读、写等方面的行为能力。这种行为是可观察、可测量的具体行为。

C：条件（condition），指行为在什么条件下产生。条件是影响学习结果的特定限制或范围等，主要有辅助手段或工具、提供信息或提示、时间的限制、完成行为的情境等。

D：标准（degree），评定行为是否合格的标准。标准是学生达到目标的最低表现水准，用以衡量学习表现或学习结果所达到的程度。

请看下面按ABCD四要素设计的教学目标案例。

案例4-11

<u>在录音或老师范读的帮助下</u>，<u>学生能听认、朗读单词 friends, long</u>
　　　　　　C　　　　　　　　　　A　　　　　　　　　B
<u>hair, short hair, thin, strong, quiet</u>，<u>做到元音发音清晰准确</u>，<u>并能在四线</u>
　　　　　　　B　　　　　　　　　　　　D　　　　　　　B　　　　C
<u>格内正确书写这6个词汇或短语。</u>
　　D　　　　B　　　B

案例4-12

<u>借助创设的情境和提供的图片，以同桌或小组合作的方式</u>，能用
　　　　　　　　　　　　　　C
<u>Who is...? He/She...</u> 描述自己的一个朋友，<u>至少描述人物的三个特征</u>，
　　　B　　　　　　B　　　　　　　　　　　　　　　D
<u>做到表达清楚、完整。</u>
　　　　　D

从上述两个教学目标可以看出，设计教学目标时不一定按照ABCD的顺序呈现目标，同时教学对象即"学生"，还常常隐去。案例4-11中出现了"学生"，案例4-12中略去了"学生"。

ABCD要素设计方法适合包含外显行为的教学目标的设计，例如认知类目标和动作技能类目标，但是用它来设计表述内隐心理变化的情感类教学目标比较困难。所以，下面在讨论ABCD要素设计方法的基础上，又添加了"内外结合的表述"方法。

（一）对象的表述

对象的表述是指教师在设计教学目标时，要明确地说明教学目标的对象。教学目标描述的是学生学习的结果，而不是教师的教学行为。所以，目标表述的应是"学生能够……"在书面表达上，教学对象常常可以隐去，例如"能认读""能背诵""能叙述""能写出"等。这里"能"指学生能，请看下面三个教学目标表述，注意其中关于对象的表述。

案例4-13

> **人教版小学英语（实验教科书）四年级下册**
> **Unit Six At a Farm, Part A, Let's learn & Let's do**
>
> Learning objectives:
>
> 1. <u>Pupils</u> will be able to read and remember the words "sheep, lamb, goat, cow, horse, hen" correctly.
>
> 2. With the help of animal cards, <u>pupils</u> will be able to use the sentence patterns "What are they?" "They are..." to talk with partner.
>
> 3. According to instructions, <u>pupils</u> will be able to do appropriate actions in "Let's do".

案例4-14

> **人教版小学英语（义务教育教科书）三年级上册**
> **Unit Two Colours, Part A, Let's talk**
>
> 教学目标：
>
> 依据《标准》要求、教材的内容特点以及学生已有的英语基础，确定如下目标：

> 1. 在PPT、头饰、手偶、录音的帮助下，95%的学生能够听、说、认读主句型：Good morning. This is Miss Green，并能正确朗读对话，做到发音准确，语调自然。
> 2. 在教师所创设的情境的帮助下，90%的学生能够运用所学句型在实际生活中打招呼并介绍新朋友，做到发音清晰准确，语调达意。

案例4-15

> **人教版小学英语（实验教科书）四年级上册**
> **Unit Six Meet My Family! Part A, Let's learn**
>
> 教学目标：
>
> 1. 借助录音或老师范读，能正确听出并读出单词的读音：uncle，aunt，cousin，baby brother，parents，做到发音清晰、语音语调正确；在单词卡片的帮助下，能正确认出并读出单词；并能借助旧单词或字母组合的发音，在规定时间内拼写单词。达成率为90%。
>
> 2. 借助 Hi. Meet my family! This is my… He/She is…I love my family 等句型来介绍自己的家庭，做到发音清楚，语调基本达意。达成率为80%。

作为教师教学活动的对象，学生自然就成为了教学目标的行为主体。案例4-13使用了"Pupils will be able to…"来表述学生将取得的学习结果；案例4-14明确指出了"学生能够……"；案例4-15则省略了教学对象，直接用"能……"来表述，其中目标2还用"自己"来指代"学生"。这三个案例中，前两个案例明确表述出了教学的对象"学生"；第三个案例的表述中虽然没有出现"学生"二字，但"学生"已暗含在其中了。

（二）行为的表述

行为的表述是指教师在设计教学目标时，要说明学生在教学结束后能做什么，即获得怎样的能力，如会唱歌曲《Father and Mother》。行为表述中最关键的是选择合适的动词。在设计课程教学目标和单元教学目标时，可使用一些含义较广的动词，如：知道、理解、掌握、欣赏等。但是，在设计课时教学目标时，要使用动宾短语，以比较精确地描述学生的行为。其中，行为动词说明学习的类型，例如"朗读""说出""仿写""列举"等；宾语说明学习的内容，例如"课文""家庭成员单词""句子""农场动物名称"。这样就构成了教学目标中关于行为的表述：

（能）朗读课文

（能）说出家庭成员单词

（能）仿写句子

（能）列举农场动物名称

在这样的动宾结构中，宾语与教学内容有关，教师能够很好地把握。由于教学目标中的行为应具有可观察、可测量的特点，所以描述行为最困难的是行为动词的选用。现把小学英语教学目标设计中可选用的中英文行为动词分别列于表4-7和表4-8中，供使用时参考。如果发现有其他合适的动词，可自己填写在表内相应的空白处。

表4-7 设计小学英语教学目标可供选用的汉语动词

教学目标类型		可供选用的汉语动词
认知类	记忆	识记、识别、记住、指出、列出、说出、写出、画出、标明、列举、选择、指认、辨别、辨认、背诵、简述、复述
	理解	（用自己的话）说出、听懂、描述、解释、比较、举例、叙述、讨论、对比、表达、表述、表示、选出、判断、选择
	应用	示范、运用、列举、探讨、提出、制订、进行、组织、判断、设计、操练、编写
动作技能类		模仿、学唱、表达、表演、展示、运用、使用、制作、实现、完成、达到、增进、发展、提高、进行
情感态度类	接受	注意、选择、接受、同意、赞同、感知、领悟、体会、体验、观察、关心、关注、参加、参与、尝试、收集、调查
	思考	陈述、回答、完成、选择、列举、帮助、检查、思考、明确、交流、讨论、探讨、合作、调查
	兴趣	接受、承认、完成、决定、支持、愿意、评价、关注
	热爱	热爱、参加、形成、养成、保持、获得、遵守、重视、珍惜、发展、乐于、敢于、勇于、善于
	品格形成	坚持、执行、做到、形成、养成、尊重、树立

表4-8 设计小学英语教学目标可供选用的英语动词

教学目标类型	可供选用的英语动词（词组）
知识	write, read (accurately), recognize, study, master, grasp, know, write down, memorize, understand, show, extend, use, analyze, distinguish, judge, acquire, manifest, enlarge, expand, evaluate, apply, acquaint with, connect (the context)
技能	tell, express, read, retell, recite, write down, listen, observe, read aloud, speculate, conjecture, imagine, convey, choose, write, expand, write (continually), rewrite, find out, utilize, capture, extract, collect, modify
过程与方法	fell, try, experience, join, express (views), raise (questions), discuss, accumulate, plan, exchange, make plan, collect, share, cooperate, investigate, communicate, organize

续表

教学目标类型	可供选用的英语动词（词组）
情感态度及价值观	like, have a desire to do, experience, take pleasure in, dare to, resist, have interest in, appreciate, feel, like to, savor, respect, understand, distinguish, taste, care, develop, comprehend

请阅读下面的教学目标，注意行为的表述。

案例 4-16

人教版小学英语（实验教科书）五年级上册
Unit Two My Days of the Week, Part B, Let's talk

教学目标：

1. 借助图片、板书和"班班通"，能听懂、会说句子 What do you do on Saturdays/Sundays? I often do homework, read books and watch TV, 并能正确朗读和在游戏中灵活操练对话。

2. 根据调查问卷，能通过同伴合作创编至少4句对话。

案例 4-17

人教版小学英语（实验教科书）五年级上册
Recycle 1 第一课时

教学目标：

1. 学生能够综合运用各单元的重点句型进行对话的练习，并且能灵活地运用到真实的情境中。

2. 学生能热爱学校生活、尊重老师、享受校园生活带给自己的快乐。

案例 4-18

人教版小学英语（实验教科书）六年级下册
Unit Two What's the Matter, Mike? Part A, Let's learn & Let's play

Learning objectives：

Knowledge objectives: Students will be able to use words to describe

> their own illness.
> 　　Ability objectives: Students will be able to <u>give</u> suggestions by using imperative.
> 　　Moral objectives: Students will be able to <u>find</u> ways to solve the health problems.

上述三个案例中，案例4-16涉及知识和技能目标的表述，案例4-17涉及情感类目标的表述，案例4-18呈现了教学目标的英语表述。无论是中文表述还是英文表述，无论是知识、技能目标的表述还是情感类目标的表述，这三个目标中对行为的描述都表明了"学生在教学结束后能做什么"。

（三）条件的表述

条件是指学生完成规定行为时所必需的情境。对条件的表述应该具体、明确，因为条件表明了在评价学生学习结果时的具体要求，如要求学生"借助自己的家庭照片，运用所学单词和句型介绍自己的家人"。在小学英语课时教学目标设计中，条件的表述常与"是否有辅助手段或工具""是否提供信息或提示""是否有时间限制"等问题有关。设计小学英语课时教学目标时，条件包括下列因素。

（1）人的因素：个人独立完成、同桌合作完成、小组集体完成、在教师指导下完成等。

（2）设备因素：多媒体、录音机、黑板、实物、网络等。

（3）信息因素：图表、图像、图片、贺卡、海报、参考资料、教科书、笔记、板书、词典、录音、动作、手势、表演、网络等。

（4）时间因素：速度要求、时间限制等。

（5）提示因素：提供的思路、可以使用的规则等，例如"根据例句提示……""根据拼读规律……"等。

教学目标是在一定的行为条件下完成的。目标表述句中要有修饰行为动词的条件，例如，"在教师指导下……""在图片帮助下……""根据拼读规律……""根据例句提示……""通过英语动画片……""在小组内……""通过讨论……"等。值得注意的是，学习活动本身常容易被看作为描述学习结果的一种条件，例如"通过两遍的阅读，学生能……"中"通过两遍的阅读"指的就是学习的过程，而非学习结果产生的条件。请看下面两例教学目标的表述，注意其中关于条件的表述。

案例 4-19

> **人教版小学英语（实验教科书）六年级上册**
> Unit Five What Does She Do? Part A, Let's read
>
> 教学目标：
> 1. <u>借助图片和录音</u>，能够理解文本并完成课后填空。
> 2. <u>在录音和老师的帮助下</u>，能正确朗读课文，并能<u>在图片和板书的帮助下</u>复述课文。
> 3. <u>借助图片和提示</u>，能与同桌或小组合作创编至少5句的对话，做到用词准确、表达完整流畅。

案例 4-20

> **人教版小学英语（实验教科书）六年级上册**
> Unit Five What Does She Do? Part A, Let's read
>
> 教学目标：
> 1. <u>通过语境感知和练习</u>，学会听、说、认读：TV show，exciting，Hong Kong。
> 2. <u>通过复习和会话交流</u>，学会正确使用句型：
> （1）What does she/he do? She/He is a/an…
> （2）How does she go to Hong Kong? She goes to Hong Kong by plane.
> 3. <u>通过对Let's read 的阅读学习</u>，提高阅读语篇、回答问题的能力。

上述目标表述中的画线部分常常被看作是行为产生的条件。但是，从前面的论述中可以看出，案例4-19中的画线部分描述的是行为产生的条件，而案例4-20中的画线部分描述的是学习的过程，不是学习结果产生的条件。

（四）标准的表述

标准的表述是指教师在设计教学目标时，要说明作为学习结果的行为可接受的最低衡量指标。对行为标准的表述，应使教学目标具有可检测性。例如，"编写一段<u>不少于50字的对话</u>""<u>能正确朗读单词</u>""<u>能写出简短的语句</u>""进行简单的角色表演""运用英语进行<u>真实自然的交流</u>"等。教学目标预期的行为必须是绝大部分学生能够达到的行为。所以，测量学习结果的表现程度应是学生学习之后达到的最低表现水准，或者说，是至少2/3学生能够达到的60分标准。请看下面两个教学目标设计案例，注意标准的表述。

案例4-21

> **人教版小学英语（实验教科书）四年级上册**
> Unit Three My Friends, Part A, Let's learn & Let's find out
>
> 教学目标：
>
> 1. 在听录音、看图或卡片的基础上，学生能够听、说、认读词汇 long/short hair, strong, thin, quiet, friends, 做到发音清晰、正确；在熟读的基础上，学生会拼单词，并在四线格中正确、规范地书写单词（达成率95%）。
>
> 2. 在所学词语及句型、教师示范引导、指名描述的基础上，学生能熟练模仿句型 My friend is… She/He has…来描述自己的朋友，做到发音清晰，语音、语调准确（达成率85%）。

案例4-22

> **人教版小学英语（实验教科书）五年级上册**
> Unit Two My Days of the Week, Part B, Let's try & Let's talk
>
> 教学目标：
>
> 1. 借助图片、板书和"班班通"，95%的学生能听懂、会说句子：What do you do on Saturdays/Sundays? I often do homework, read books and watch TV. 全体学生能够正确地仿读、朗读对话，做到发音清晰，语音、语调正确。（主目标，匹配课标1、3，学习重点。）
>
> 2. 通过"魔盒"游戏和 Pair work 活动，90%的学生能在创设的或真实的情境中正确、熟练、灵活地运用句型 What do you do on…? I often…（匹配课标2、4、5，学习难点。）

上述两个目标中，画线部分都是对行为标准的表述，这些表述为评价教师教和学生学的效果提供了依据。此外，两个案例中都有关于教学对象和目标达成的百分比数字，例如"达成率95%""95%的学生"，这使得教学目标更加具体，教学目标的可测性更强。

设计教学目标时，有些条件和标准较难区别，如上述案例4-21中"在四线格中正确、规范地书写单词"的表述,既可以理解为学习结果产生的条件,也可以看作是学习结果的衡量标准。判断教学目标的主要依据是,它的表述是否说明了编写者的意图。如教学目标能用以指导教学活动与评价,那么,对条件和标准的判别并不重要。①

(五)内外结合的表述

内外结合的表述(或"内外结合表述法"②)是指教师在设计教学目标时,用模糊词语加案例说明的方式描述内部心理变化的方法。行为目标追求目标的精确化、具体化,这只适用于一定知识与技能的学习,而人的高级心理素质(价值观、理解、情感、态度、欣赏、审美情趣等)不只是行为,更主要是意识问题,这些心理素质不可能被预先具体化。③所以,目标设计的ABCD模式虽然避免了传统目标表述的笼统性,但由于它只强调行为结果而未注意内在的心理过程,教师可能因此只注意学生外在的行为变化,而忽视其内在的能力和情感的变化。为弥补行为目标的不足,教师可采用内外结合的表述方法,即先用"记忆、理解、掌握、运用、分析、创造、欣赏、尊重"等词语描述内部心理变化,然后列举相关实例,从而使这些内在心理变化可以观察和测量。例如,《牛津英语》3B Unit 3 Family Members一课教学目标中的情感目标可以这样表述:

学生能感受到家是充满爱的地方,并能:
(1)用一句话表达自己对爸爸、妈妈的爱;
(2)用一件小事举例说明爸爸、妈妈是如何爱自己的。

案例中"感受"是一个内在心理过程,无法直接观察和测量。(1)和(2)中表达的行为是"感受"的外在表现的实例,可以把它们作为教学目标已达成的证据。这样陈述的教学目标强调教学的总目标是"理解""感受""领会",而不是"理解""感受""领会"目标下的具体行为实例。这样就避免了行为目标陈述可能导致的只关注行为而忽略内部心理变化的缺点,同时也克服了传统目标陈述中的含糊性。

从以上讨论可以看出:在小学英语教学目标设计中,"对象的表述"是教学目标设计的重点,它体现出教师设计的课堂教学的中心是"学生学"还是"教师教";"行为的表述"是教学目标设计的难点,小学英语教学目标的行为表述一定

---

① 张祖忻,张伟民,刘美凤.教学设计:原理与应用[M].北京:高等教育出版社,2011:128.
② 马兰,张文杰.教学设计[M].北京:高等教育出版社,2012:67.
③ 彭海蕾.我国教学设计研究的回顾与反思[J].甘肃社会科学,2001(3).

要说出"学生能够用英语做什么";"条件的表述"和"标准的表述"都是对"行为"发生的环境和具体结果的进一步补充和完善,便于对"行为"的评价和考核;"内外结合的表述"使教学目标的设计既能体现出外在的行为变化,又能体现出内在的心理变化。

以上目标都是教师预期的学生英语学习结果,是预设的最低要求,也是教学效益的底线。然而计划的教学目标并不是实际产生的全部教学结果。在实际的教学中,随着教学过程的展开和教学内容的不断深入,学生会有新的认识、新的思想,教学也会自然地生成新的目标。真正的教学结果一定是预设的目标(也可能改变)加上生成的目标。[①]预设目标是教师预先制订的,它关注的是教师的主导作用;而生成目标是学生在教学过程中主动生成的,它体现的是学生的主体作用。这就给教师提出了两个挑战:一是教师要能够给学生的自主活动和自由发挥留出时间和空间,从而体现学生的主体地位,为教学过程的动态生成创设条件;二是教师要充分发挥教学机智,应对课堂上随机生成的教学目标。

三、教学目标设计的基本要求

教学目标在教学设计中所占的文字比例虽然不多,但其"导教、导学、导评价"的功能,使得教学目标的设计显得格外重要。教师要设计规范的、真正能够发挥其功能的课时教学目标,需要注意以下几个问题。

(一)目标主体要正确

目标的主体其实就是目标设计要素里的对象。目标主体正确是指教师在设计教学目标时,一定要体现出正确的主体。目标主体正确是教师顺利落实教学目标的保障。教师在设计教学目标时容易忽略一个问题,即"目标的行为主体是谁?"教师本人认为自己的目标设置是以学生的学习为主体的,但是其文本呈现形式却是以教师的教学为主体的。请看下面两例教学目标,注意其表述中存在的问题。

[①] 崔允漷. 有效教学[M]. 北京:高等教育出版社,2009:111.

案例 4-23

> **人教版小学英语（实验教科书）四年级上册**
> Unit Three My Friends, Part A, Let's talk
>
> 教学目标：
>
> • 知识目标
>
> ……
>
> 3. 了解中西方在接受礼物时的不同习惯，<u>培养学生</u>的跨文化意识；
>
> 4. 单词：Chinese，his 的认读及尾音，以及 he's 和 his 的发音区别。
>
> • 能力目标
>
> ……
>
> 2. 从小语言片段到整个语篇，层层递进<u>培养启发学生</u>的思维能力和对语言的组合、调控、驾驭能力；
>
> • 情感、策略、文化等有关目标
>
> 1. 情感态度：<u>使学生</u>懂得朋友多、快乐多的道理，<u>教育学生</u>珍惜友谊，乐于助人；懂得有快乐与家人分享，爱护身边的动物、植物朋友，与大自然和谐共处。
>
> 2. 学习策略：注重合作、交际功能，学会观察、提问等策略；<u>培养学生</u>创新精神和实践能力。
>
> 3. 文化目标：了解中西方接受礼物时的文化差异。

案例 4-24

> **人教版小学英语（实验教科书）六年级下册**
> Unit Two What's the Matter, Mike? Part A, Let's learn & Let's play
>
> Learning objectives：
>
> 1. Knowledge aims:
>
> （1）<u>Learn to use</u> words to describe their own illness.
>
> （2）<u>To be able to talk</u> about their symptoms in the real life and give suggestions by using imperative.
>
> 2. Ability aims: <u>To train students' ability</u> to see doctors and find ways to solve their health problems.
>
> 3. Moral aims: <u>Help the students</u> to show concern about others in real life.

从上述两个案例中可以看出：教师混淆了目标的主体。虽然教学目标是教师预先设定的，但是它表述的是学生在经过一段学习后的具体学习结果。案例4-23中的教学目标是按照三维目标的分类框架编写的，然而其表述中使用的诸如"培养学生""培养启发学生""使学生""教育学生"等的词语，说明的都是"教师准备做什么"，而不是"学生将要学到什么"。案例4-24 "knowledge aims"中"learn to use"和"to be able to talk"的行为主体是学生，而"ability aims"和"moral aims"中的"to train students' ability"和"help the students"的行为主体则是教师。

在书面表述上，教学目标的主体常常隐去，但是在思想上要牢记，教学目标是针对特定的学生所确定的。所以，教师在编写教学目标时要避免出现"为学生……""使学生……""让学生……""提高学生……""培养学生……"等以"教师"为行为主体的表述。

（二）目标内容要合理

目标内容就是目标设计要素中的行为。目标内容合理是指教师设计的教学目标行为要合理。教学设计呈现的通常是一个单元或一个课时的教学构思。所以，教师所预设的教学目标应该是学生经过一个单元或一个课时的学习后，所要达到的学习结果。教学目标中的教学行为要在《标准》规定的标准之内，要紧扣教材内容，要符合学生的学习情况，要能够在规定的课时教学中达成，等等。过大、过多或过低的教学目标都是不合理的。请阅读下面的小学英语教学目标案例，判断其表述的教学目标是否合理。

案例4-25

人教版小学英语（实验教科书）五年级上册
Unit Three What's Your Favourite Food?

教学目标：

1. 知识目标

（1）能够听、说、读、写本课时"四会"句子：What's your favourite fruit? I like apples. They're sweet. I don't like grapes. They're sour. 能在情境中正确运用。

（2）能读懂对话，完成填充句子的练习。

2. 能力目标

（1）能够运用语言去完成教师设计的任务型活动；

（2）培养通过自主阅读获取信息和处理信息的能力和阅读技巧。
（3）具有小组合作意识。
3. 情感、策略、文化等有关目标
（1）培养合作精神和创新意识，通过以旧带新的方式自主阅读，同时注重合作学习；
（2）培养阅读策略，养成良好的阅读习惯；
（3）培养合理饮食的好习惯。

这个案例中的"能力目标"与"情感、策略、文化等有关目标"中都存在目标设置过大的问题。虽然案例中并没有说明此教学设计所适用的课时，但是"能力目标"中涉及的"语言运用能力与创造力""获取信息和处理信息的能力""小组合作意识"都是无法在一个课时或者一个单元的学习中形成的，这些目标设置过大。此外，其"情感、策略、文化等有关目标"中提到的"良好的阅读习惯"需要教师引导着学生在长期的学习实践中逐渐形成。而"合理饮食的好习惯"只能在日常生活中养成，怎可能在课堂教学中实现？这个目标明显是不合理的。

请看下面的教学目标设计，找出其中存在的问题。

案例4-26

人教版小学英语（实验教科书）六年级上册
Unit Four I Have a Pen Pal, Part A, Let's read

教学目标：
1. 学生能正确朗读 Let's read 文本。
2. 学生能了解一些有关英语邮件书写的基本格式。如：收信人和寄信人邮箱怎么写，信的开头与结尾怎么写。
3. 学生在教师的指导下，能通过粗读获取文本基本信息，同时通过精读体会：reading for learning, reading for fun and reading for thinking。
4. 学生能通过小组交互式的合作学习，掌握自主学习的方法，并能在小组交流中大胆进行语言实践。
5. 学生能够给自己的笔友简单地写邮件，体验交友的快乐。

这个教学目标主要存在两个问题：一是设置过多，二是超出《标准》要求。虽然是六年级的学生，但在一节阅读课中也无法达成"正确朗读文本"；"了解英语邮件书写的格式"；"掌握粗读、精读技巧"；"掌握自主学习的方法"和"给笔友写邮件"这五项学习目标。其中"了解英语邮件书写的格式"和"给笔友写邮件"这两个目标还超出了《标准》二级目标的要求范围。

（三）目标条件要合适

目标条件就是目标设计要素中的条件。目标条件要合适是指目标规定的行为发生条件要符合实际教学情况。教师在设计目标条件时，要充分考虑学校的教学条件、教室的教学设备、学生的生活与学习背景以及教师的自身条件等诸多因素。如果教师设计的目标条件不合适，教学将不能顺利进行。请看下面的教学目标设计案例，找出其中关于目标条件的表述。

案例4-27

> **人教版小学英语（实验教科书）五年级上册**
> **Unit Two My Days of the Week, Part B, Let's try & Let's talk**
> 教学目标：
> 1. 学生借助图片和录音，能够正确跟读、朗读、表演对话What do you do on Saturdays/Sundays? I often do homework, read books and watch TV. 做到发音清晰，语音语调正确，达成率为90%。
> 2. 学生借助图片、简笔画、照片，在主句型的示范下，小组合作创编对话，做到发音清晰，语句达意，达成率为80%。

案例中的目标1涉及两个条件，即图片和录音，这就要求教师在教学准备中要确保能够提供相关的图片和播放课文录音的设备。目标2涉及另外两个条件，即简笔画和照片，这首先要求教师具备能绘制简笔画的技能，同时还要求教师和学生都要能拿出可以显示日常生活的照片。对于简笔画水平较差的教师来说，课堂上绘制的简笔画也许根本无法传递需要表达的信息。对于偏远贫困地区的学生来说，让他们提供生活照片或许是不实际的要求。所以，教师设计目标条件时一定要充分考虑实际的教学情况。

请看下面的教学目标设计，分析其中关于目标条件的表述。

案例4-28

> **人教版小学英语（实验教科书）五年级上册**
> **Unit One My New Teachers, Part B, Let's talk**
>
> 教学目标：
>
> 1. 能在简笔画、录音、PPT和板书的帮助下，听懂课文内容，正确地跟读、朗读对话，做到发音清晰、语音语调正确，达成率为95%。
>
> 2. 在提供的示范表演和给出的提示句型的帮助下，能与同桌或小组合作编对话，并能对朋友的特征进行询问，做到发音清晰、正确、语句达意，达成率为85%。

目标1提出的条件是"简笔画、录音、PPT和板书"，目标2提出的条件是"示范表演"和"提示句型"。这些都是教师在教学准备中落实到位的，例如，教师的简笔画要能够传递所需信息，教室有播放录音的设备且录音清晰，教室有播放PPT课件的设备且课件制作能够辅助课堂教学，教师设计的板书要能够呈现课堂教学的主要框架或内容，教师提供的示范表演和提示句型要具有引导性，等等。

（四）目标结果要具体

目标结果就是目标设计要素中的标准。目标结果要具体是指教师设计的教学目标要可观察、可测量。这就要求行为结果的描述一定要具体，便于教师进行评价。然而，教师在设计教学目标时，容易忽视关于结果的描述，有的甚至将教学内容和教学过程当作学习结果。请阅读以下三个教学目标设计，判断其中关于目标结果的表述是否合适。

案例4-29

> **人教版小学英语（实验教科书）五年级下册**
> **Unit Two My Favourite Season, Part A, Let's learn**
>
> 教学重点：
>
> 1. 词汇：season，spring，fall，summer，winter。
> 2. 句型：What's your favourite season?
>
> 教学难点：
>
> 1. 单词发音：spring，fall。
> 2. favourite 单词的读音和拼写。

案例中"教学重点"和"教学难点"列出的都是本课时的教学内容，没有提及这些内容的教学应达成的学生的学习结果。这份没有"行为结果"的教学目标对教、学及评价的指导作用将大打折扣。

案例 4-30

> **《开心学英语》五年级第五册**
> **Unit Five It's Cold in Winter 第一课时**
>
> 教学目标：
> 1. 使用情境讲解 spring, summer, fall, winter, sunny, rainy, windy, cloudy。
> 2. 提供不同的情境，让学生用英语表达四季的情况。
> 3. 学生两个人一组练习对话。
> 4. 选择三组学生表演对话。

案例中描述的是教与学的活动，是教学过程，而不是学习的结果。教师在编写教学目标时要考虑"这些是否是我希望学生在学完本课时以后，应该知道的或能够做到的？"所以，这个教学目标的设计显然是不符合要求的。

案例 4-31

> **《牛津英语》五年级下册**
> **Unit Five, Part A, What Is It Doing?**
>
> 教学目标：
>
> Knowledge aims:
>
> 1. Learn the four skill sentences by heart: What is it doing? It's eating bananas. What is she doing? She's jumping.
>
> 2. Use the sentences to ask and answer questions.
>
> 3. Understand the sentence: The elephant is drinking water with it's trunk.
>
> Ability aims:
>
> 1. Use the main sentence structures in authentic/semi-authentic situations.

> 2. Observe things carefully and highlight the ability of using the language creatively.
>
> Emotion aims:
>
> 1. Love animals.
>
> 2. Do everything wholeheartedly.

这个案例中目标的描述过于抽象，导致许多行为结果难以观察、难以测量，例如"learn… by heart""observe…carefully""using the language creatively""do…wholeheartedly"。目标陈述句中的谓语和宾语是行为表现。这些行为表现要表明学生学习结果，它应该是明确、具体、可观察、可测量的。

此外，许多教师在编写教学目标时还喜欢使用诸如"了解""掌握""知道""熟悉"等这样笼统、含糊、难以观察、难以检测的表示内部心理过程的动词。编写教学目标时，要使用能够直接反映学生学习活动的行为动词，例如"认读""背诵""说出""描述""介绍""模仿""参与""讨论""交流"等，这类动词意义明确、易于观察、便于检测。

教学目标是教学设计的核心环节，在教学工作中具有方向指引的意义。只有明确了教学目标，才能进行有效的课堂教学，确保课程目标的落实。

学习实践

以人教版小学英语（义务教育教科书）四年级下册教材为例，结合上一节所进行的教学目标设计，根据本节所学的设计教学目标的原则与方法以及要求，选择某一课时的教学内容，完成该课时教学目标的设计。具体要求如下：

（一）设计要求

1. 对教学内容的分析要从单元到具体课时。

2. 能够从学生已经学过的内容和具备的基础分析，确定该课时的教学目标和教学重点、难点。

3. 教学目标陈述要具体清晰，符合要求。

4. 按照教材分析、学情分析、教学目标、教学重点与难点的顺序完成该课时的教学目标设计文本。

（二）练习实践

1. 以学习小组为单位，讨论交流设计的文本。

2. 每小组整理出一份设计文本，与其他小组交流。

（三）登录课程网，学习参考"课时教学目标设计"学生作品范例。

本章小结

　　1. 教学目标既是教学活动的出发点，也是教学活动的归宿，是将整个教学活动串联在一起的中心轴线，具有导教、导学、导评价的功能。在教学实践中，教学目标通常分为学期教学目标、单元教学目标和课时教学目标。《标准》规定了义务教育阶段英语课程的总目标，并按照能力水平设置了分级课程目标和分级课程目标的具体标准，是教师进行教学设计、确定教学目标的重要依据。

　　2. 教师设计小学英语教学目标时，应在面向全体学生、关注学习效果、让学生有发展的基础上，设计具体的、可测量、可达成、可操作、有时间限制的教学目标。设计教学目标应掌握关于对象、行为、条件和标准的表述方法，并运用内外结合的表述方法设计表示心理变化的教学目标。

学习思考

　　1. 请从关于小学英语教学的书籍或者网站中，选取一篇小学英语教学设计案例，并根据本章所学内容，分析案例中的教学目标设计：是否是依据课程目标设计的？是否符合小学英语教学目标设计的原则和要求？是否具有"导教""导学""导评价"的功能？如果不符合要求，请对案例中的教学目标进行修改。

　　2. 请思考：根据学过的"小学教育学""课程与教学论"以及教学法知识，结合小学见习经历，你认为在教学过程中如何发挥教学目标的功能呢？

推荐阅读

　　1. 林立. 义务教育课程标准（2011年版）解析与教学指导丛书：新版课程标准解析与教学指导（小学英语）[M]. 北京：北京师范大学出版社，2012.

　　该书立足新版义务教育课程标准，对修订前后的课程理念、课程目标、课程内容及实施建议等进行了深入的比较、分析和解读；同时，以课堂教学为切入点，从实践层面上帮助教师准确地理解《标准》的要求，通过典型教学案例帮助教师在课堂教学中落实《标准》的理念。该书对《标准》中的核心内容和基本理念，尤其是教学实践过程中教师争议较大或把握不到位的重要思想、基本概念等进行了深入浅出的阐述，以点带面，旨在帮助教师全面把握新版课程标准。

2. 马兰，张文杰. 教学设计[M]. 北京：高等教育出版社，2012.

该书是"实践导向型教师教育系列教材"其中的一本，"实践导向型教师教育系列教材"依据《教师教育课程标准（试行）》的精神，贴近基础教育改革要求，注重理论知识和教学实践能力的整合，旨在提高教师教育教学水平和人才培养质量。

第五章　小学英语教学过程设计

本章导读

本章学习关注以下要点:
- 小学英语教学过程设计的基本原则
- 热身导入环节的基本方法和设计的基本要求
- 呈现新知环节的基本方法和设计的基本要求
- 操练环节的基本方法和设计的基本要求
- 拓展环节的基本方法和设计的基本要求
- 总结环节的基本方法和设计的基本要求

问题情境

郑州市金水区第七小学某教师曾参加金水区举办的"希望杯"优质课大赛,该教师设计好课,准备好教具,与学生见面,沟通良好,一切准备工作就绪。

比赛当天,该教师把孩子们带进阶梯教室。安排成弧形的座位让孩子们感觉很新奇,唧唧喳喳地议论着。由于只有十分钟的准备时间,该教师匆忙安排好学生。等最后一个孩子找到座位,上课铃就响了。

虽然课前准备有些慌乱,但没有影响课堂教学的顺利进行。该教师讲得激情澎湃,孩子们听得兴致勃勃,参与得积极热情。然而,最后一个环节是一个游戏。该教师刚刚提出游戏要求,孩子们就一拥而上,狭小的讲台霎时就被挤满了。孩子们都很兴奋,安排好孩子浪费了一些时间,因此游戏只进行了一轮,下课的铃声就响了。

下课后,陪同该教师参加比赛的领导很遗憾地告诉她,最后一个游戏环节太失败了。该教师很不甘心,认为自己有能力把这节课讲好,而失败的原因应该归咎于孩子们的无序,如果是该教师自己的学生,效果一定很棒。

这时,领导轻轻地说了一句"细节决定成败"。这位老师想,也许这就是她失败的主要原因。

启发思考

该案例中,导致该教师最后一个游戏环节失败的原因是什么?如何通过教学过程的设计,避免出现这样的问题?

广义的教学过程是指在时间上连续展开的,教学活动的启动、发展、变化和结束这一系列的程序结构,是一种特殊的认识过程,也是一个促进学生身心发展的过程。小学英语课堂教学过程是指教师为完成教学任务，达成教学目标所采取的步骤和方法，通过这个过程，使学生学习语言知识、形成语言技能、发展情感、培养学习方法，开阔视野，提升文化意识。本章主要介绍设计小学英语教学过程各环节的基本方法和要求。

第一节 小学英语教学过程构成及其设计要求

完成了教材分析、学情分析和确立教学目标之后，接下来讨论教学过程设计。教师应根据《标准》要求，结合教学内容与实际生活，设计能够激发学生学习兴趣、贴近学生生活实际的教学活动。

一、教学过程的基本构成

教学过程是为完成教学任务、达成教学目标所采取的步骤和方法。教学过程是教学设计的主体部分，也是教学设计的重中之重。根据人类认识事物的普遍规律以及小学英语学科特点，可大致将小学英语课堂教学过程划分为热身导入（Warm-up & Lead-in）、呈现新知（Presentation）、操练（Practice）、拓展（Extension）和总结（Summary）这五个基本环节。

微课：教学过程构成.mp4

（一）热身导入环节

热身导入环节，是课堂教学活动开始的第一个环节，是教师采用多种教学方法（通常采用自由交谈、吟唱歌曲或歌谣等形式）营造气氛，为新课呈现做准备的环节。

（二）呈现新知环节

在呈现新知环节中教师主要运用语言释义或示范演示等教学手段，借助简笔画、挂图、手势、实物、录音机、录像机等创造情境与环境，介绍新的语言材料，让学生感知、体会、理解新的教学内容。

（三）操练环节

操练环节是学生练习新语言知识的环节，也是学生形成语言技能的关键环节。教师要根据操练的内容和学生的实际情况，设计不同形式的操练活动，常用的操练方式有机械操练和意义操练。机械操练活动通过模仿，强化学生对新知识的记忆。意义操练则通过有意义的信息交流，达到理解和初步运用新语言交际的目的。

（四）拓展环节

拓展环节是强化新语言学习的环节，具有复习、巩固的作用。教师要根据巩固新语言的需要，有目的地创设情境，组织活动，达到拓展新语言的目的。

（五）总结环节

总结环节是教学过程的最后一个环节。在总结环节中，教师通常要梳理知识点、重现教学重点与难点和评价学生表现，以达到整理或重现新的语言知识，鼓励学生、激发学生兴趣的目的。

教学过程的这五个环节相互作用，共同构成了一节完整的英语课堂。然而，这五个环节并不是固定的，在教学实践中，教师应根据教学目标、教学内容、学习者需求、课型等因素灵活组织，优化组合各教学环节，创造性地设计教学过程，提升教学效果。

二、教学过程设计的基本原则

教学过程中的五个环节在小学英语课堂教学中并非一成不变。教师可在把握教学过程设计基本原则的基础上，进行合理调整。

（一）以教学目标为导向

教学目标是一切教学活动的出发点和归宿，教学过程是为实现教学目标服务的，教学过程中所采取的方式和方法都需要依据教学目标而定，以教学目标为导向。在整个教学过程中，教学目标是纲，教学过程是目，教学过程是在教学目标的指引下展开的，背离教学目标或目标不明确，教学活动将失去方向，教学过程将失去目的性。

（二）环环相扣，由易到难

教学过程是由诸环节构成的一个完整、有序、有逻辑的系统，其中各个教学环节环环相扣，层层递进，相互依存。教师设计教学过程时应遵循"先易后难，先简后繁，由浅入深"的教学规律，使学生在学习过程中感受到自己的进步，获得成就感。

（三）以学生为主体，激发学生的兴趣

教学过程不仅是教师教的过程，更应该是学生学的过程，教师作为教学活动的设计者，学生学习的指导者，应充分考虑学生的主体地位，考虑学生的心理特点和认知规律，充分体现学生的主动性和创造性，使他们真正成为学习的主人。

小学生的心理特点是乐于接受新生事物，好奇，注意力集中时间较短，注意力易转移等。教师设计教学过程应当符合小学生的年龄特征和学习特点，充分利用课堂有限时间，力争使每一个环节都能够激发学生学习的积极性，提高课堂学习效果。

（四）灵活变通，应对变化

教学过程的设计是对课堂教学活动的预设，每个教师在课前都很难完全预测课堂教学中学生可能出现的反应和突发状况。例如，课堂上学生对某个问题表现出极大的兴趣，偏离教学目标，引发学生间的讨论；学生的回答与教师期待得到的答案不一致，无法顺利引入下一个环节；等等。因此，教师在开展课堂教学之前要广泛地收集资料，为每个教学环节设计多个预案，以灵活应对课堂教学中各种各样的意外事件。各个教学环节还应根据学生的反应、课堂变化情况等灵活调整，具有弹性，这样，一旦在课堂上遇到"意外"也不至于手忙脚乱或束手无策。除此之外，教学环节的灵活设计还可以帮助教师在不同程度、不同班级的学生之间进行合理调整。

媒体链接

> 请登录课程网或扫描二维码，访问"小学英语教学设计"拓展资源的教材同步资源模块，学习本课时教学过程设计"有关月份的表达"。

案例：有关月份表达的教学设计.doc

学习实践

登录课程网，结合媒体链接中的教学设计案例，分组交流其教学过程体现了哪些设计原则，并以小组为单位呈现。具体要求如下：

1. 教学过程的设计是否以教学目标为导向？教学目标如何决定教学过程的设计？

2. 教学过程当中包含几个教学环节？各个教学环节衔接是否紧密而有逻

辑？请以任一环节为例说明。

3. 教学过程的设计是否充分考虑了学生兴趣？请以任一环节为例说明。

4. 教学环节设计是否灵活、易于调整？请举例说明。

媒体链接

> 请登录课程网，访问"小学英语教学设计"拓展资源部分的教材同步资源，下载教学设计"人教版小学英语（实验教科书）六年级下册 Unit Two What's the Matter, Mike? Part B, Let's talk"。

第二节 小学英语教学热身导入环节设计

热身导入环节包含两部分，一是热身环节，二是导入环节。

一、热身环节设计

热身环节（Warm-up）是一堂英语课的序幕，有助于吸引学生的注意力，营造学习英语的氛围。通过热身环节，可复习和巩固旧知，降低学习新知的难度，为新内容的学习做好铺垫。

（一）常用的热身方法

小学英语课堂教学中的热身方法很多，教师需要根据教学目标、教学内容、学生的学习基础和态度、教学环境以及教师本人的优势等多方面因素综合考虑，设计合适的热身方法。下面介绍常用的热身方法。

1. 自由谈话（free talk）

英语课前的自由谈话一般是由教师发起，并由教师提问，学生进行回答。free talk 重在 free，可以是简单的 Good morning. What's the weather today? 等话题，也可以是与即将呈现的语言点相关的话题。热情的问候、亲切的交流有助于拉近师生之间的距离，消除学生的紧张感。这种方式短时、高效，便于操控，可以很好地为下一个环节的呈现做铺垫。因此，这种方式在课前使用频率比较高。同时自由谈话便于和其他热身方法相结合，起到承上启下的作用。

例如，某教师为人教版小学英语（实验教科书）五年级上册 Unit Two My Days of the Week 中第五课时的热身环节设计的教学活动就是自由谈话。学生在第四课时学习并掌握了 Saturday, Sunday, do homework, read books, watch TV 两个单词和三个短语，同时还能够听懂句子 What do you do on…? 并用 I often.... 来回答，但是缺乏对句型的熟练认读，不能正确、灵活地替换关键词去询问并回答周末的活动。因此，本节课的学习难点是能在真实的情境中运用已学的短语和句型谈论学习和生活。该教师在热身环节中，设计师生、生生自由对话，由简单平实的 What day is it today? 过渡到使用 What do you have on…? 句型进行询问，贴近生活，使学生将所学句型在交流中得以巩固运用。

2. 歌曲、歌谣(chant)

歌曲、歌谣是人类情感的一种表达形式。使用歌曲歌谣可以提高学生的兴趣，激发学习动机，创设英语学习氛围，让学生在优美的旋律中体会英语并培养语感，在轻松愉悦的气氛中进入学习状态，符合小学英语玩中学、乐中学的教学理念。小学英语教学中，教师应尽量选用与教材内容、本单元内容或本节课内容联系紧密的、生动活泼的和贴近生活实际的歌曲、歌谣。人教版小学英语教材中，每个单元都配有相应的歌曲或歌谣，是有效的热身材料。

教师不仅可以选用教材中已有的歌曲、歌谣，还可以自己编写新的歌谣，甚至鼓励学生编写歌谣。一方面，检查学生对语言知识的理解和掌握；另一方面，还鼓励学生发挥想象力进行创作，拓展思维，使小学生的创造性得到很好的彰显。

例如，某教师在教学人教版小学英语（实验教科书）六年级上册 Unit Five What Does She Do? 的第三课时，就采用了歌曲、歌谣热身法。这节课是一节阅读课，是 Part A 的延伸和总结。学生在前面两节课已经学习了一些有关职业的表达，本课的目标是能够在语境中正确运用所学句型询问对方的职业。根据教学目标，教师设计了歌曲、歌谣作为其中一个热身环节，意图调动学生的积极性，让学生有效复习学过的单词，为句型的拓展和运用做铺垫。

媒体链接

请登录课程网，访问"小学英语教学设计"拓展资源部分的教材同步资源，学习"人教版小学英语（实验教科书）五年级上册 Unit Two My Days of the Week——自由谈话热身"和"人教版小学英语（实验教科书）六年级上册 Unit Five What Does She Do?——歌曲、歌谣热身"教学设计案例。

（二）热身环节设计的基本要求

热身环节作为课堂的第一个环节，对于整节课的重要性不言而喻。可以说，热身环节的成败关系到导入新课与呈现新知的顺利与否。热身环节的作用主要有：吸引注意力、激发兴趣、为后面环节做铺垫。

首先，有效的课堂热身活动对于吸引学生的注意力、缓解学生在语言学习时的紧张感具有非常重要的意义。小学生自控能力较差，上课之初，学生的注意力可能还没有集中到即将开始学习的内容上来。因此，有效的课堂热身活动可以吸引学生的注意力，使学生迅速投入到英语课堂学习之中。

其次，中国学生在日常生活中缺少英语学习环境，尤其是上课之初，学生可能还沉浸在汉语的世界里，不利于英语教学的开展。因此，要在短时间内完成语言氛围的营造不是件容易的事。有效的热身有助于营造英语学习环境，活跃课堂气氛，激发学生对即将学习的语言知识的强烈兴趣，尽快完成语言环境的转换。

最后，教学过程中的各个环节不是独立的，而是相互关联的整体。因此，有效的热身会为后面新语言知识的呈现做好铺垫，尤其对于导入环节的进行具有非常重要的意义。

设计热身环节应按照以下要求：

1. 设计重点

为导入环节做铺垫。热身环节是每节课的第一环节，也是导入之前的环节。因此，本环节在设计时除了注意平定学生情绪、吸引学生的注意力之外，还要为导入环节做铺垫。

2. 设计难点

（1）趣味性。小学生喜欢新奇有趣的事物，所以热身环节要考虑学生的兴趣，活动设计要丰富多样，富于变化，以此激发学生的主观能动性。

（2）梯度性。热身环节通常会有多个活动，教师在设计时应注意不同活动的难易程度，按照由易到难、由简到繁的原则，使不同程度的学生充分热身。

（3）生活性。热身环节的设计应贴近学生的已知经验或知识，充分发掘相关的生活情境，使学生感受到语言在日常生活当中的作用，充分激发学习动力。

3. 时间控制

热身环节不宜过长，以3分钟以内为宜。

请阅读案例5-1热身环节设计。

案例 5-1

> **人教版小学英语（实验教科书）五年级下册**
> Unit Two My Favourite Season, Part A, Read and write
>
> 热身（Warm-up）——Let's chant. Teacher and students greet each other.
>
> T: There are four seasons in Zhengzhou each year. The seasons are spring, summer, fall, winter (talk them with students together). Let's sing a chant about seasons.
>
> Sing the chant:
>
>   Spring is green with flowers and songs.
>
>   Summer is red and the days are long.
>
>   Fall is golden and farmers are busy.
>
>   Winter is white and year is gone.
>
> T: From the chant, we know that spring is green, summer is red, fall is golden, winter is white. The seasons are colourful.
>
> 【设计理念】通过吟唱，学生可以理解四季的代表颜色（春天——green，夏天——red，秋天——golden，冬天——white），并感知和理解单词 colourful。

该课之前，学生已经通过 Unit Two, Part A, Let's learn 和 Let's talk 的学习掌握了表示季节的单词，初步感知了句型 Which season do you like best? 因此教师巧妙设计热身环节，选择一首与四季有关的歌曲带领学生吟唱，用不同的颜色来代表不同的季节，引发学生观察自然现象。此热身环节短小精悍，却极富趣味性，又与实际生活相结合，避免学生对直接开始讲授新课的不适应，它使学生积极参与到活动中来，再由歌曲自然引入新课的讲授。

二、导入环节设计

导入环节（Lead-in），是指教师为呈现新知做铺垫的环节，是课堂教学中一个不可或缺的重要环节。

微课：设计小学英语教学导入环节.mp4

（一）常用的导入方法

新课导入的方法多种多样，但没有固定不变的形式。新课导入的方法只有根据教材呈现的教学内容与具体的语言学习任务、学生的年龄特征与心理需求、教师的自身素质等灵活设计,才能获得最佳的教学效果。这里介绍几种常用的新课导入方法。

1. 温故导入

温故导入是指教师通过帮助学生复习与即将学习的新知识有关的旧知识,从中找到新旧知识的联结点,合乎逻辑、顺理成章地引出新知识的一种导入方法。有目的地激活学生已有的旧知,进入准备接受新知的状态是运用温故导入的关键所在。温故导入适用于连贯性和逻辑性较强的知识内容。请阅读下面案例。

案例 5-2

人教版小学英语(实验教科书)六年级下册
Unit Two What's the Matter, Mike? Part B, Let's talk

教学过程	教学流程	设计意图
Lead-in	Revision: Listen and fill in the blanks.(听录音,填空。) 1. Tom feels tired. 2. Mary feels sad. 3. Jack feels bored. 4. Larry feels happy. 借助"Listen and fill in the blanks"在丰富的语境中复习和激活学生关于描述情绪状态的语句和词汇储备。 承上启下,自然过渡到对新授课语境及其对话内容的学习准备中。	在丰富的语境中复习和激活学生关于描述情绪状态的语句和词汇储备

使用旧知引入新课,并不是说可以随意不加选择地把旧知拿来作为引入材料,或者漫无边际地扩展开来。旧知的使用是为了给新知的呈现奠定基础。上述案例中,教师采用听录音填空的方式让学生复习旧知,激活学生已有的关于描述情绪状态的语句和词汇储备。

2. 自由交谈导入

自由交谈导入是指在新课内容呈现之前,师生围绕一个和多个话题,使用英语自由交谈,从而引出新内容的导入方法。这种导入方法朴实、自然、流畅,不需要过多的教学辅助手段。现行的几套小学英语教材中有不少的课文和对话内容,如购物、打电话、问路等,这些话题和场景接近学生的生活实际且篇幅短小,教师可以充分运用这些话题和场景,作为课堂交谈导入的话题材料。这些材料不仅能够使课堂导入顺利进行,还有利于学生学习之后综合运用于实际生活中,增加学生语言实践的机会。

请阅读下面案例中的自由交谈设计。

案例 5-3

> **人教版小学英语（义务教育教科书）五年级上册**
> Unit Three What Would You Like? Part A, Let's try & Let's talk
>
> T: Hello, children.
>
> Ss: Hi, Ms. Sun.
>
> T: I want to know something about you. Can you tell me what do you do at school?
>
> S1: I learn English.
>
> T: That's great. What do you do at home?
>
> S2: I play computer games.
>
> T: That's nice. What do you do on Sundays?
>
> S3: I go shopping.
>
> S4: I ride bikes.
>
> T: What do you do on Lantern Festival?
>
> S5: I have dinner with my family.
>
> T: That sounds nice. Can you tell me what do you have on Lantern Festival?
>
> （进入新课内容的呈现。）

人教版小学英语（义务教育教科书）五年级上册Unit Three 这一单元中的文化部分涉及"Traditional Chinese food for good wishes"，主要是让学生用英语来了解和介绍中国的传统文化（元宵、粽子、月饼和饺子等传统食品）。上课之初，教师巧妙地以What do you do at/on…？句型作为开篇，询问学生的日常活动，学生运用at school, at home, on Sundays等短语进行回答，并逐渐过渡到Lantern Festival，从而引导学生谈论有关节日的话题，由此引出中国传统食物，自然而然地展开本课话题。本课从一开始就进入真实的交际场景，而句型What do you do at/on…？既是学过的旧知，也是本节课要涉及的一个句型，学生为能够运用自己熟悉的内容与教师交流而获得成功感，增强自信心。这也使后面课文的学习变成了学生实际的交流需求。

3. 游戏导入

游戏导入指教师在呈现新知识前组织生动有趣的英语游戏，通过游戏调动学生已有的知识和技能，为新课教学做好铺垫。游戏环节中，无论年级高低，小学生都会热情高涨。设计一些与课文内容相关而又新颖的游戏，既可以作为呈现新知识的引子，又可以缓解学生学习新语言知识的紧张心理，满足学生的表现欲、好奇心，调动学生的积极性；还可以作为吸引学生注意力的兴趣点，让学生在愉悦的氛围中复习旧知，为新课的呈现做铺垫。

游戏导入的形式多种多样。按照游戏内容，可将小学英语课堂导入环节的游戏分为字母类游戏、词汇类游戏、语音类游戏、句型类游戏等。

（1）字母类游戏

26个字母是英文学习的关键，扎实学好字母对以后学好英语至关重要。因此，字母游戏较多适合低年级的学生。设计字母游戏，有助于巩固英语字母的正确书写、顺序及其发音，为学生以后的英语学习奠定基础。

（2）词汇类游戏

词汇是语言的基石。因此，单词的学习和记忆是英语学习的重要组成部分。可以说，词汇学习贯穿小学英语教学的始终。课堂上设计单词游戏，可以充分调动小学生的各种感官，让学生在看、听、说、摸、动的过程中体会、理解单词，从而更好地记忆单词。

（3）语音类游戏

语音是人和人之间交流的有声语言，是听、说、读、写的基础。在导入阶段，设计短小精悍的语音游戏，例如适合低年级学生的认读音标游戏、听辨音标游戏和适合高年级学生的拼读游戏，既能训练学生正确的辨音和发音，又能让学生觉得生动有趣。

（4）句型类游戏

句型类教学是小学英语教学的重点，也是难点。小学英语句型教学强调掌握语言的结构、淡化语法规则的学习。在导入环节设计游戏，可以有效地创设情境，激发他们用所学到的词汇和句型表达自己的思想，并为在后面的环节中运用该句型奠定基础。

请阅读案例5-4游戏导入案例中词汇类游戏设计。

案例5-4

人教版小学英语（义务教育教科书）四年级上册
Unit Three My Friends, Part B, Let's learn

教学过程	教师指导活动	学生主体活动	设计意图
Warm-up & Lead-in	Flash cards（闪词卡）依次出示short, long, big, small等卡，通过学生的回答复习关于体貌特征的单词（在看图猜词时可以先遮住单词让学生猜）	学生先逐个看图猜词，然后集中识词	在说唱chant的基础上，将本节课需用到的词汇以闪词卡的形式让学生集中识词，为后面的语言输出做好铺垫

该案例是人教版小学英语（实验教科书）四年级上册 Unit Three My Friends 中的热身导入环节。本课的教学目标之一是在听录音、看图或卡片的基础上，能够听、说、认读词汇 long/short hair，strong，thin，quiet，friends。教师采用歌曲、歌谣和游戏相结合的方法。教师先用歌谣让学生复习描述体貌特征的单词，然后通过单词快闪的方式让学生集中复习在描述自己朋友时可能会用到的单词，使学生情绪高涨，有效活跃课堂气氛，为后面的语言输出做好准备。

4. 故事导入

故事导入是利用学生对故事的特殊兴趣这一心理特征，在新内容呈现之前，教师用学生能听得懂的语言，借助图片、动作、手势等辅助手段讲述故事的主要内容或其中的精彩片段，以激发学生的兴趣，吸引他们的注意力，为进一步学习故事做好心理准备的一种导入方法。

儿童在学习语言的过程中，往往存在这样的特点：天性活泼，好玩好动，极善于模仿，但注意力持续时间短暂，有着极强的交际欲望。故事对孩子的吸引力是无穷的，故事中的主人公即将遭遇什么，故事怎样发展，都是他们关注的焦点。所以一听到故事，他们兴趣十足，产生主动探索学习的欲望。

同时，故事是一个相对完整并且有语境的语言素材。学习一门外语，最好的方法是采用有意义、有语境的语言素材，这样便于学生理解语言的意义和语言的具体使用环境。《标准》也在课程总体目标描述部分以及分项语言技能目标描述中多次提到了小学生要"能听懂和读懂简单的小故事"。从描述中不难看出，借助故事学英语并达到一定的目标要求是小学英语教学中的重要部分。在小学英语课堂中，使用故事进行热身导入，将会收到不一样的效果。

请阅读下面故事导入设计案例。

案例5-5

人教版小学英语（义务教育教科书）五年级上册
Recycle 1

Warm-up：

Now we are in the green grass. (Show a picture of Xi Yangyang and Hui Tailang.) Hui Tailang drank the village leader's medicine by accident and turned into a goat. Now, Xiao Huihui is coming. He is running and crying to the goat village. What's wrong with him? Let's listen to him，"There is a goat in my home. He says he is my father. I come to ask Xi Yangyang for help."

> After Xiao Huihui tells Xi Yangyang what has happened, Xi Yangyang comes up with three games to help Xiao Huihui tell whether the "goat" is his father.
>
> （设计意图：借助喜羊羊与灰太狼的动画背景，创设帮助小灰灰辨别爸爸的情境，设置三个闯关游戏。）

该课是人教版小学英语（义务教育教科书）五年级上册 Unit One 至 Unit Three 的复习课，目的在于复习前面三个单元讲到的词汇和句型。教师根据需要复习的语言知识，选择学生熟悉的动画片《喜羊羊和灰太狼》中的角色作为主人公，编写了一个小故事，为学生创设情境，导入复习课的学习。如此一来，平时索然无味的复习课也变得有声有色。上课之初，学生就被故事中的情节所吸引，Xiao Huihui（小灰灰）的爸爸因为误食药水变成了一头羊，那么帮助 Xiao Huihui（小灰灰）辨别爸爸就自然而然成了学生本节课的任务。学生在完成任务的过程中，不知不觉地复习了语言知识，同时还收获了快乐、成就感和自信心。

5. 直观导入

直观导入是在讲授新课之前把先前学过的与本课教学相关的内容以图片、图像等形式呈现给学生，师生借助直观教具所提供的情境进行自由交谈、练习和表演。直观教具包括实物、教学挂图、简笔画、卡片、幻灯片、投影片、教学录像、多媒体等。直观教具能给学生带来直接和清晰的感受，增强教学的直观性，从而降低难度，提高学生的学习兴趣。

请阅读下面案例中直观导入设计。

案例 5-6

人教版小学英语（义务教育教科书）四年级下册
Unit Five My Clothes, Part A, Let's talk

教学过程	教师活动	学生活动	设计意图
Warm-up & Lead-in	1. Hello, boys and girls. I am your new English teacher. May I know your name? 2. 出示4张钱币询问学生：Do you like money? What can you buy?	1. 作出回应 2. 作出回应	1. 与学生交流，调动学生的积极性 2. 利用钱币，与学生交流，引出本节课的教学内容

该案例是人教版小学英语（义务教育教科书）四年级下册 Unit Five My Clothes 中的热身导入环节。本课的教学目标是学习有关询问价格的表达，教师在导入环节拿出4张钱币，利用实物与学生进行交流，引出要讲的新内容，简单直观，学生学习起来兴趣盎然。

6. 情境导入

情境导入是英语教学中最常用、最重要的一种新课导入方法。情境导入是指利用形象、直观的教学手段创造情境，把认知活动与其发生的实际生活情境有机结合起来。模拟真实情境，创设接近生活的真实语言环境，让学生在真实的情境中感知、体会和理解语言，有利于他们理解和巩固所学内容，缩短进入语境和在语境中运用所学语言的过程，同时也调动他们学习英语的兴趣。

通过创设情境，可以让学生整体感知学习内容，使一节课都能在与学生的生活经验或社会阅历相符的情境中进行。

请阅读下面案例中的情境导入设计。

案例5-7

> **人教版小学英语（义务教育教科书）三年级上册**
> **Unit Five Let's Eat!**
>
> 上课前，教师将课桌用台布、盘子等临时装饰成一个餐桌，将分别装有 cake, hamburger, hot dog, chicken 等食物或食物卡片的托盘放在餐桌上。教师戴上胸卡，以餐厅侍者形象出现。（屏幕显示麦当劳餐厅的动态场景。）
>
> T: Hello, everyone! Welcome to McDonald's! Here are some fast foods for you. For example, cake, hamburger, hot dog, chicken, French fries and bread.
>
> 教师从托盘中拿起一个 hamburger，并显示出非常喜欢的样子，对全班学生说："I like hamburger."然后向全班学生发问："What do you like? Cakes, hamburgers, hot dogs, chicken, french fries or bread?" 引导学生用"I like..."回答，并请回答的学生从托盘中举起自己喜欢的食物。

该案例中教师独具匠心，利用简单的材料将课桌布置成餐桌的样子，自己则装扮成餐厅侍者。在这样的场景里，课文中的单词 cake, hamburger, hot dog, chicken 等的出现也就显得顺理成章。由于教师所创设的情境与教学内容密切相关，场景的布置和教师的举止都深深吸引了学生的眼球，学生很容易进入学习状态，并能形成一个完整而明确的认识。这样的导入设计既能激发学生的求知欲，吸引学生的注意力，也将语言学习运用到具体情境中。

7. 全身反应法[①]导入

全身反应法（全身反应教学法）是小学英语教学中常用的一种导入方式，是指根据所接收的指令作出反应（如移动、动作）的一种教学方法。这种方法重视视觉、听觉、触觉等多种感官在语言学习中的作用。导入环节运用全身反应法能够为学生提供与实际生活紧密相连的学习环境，能有效促进学生左、右脑在语言学习过程中的协调发展，最终有利于发展学生实际运用语言进行交际的能力。

请阅读下面案例中全身反应教学方法导入设计。

案例 5-8

> 人教版小学英语（义务教育教科书）三年级上册
> Unit Three Look at Me! Part B 第四课时
> Warm-up & Lead-in
> 1. Let's sing "How are you", review "Hello! How are you?"
> 2. Teacher and students do together "Part A, Let's do". All students clap hands and sing.
>
> Close your eyes　　Close your eyes
> Open your mouth　　Open your mouth
> Touch your nose　　Touch your nose
> Touch your ear　　Touch your ear
> Touch your face　　Touch your face
>
> （设计意图：使学生有效地复习脸部的五个单词 eye, mouth, nose, ear, face, 并理解用英语如何表达闭眼、张嘴、摸鼻子、摸耳朵、摸脸等动作。）

该案例中，教师在热身之后，使用全身反应法进行导入。小学生注意力时间短且活泼好动，因此全身反应法是他们非常喜欢的导入方式，既有效地复

[①] 全身反应法（Total Physical Response，简称 TPR）是美国加州圣约瑟大学心理学教授詹姆士·阿歇尔于20世纪60年代提出的。这种方法倡导把语言和行为联系在一起，通过身体动作教授外语。见本书第六章第三节。

习了有关身体部位的表达，又放松心情，营造氛围，为新课的呈现打下良好的基础。

8. 多媒体辅助导入

随着教育教学技术的不断发展以及教育教学改革的不断深入，多媒体辅助导入逐渐成为英语新授课教学的一个重要途径。在课堂教学中，有些情境很难用实物、图片等直观教具表现，用故事和歌谣也缺乏真实感，有的甚至难以用语言表达，此时多媒体课件的运用就恰到好处了。多媒体辅助导入利用自身立体感强、信息量大等特点，将人和事物简单化、生动化、形象化，往往一个图像的变化就代替了教师诸多的话语，对导入新的语言知识能起到锦上添花的作用。

请阅读下面案例中多媒体辅助导入设计。

案例5-9

> **人教版小学英语（实验教科书）六年级上册**
> Unit Five What Does She Do? Part A, Let's read
>
> 教学过程：Lead-in
>
> 教师活动：
>
> 1. Review，教师分别用PPT呈现小燕子和姚明的照片，复习句型。
>
> 设计意图：通过学生感兴趣的图片来复习主句型，为下一步教学做铺垫。
>
> 评价方式：通过学生回答问题的方式，来评价学生对旧知的掌握情况。
>
> 2. Brainstorming——Look and guess. Teacher shows the family photo of Wu Yifan and asks: "Who is he?"
>
> 学生则看图片，展开想象，猜想答案。
>
> 设计意图：通过让学生猜想，调动学生的积极性，唤醒已有知识。
>
> 评价方式：根据学生的猜想，教师进行语言评价。

该案例中教师在使用热身活动之后，利用多媒体分别呈现两位学生所熟知的明星的图片，引导学生使用He/She is…句型，复习关于职业的词汇，然后利用两幅图片自然引出要讲的新课中的两个人物，简单直观，学生练习起来兴趣盎然。

媒体链接

> 请登录课程网，访问"小学英语教学设计"拓展资源部分的教材同步资源模块，阅读教学设计"人教版小学英语（实验教科书）六年级上册 Unit Five What Does She Do?"

（二）导入环节设计的基本要求

呈现新课之前进行有效的新课导入，是教师讲授每一节课时给予学生的第一感知，是讲解新知识的序幕，也是教师呈现新知的衔接手段。课堂导入具有以下三个基本作用：第一，使学生初步感知新语言的语义及语音、语调；第二，吸引学生的注意力，激起学生对新语言知识的兴趣，调动学生的学习积极性，为新内容的学习做知识或技能铺垫；第三，使学生在创设的语境中，初步理解新语言的意义，激发学生相关的生活经验和知识，使新知识的学习更加顺利。

设计导入环节应按照以下要求：

1. 设计重点

（1）导向性。教学环节的设计应以实现课时教学目标为目的。因此，导入环节的设计应围绕一节课的教学目标进行，无论采用何种导入方式都应保证设置的问题情境指向本课时的教学目标。

（2）相关性。教师应注意以旧拓新、温故知新，使导入的内容与新授课的重点紧密相关，揭示新旧知识的关联。

2. 设计难点

（1）趣味性。导入要尽量以生活、学习中具体的实物和事例为基础，引入新知识。要做到情趣盎然，妙不可言，引人入胜，余味无穷。

（2）启发性。让学生从浅显易懂的事例中发现问题，进而从问题着手，引起学生的认知冲突，激发其积极思考和解决问题的强烈愿望。

3. 控制时间

在最短的时间内取得良好的导入效果。

请阅读下面案例中导入环节设计。

案例5-10

> **Clothes**
>
> 教学内容：
> 本课的主题是"Clothes"。Jack要扮演成一个西部牛仔去参加一个

时装表演，需要一些有特色的服装，于是他就和父母进行了网购。在选购过程中，Jack在爸爸的建议下购买了一些合适的服装。

设计意图：

1. 本课主要采用"任务型语言教学途径"，通过设置运用任务"Give suggestions to Sophie"，让学生在教师的指导下，通过阅读的方式，获取购买服装所需要的相关信息，并运用本课所学的目标语言I think you can…，向Sophie提出合理建议，完成任务，从而提高学生综合运用语言的能力，感受英语学习的乐趣和成功的喜悦。

2. 在本课教学过程中，游戏与活动贯穿始终。在热身环节中，教师的fashion show以直观的形式一下子吸引了学生的眼球，顺利导入到"clothes"的话题，增强了学生学习的趣味性；同时以mind-map的形式帮助学生归纳服装的种类，激活学生记忆中有关服装的词汇；在任务准备的过程中，通过card game的游戏有效地操练了句型I think you can…，既突破了本课的教学难点，也让学生体验到了学习的乐趣。……

教学设计：

Step Ⅰ Warm-up and review

1. Greet with the students.

2. Watch Sophie's fashion show.

3. Review the words of clothes by mind-map.

Step Ⅱ Present the task -give Sophie suggestions

Look! This is Jack. He is going to a fashion show. He wants to buy some clothes. How does his father give him suggestions? I want to buy some clothes, too. I hope you can give me some suggestions.

Step Ⅲ Prepare for the task

Task 1 Find what clothes Jack can wear.

1. To predict what clothes Jack can wear?

2. Listen and check prediction. Teacher writes the answer on the blackboard.

(Worksheet 1)

Task 2 Read and find the detailed information about the clothes.

1. Read and complete the table. (Worksheet 2)

2. Feed back and learn the new words: size, pocket and think.

Task 3 Give suggestions.

1. Give suggestions according to different needs by using "I think you

> can…"
> 2. Play a card game.
> ……

在英语课堂教学研究中，导入一直都是重要的话题，成功的导入环节，往往能够达到事半功倍的效果。案例5-10是全国小学英语课堂教学评比活动中的一个精彩案例。它的精彩之处在于：授课教师采取了任务型教学，教学内容本身就是主人公要去完成的一个任务。简单的师生问候之后，教师引导学生观看Sophie's fashion show，提出任务并有效地吸引学生的兴趣；随后以思维导图活动复习与衣服有关的表达，为下一环节给Sophie服装提出建议做好铺垫。这样的导入贴近生活，既调动了学生对新知的好奇，又提出了实践性任务，无形地对学生提出了本节课的学习目标。

学习实践

以人教版小学英语（义务教育教科书）三年级上册为例，任选一课时的教学内容，结合第三章小学英语教材与学情分析和第四章小学英语教学目标的设计，根据本节所述热身导入环节的基本方法和设计的基本要求，最少运用两种以上方法设计该课时的热身导入环节。具体要求如下：

（一）设计教学目标

在教材分析的基础上，能够从《标准》对三年级学生的要求出发，充分分析学生已经掌握的语言技能和语言知识，确定该课时的教学目标。

（二）设计教学过程

1. 根据教学目标，首先确定该课时的教学内容。
2. 设计热身导入环节：结合该课时的教学内容，选择合适的热身导入方法。
3. 依照设计热身导入环节的基本要求，完成该课时热身导入环节的文本设计。

（三）实践练习

1. 以学习小组为单位，讨论交流本人的设计。
2. 每个小组整理出一份设计文本，与其他小组交流。

第三节 小学英语教学呈现新知环节设计

微课：设计小学英语教学呈现新知环节.mp4

呈现新知环节（Presentation）是教师运用各种手段向学生呈现新的语言知识，使学生感知、理解、认识新的语言项目的过程，是课堂教学过程的关键环节。

一、呈现新知环节的基本方法

（一）语言释义

语言释义是教师在呈现新知过程中使用最多、最为普遍的方法。语言释义的目的是为了帮助学生更清楚地理解和掌握所学的语言知识。因此，在对词汇等相关语言知识进行释义时，教师应尽量采用易于理解的、学生已掌握的词汇知识和句型，并在必要情况下配以肢体动作、黑板演示和各种教学媒体等创设情境，呈现新的语言材料，向学生传递各种教学信息，引导学生逐步感知、理解和掌握新的语言知识，促进学生思维的发展。

请阅读下面案例中运用语言释义法呈现新知的设计。

案例5-11

> 人教版小学英语（义务教育教科书）四年级上册
> Unit Six Meet My Family, Part A, Let's learn
>
> T: Look! Our father, mother, brother, sister, grandmother and grandfather. These people make a big and lovely family. Let's meet my family. How to call our father's or mother's brother?（Use this way to lead-in the word "uncle". Let students know the meaning of uncle. Read after the tape. And I'll choose some students to read it. uncle ↗ ↘ Then let students spell, read and try to recite it.）（跟读，抽查个别学生的发音，拼读，试着识记单词。教师示范和提示句型，引导学生运用旧句型造句。）For example, This is my uncle. He is tall and strong.（Let students make some phrases or sentences.）
>
> T: We call our father's or mother's brother "uncle". But how to call our father's or mother's sister?（Lead-in the word "aunt". Let students know the meaning of aunt. Read after the tape. And I'll choose some students to read

> it. aunt ↗ ↘ Then read it in groups. Let students spell, read and try to recite it.)（跟读，抽查个别学生读，小组比赛读；拼读，试着识记单词。教师示范和提示句型，引导学生运用旧句型造句。）For example, I have an aunt.（Let students make some phrases or sentences.）
>
> 教师接下来以相似的方式呈现cousin, baby brother, parents。

该案例是一节词汇课。学习新词汇离不开好的呈现方式。该教师采用的是比较传统的呈现方式——语言释义。学生在三年级已经学习过father/dad, mother/mom, brother, sister, grandfather/grandpa, grandmother/grandma这些家庭成员的单词，为新知识的学习做好了铺垫。本课学习的 uncle, aunt, cousin, baby brother, parents 这些新单词贴近生活，真实有趣，因此教师采用的是语言释义的方式。由此可见，采用什么样的呈现方式要依据具体的教学内容、课型等来定，而不是为了活动而活动，为了新颖而新颖。同时，在讲授单词过程中，针对小学生注意力时间短、遗忘快的特点，采用呈现与操练交叉进行的方式，是比较科学的。

（二）示范（或演示）

示范（或演示）是教师在课堂教学中经常运用的一种呈现方式，目的是向学生传递新的语言信息和讲解语言知识，同时指导学生感知、理解和掌握所讲解的语言知识。在示范（或演示）的过程中，教师需要借助简笔画、挂图、手势、实物、对话、表演、录音机等创设感知和理解语言的情境，同时结合语言释义向学生介绍新的语言材料，如示范词句的发音、解释词义、示范词句的书面形式及解释语言结构的功能等。此时，教师既是讲解者，又是示范表演者，教师的示范讲解清晰生动，有利于激发学生的兴趣，使学生能够准确、快速地理解新的语言材料。

请阅读下面案例中运用示范法呈现新知的设计。

案例5-12

> **人教版小学英语（实验教科书）四年级上册**
> **Unit Three My Friends, Part A, Let's learn**
>
> 教学环节：Presentation
> 1.（PPT呈现图片）区分long hair 和short hair。
> 2.（PPT呈现图片）具体描述：She has long hair. He has short hair.
> 3.（PPT呈现表格）通过表格归类，区分is 和has 的区别。

4.（PPT呈现哆啦A梦的图片）通过卡通人物的描述，进一步使用He has ＿＿. She has ＿＿.并加入"quiet"这个单词来描述"女孩儿"。

5.（PPT呈现小男孩和小女孩的图片）向班里两个学生进行提问，尝试回答：

Who is quiet? Who is not quiet?

Look, this is ＿＿. She/he is ＿＿.

6.（PPT呈现教室和学校的图片）quiet还可以形容场所、环境。

7.（PPT呈现图片）利用另外两个卡通人物，来讲解short的另外一个意思"矮的"，tall"高的"，以及两个形容词：strong, thin。

8. Work in twos: 学生做一道选择题，小组讨论单词fat和strong的区别。

上述案例中，教师在设计新知呈现环节时，充分利用多媒体辅助词汇教学，每一个单词都借助相关的图片创设情境，辅助学生理解，使原本生涩的单词在图片的辅助下变得形象、生动、直观。

二、设计呈现新知环节的基本要求

在小学英语课堂教学过程中，呈现新知是教学活动的重要环节。教学目标能否达成、重点能否把握、难点能否突破、课堂教学是否具有实效，以及小学生对新知识的理解与掌握能否达到预期的效果等，都与呈现新知有着密切的关联。在呈现新知环节中，教师既是讲解员，也是示范表演者。清晰、生动地呈现新知，有利于学生准确、快速地获取新的语言材料，掌握新的语言知识。

设计呈现新知环节要注意如下要求：

1. 设计重点

（1）立足教材。教材是教师进行教学活动的重要依据。因此，要灵活运用教材，既不脱离教材，又不完全照搬，举一反三，循序渐进。

（2）方法多样。呈现新知的方法应多样，应根据教学实际需要，运用多种方法，激发学生兴趣。

（3）语言通俗易懂。小学生掌握的英语语言知识是有限的，课堂教学中以传授新的语言知识为重要目标，因此，使用语言应简洁易懂，一般不用学生未学过的词汇。必要时可使用母语辅助讲解。

2. 设计难点

（1）直观性、趣味性和启发性。教师应采用一些实物、卡片、图片或创设情境的方法，将新语言知识与日常生活联系起来，既生动有趣，吸引学生的注意力，又能培养学生的想象力。

（2）呈现新语言知识与操练交替进行。小学生活泼好动、接受能力强但遗忘较快，因此教师应注意新语言知识呈现与操练交替进行，以及时纠正学生存在的语音、语调等方面的错误。

3. 控制时间

以十分钟到十五分钟为宜。

案例：呈现新知环节教学设计.mp4

媒体链接

请登录课程网或扫描二维码，访问"小学英语教学设计"拓展资源部分的教材同步资源模块，学习新知环节教学设计。

学习实践

以人教版小学英语（义务教育教科书）三年级上册为例，任选一课时的教学内容，结合第三章小学英语教材与学情分析和第四章小学英语教学目标的设计，根据本节所述呈现新知环节的基本方法和设计的基本要求，设计该课时的呈现新知环节。具体要求如下：

（一）设计教学目标

在教材分析的基础上，能够从《标准》对三年级学生的要求出发，充分分析学生已经掌握的语言技能和语言知识，确定该课时的教学目标。

（二）设计教学过程

1. 根据教学目标，首先确定该课时的教学内容。

2. 设计呈现新知环节：（1）结合该课时的教学内容，确定需要呈现的语言内容是什么；（2）根据需要呈现的内容，选择合适的呈现新知的方法。

3. 依照设计呈现新知环节的基本要求，完成该课时呈现新知环节的设计。

（三）实践练习

1. 以学习小组为单位，讨论交流本人的设计。

2. 每个小组整理出一份设计文本，与其他小组交流。

第四节 小学英语教学操练环节设计

操练（Practice）是小学英语课堂教学的基本教学活动形式，是学生将所学的语言知识转化为语言技能的重要途径。课堂操练从形式上分为机械操练和意义操练。机械操练是指通过模仿，强化学生对新知识的记忆与理解的操控性反复练习。它包括跟读、朗读词语和句子以及简单的替换练习等。机械操练旨在帮助学生形成正确的语言习惯，达到准确、熟练地掌握语言的形式与内容，为意义操练和拓展奠定基础。意义操练是在机械操练的基础上，引导学生通过游戏或交流信息，达到运用新语言交际的半控制性操练。

微课：设计小学英语教学操练环节.mp4

一、操练环节的基本方法

（一）机械操练

机械操练是常用的一种操练方法，有以下几种：

1. 全班操练

全班操练是指教师在呈现教学内容后，引导学生跟着教师或录音齐声跟读、朗读。这种操练形式鼓励人人开口，覆盖面较广，使学生没有思想顾虑，对于一些性格内向的学生，全班操练可以让他们增强自信心。教师在全班操练过程中，要注意学生普遍存在的问题，及时加以纠正。

2. 大组操练

大组操练是指教师将学生按照特定标准（例如男女生、座位等），分成几个大组，一个大组接一个大组进行练习的操练方法。在操练问答时，可以先由一个大组提问，另外一个大组回答。大组操练可以形成竞争的态势，让紧张激烈的竞争贯穿操练的始终，使机械单调的操练变得生动有趣。

3. 个别操练

个别操练就是让学生单独练习的操练方法。这种方法便于教师了解个别学生的学习程度，从而进行有针对性的指导。组织学生个别操练时，教师应注意考虑大多数学生的学习情况，既给接受能力较强或性格较外向的学生展示自我的机会，又不忽略其他学生存在的问题。教师可以采用"开火车"的形式，让学生按照座位的顺序自动站起来练习。例如，人教版小学英语（实验教科书）六年级下册Unit Three Last Weekend的教学目标是使用What did you do last weekend？进行提问，并用相关的动词过去式进行回答。教师组织学生进行连锁操练，A学生问B学生："What did you do last weekend?" B学生回答："I played football." B学生再问 C 学生:"What did you do last weekend?" C 学生回答:"I went hiking." C 学生再问 D 学生,以此类推。

请阅读案例 5-13。

案例 5-13

> 人教版小学英语(实验教科书)六年级上册
> Unit Five What Does She Do? Part A, Let's read
>
> 教学环节:Practice
> 1. Read the dialogue.(跟读对话。)
> 2. Pair reading.(两个人一组对话。)
> 3. Team reading and show.(小组分角色朗读并表演展示。)
> 4. Choral reading.(朗读。)学生任意选择角色,全班一起展开对话练习。

媒体链接

> 请登录课程网,访问"小学英语教学设计"拓展资源部分的教材同步资源模块,学习人教版小学英语(实验教科书)六年级上册 Unit Five What Does She Do? Part A, Let's read 操练环节教学设计。

教师在进行机械操练设计时,往往采用以上几种操练方法结合的形式,避免单一操练方法使学生感到乏味无趣,同时,多种操练方法相结合也可以使教师全面、多方位地掌握学生的练习情况并进行有效指导。

(二)意义操练

机械操练是练习的初级阶段,对语言知识的理解程度要求较低。主要要求学生正确无误地记忆语言知识,初步掌握句型。因此,机械操练到一定程度,教师要及时变化操练方法,引导学生将所掌握的语言知识转化为语言技能,这就是意义操练。意义操练有以下几种方法。

1. 替换练习

替换练习是从机械操练向意义操练的过渡。教师在学生熟练掌握一个句型或一段对话后,对情境稍作变化,让学生进行模仿性的练习,比如一个简单的句型：What did you do on Monday? I had…小学高年级的学生在句型、词汇方面都有了一定的积累，这样的操练方法比较适用。

请阅读下面案例中替换练习设计。

案例 5-14

> 人教版小学英语（实验教科书）三年级上册
> Unit Five Let's Eat! Part B, Let's learn
>
> 同桌用单词卡进行句子"Can I have some…, please?""Here you are"的对话练习，并表演。
>
> T: Work with your desk-mate. You can use "Can I have some…, please?" to make a dialogue. Then show it.
>
> （设计意图：通过同桌合作练习句型，调动学生学习的积极性，培养学生合作学习的意识以及运用所学语言进行交际的能力。）

替换练习避免了机械操练的单纯重复，句型、词汇或情境等方面细微的变化都有助于激发学生的兴趣，让课堂练习趣味无穷。但是替换练习缺乏情境创设，过多的单词替换和句型重复也会让学生感到乏味，所以教师要注意把握替换练习的度，做到适量、适度，恰到好处。

2. 角色表演

角色表演是指将学生融入特定的情境中，让他们在角色扮演和体验中，学会运用所学语言知识的操练方法。小学生喜欢表现自己，让他们带上各种头饰和面具，装扮成与情境相关的角色，进行语言项目练习，这是他们比较喜欢的一种练习。这种练习让语言知识在真实情境中得到运用。请阅读下面案例中角色表演设计。

案例 5-15

> 人教版小学英语（实验教科书）六年级下册
> Unit Two What's the Matter, Mike?
>
> 教学环节：Practice
>
> 教师活动：Let's role play "A Football Match". And show it.（角色扮演，演绎球赛，汇报演出。）

> 学生活动：学生分角色表演球赛，并且解说。
> 设计意图：（1）巩固所学知识；（2）培养学生的兴趣；（3）培养学生的小组合作阅读能力。

媒体链接

> 请登录课程网，访问"小学英语教学设计"拓展资源部分的教材同步资源，观看教学录像"人教版小学英语（实验教科书）六年级下册 Unit Two What's the Matter, Mike? Part B, Let's talk"。

3. 填写调查表

填写调查表是指教师为学生提供特定话题，设置信息差，组织学生利用新的语言知识与班上其他同学、朋友、亲人等进行交流，获取信息，完成表格内容的一种操练方法。这种方法有助于增强学生与他人交流的能力。请阅读下面的案例。

案例5-16

人教版小学英语（义务教育教科书）六年级上册
Unit Five What Does He Do?

教学过程	教师活动	学生活动
Practice (Work in pairs)	1. 引导学生分配任务，同桌两个人略读语篇，一个找吴一凡叔叔的信息，一人找其阿姨的信息。 2. 组织学生进行交流，互换信息，Work in pairs 完成表格	1. 同桌两个人略读语篇，一个找吴一凡叔叔的信息，一人找其阿姨的信息，并填写表格 2. 和同桌进行交流，互换信息，完成自己剩余的表格，并作汇报

Talk with your partner and fill in the form!

Name	work	How to go to work?
uncle		
aunt		

（设计意图：给学生营造信息差，为其创造交流的需求和机会，学生通过合作交流的方式完成任务，既降低了难度，也缩短了时间，同时也培养了合作学习能力。）

上例是教师设计的操练环节中的一个步骤，要求学生运用所学语言，以小组合作的形式完成。能使学生所学语言知识在实际交流中得以应用，给学生自由讨论和发挥的空间，增强学生之间的合作意识，营造良好的课堂氛围。

4. 编创对话、歌谣

编创对话或编创歌谣是小学生非常喜欢的一种操练方法，它集创新思维与口语表达为一体。教师可以组织学生单独进行，也可以让多个学生自由组合成一个表演组；根据实际情况，利用课堂上学过的句型和对话，进行编排，然后向全班同学展示新的对话或歌谣。

请阅读下面的教学案例。

案例5-17

人教版小学英语（义务教育教科书）五年级上册
Unit One What's He Like? Part B, Let's try & Let's talk

教学过程	教师活动	学生活动
Practice	看视频短片，回答问题 T: Friendship is important to us. ____ makes a new friend. Who's her friend? Let's have a look.	根据视频短片的示范以及所提供的参考句型，小组创编对话

（设计意图：由于本节课学习的对话在Let's learn中进行了渗透，难度较小，所以重点放在了拓展环节。在本环节通过创设讨论新朋友的情境，让学生在真实的语言环境中进行表达，做到敢于去说，乐于去说。让学生在小组内讨论并展示。同时，在学生之间开展互评，学生既能培养认真倾听的习惯，又能锻炼语言表达的能力。）

以上几种方法是小学英语课堂教学中常用的操练方法。不同的操练方法在语言学习过程中发挥的作用有所不同，机械操练是意义操练的前提和保证，是学生记忆、输入以及掌握正确的语言形式的重要途径。然而，语言的学习和语言技能的形成是一个复杂的过程，任何一种操练方法都不可能解决所有问题，需要教师根据学生对语言知识的掌握情况，及时、适时地将机械操练转变为意义操练，实现从记忆语言形式向理解语言意义、在特定语境中正确使用语言的转变，使学生加深对新知识的感知、理解，巩固新的语言知识、掌握新的语言技能；使学生在独立的、多层次的运用练习中，提高语言的熟练和流利程度，提高语言表达能力和实际运用能力。

案例:操练环节设计.mp4

教师在设计操练活动时,应根据教学目标、教学内容、学生的掌握情况、课时安排等,灵活运用操练的各种方法,比如设计有趣的活动、游戏等,使学生在有效记忆的基础上,保持对英语学习的兴趣。

除此之外,小学生活泼好动、爱表演,乐于接受新奇、趣味性强的事物。而游戏对小学生的吸引力是无穷的,在"媒体链接"中我们将提供十种小学英语课堂中常见的游戏操练方法,以供参考。

资料:游戏操练.doc

媒体链接

> 请登录课程网或扫描二维码,访问"小学英语教学设计"拓展资源部分的教材同步资源,学习"游戏操练"。

二、操练环节设计的基本要求

操练环节是学生练习新语言、掌握新语言的关键环节,通过大量的、多样的、循环的练习帮助学生掌握新的语言材料,是教学过程的重要环节。操练的方法直接影响课堂教学效果,教师设计操练环节应注意以下要求:

(一)设计重点

(1)指令明确。清晰、准确地交代操练的内容、方式和要求。教师要先做示范,让学生明白目的和意图。

(2)方法得当。根据不同的语言材料和学生的不同程度选择适当的操练方法。

(3)循序渐进。教师设计的操练活动应遵循由易到难、先简后繁、先合后分的原则。

(4)兼顾全体学生。注意参与面要广,无棱角、死角现象。

(二)设计难点

以学生为主体。创造轻松的课堂气氛,让学生敢于开口、积极操练。教师要逐渐减少对学生的控制,教师的作用主要是指导、监督、监听和裁判。

(三)控制时间

以十分钟以内为宜。

媒体链接

请登录课程网或扫描二维码，访问"小学英语教学设计"拓展资源部分的教材同步资源，阅读人教版（实验教科书）五年级下册Unit Two My Favourite Season, Part A, Read and write 的教学设计。

案例: My Favourite Season, Part A, Read and write 教学设计.doc

学习实践

以人教版小学英语（义务教育教科书）三年级上册为例，选择任一课时的教学内容，结合第三章小学英语教材与学情分析和第四章小学英语教学目标的设计，根据本节所述操练环节的基本方法和设计的基本要求，设计该课时的操练环节。具体要求如下：

（一）设计教学目标

在教材分析的基础上，能够从《标准》对三年级学生的要求出发，充分分析学生已经掌握的语言技能和语言知识，确定该课时的教学目标。

（二）设计教学过程

1. 根据教学目标，首先确定该课时的教学内容。
2. 设计操练环节：（1）结合本课时教学内容，确定需要操练的内容是什么；（2）根据需要操练的内容，选择合适的操练方法。
3. 依照设计操练环节的基本要求，完成该课时操练环节的文本设计。

（三）实践练习

1. 以学习小组为单位，讨论交流本人的设计。
2. 每个小组整理出一份设计文本，与其他小组交流。

第五节 小学英语教学拓展环节设计

微课：设计小学英语教学拓展环节.mp4

拓展环节（Extension）是强化新语言的环节，是复习、巩固的环节。拓展是指教师利用现有的英语教材，从学生的实际水平出发，考虑教材各册、各单元以及各课时之间的知识联系，从语言技能、文化背景等多方面入手，通过对教材内容的深挖、整合、补充和延伸，对学生进行多种语言输入。所以，拓展是针对教材和课堂教学而言的，离开了教材和课堂教学，课内外衔接无从谈起，也就谈不上课外延伸拓展。这就要求教师在钻研教材的基础上，精心筛选，使拓展的知识与教材内容有机联系起来。

教师可以从以下三个方面进行拓展：一是由语言知识向语言技能方面拓展，使学生在学习语言知识的同时，全面提高听、说、读、写的技能，掌握良好的学习方法，为后续学习打下基础；二是挖掘教材中与日常生活相结合的素材，并进行拓展，使语言学习与实际生活相结合，为学生创设真实的英语学习情境，提高学生在实际生活中运用语言解决实际问题的能力；三是根据教材中的文化因素，收集语言与文化相关的材料，使学生在学习语言的同时，了解不同国家语言中的不同表达方式和文化内涵，以确保语言表达的得体性。拓展环节强调以学生为主体，为学生营造良好的英语实践环境，为学生提供具有生活性、时代性和文化性的学习内容，并为他们提供丰富的语言交际的机会。教师要根据巩固新语言的需要，有目的地创设情境，组织活动，达到拓展、运用新语言的目的。

一、拓展环节的基本方法

（一）基于单词的拓展

单词拓展，教师一定要将教学内容、知识点与学生生活实际相结合，做有效的拓展，切忌漫无边际盲目地增加几个单词而已。教师在进行单词拓展时，应遵循记忆规律，有选择、有方向地对学生进行单词拓展的教学。小学英语教材中的单词都是浅显易懂、贴近学生日常生活的。教师可以将和单词相关的生活类的信息或和学生已有的知识经验整合起来，拓展同一主题的词汇教学，让学生横向比较，扩大词汇量。例如，学完 animal, food, color 等单词，教师既可以整合教材前面出现过的同一主题的单词，也可以进行课外延伸。

请阅读下面的案例。

案例 5-18

人教版小学英语（义务教育教科书）三年级下册
Unit Three At the Zoo, Part B, Let's talk

dog	rabbit	cat	pig
( ) It's small and cute. ( ) It has big eyes and small ears. ( ) It has a long tail. ( ) It's noisy(吵闹). ( ) It likes eating bone.	( ) It's very cute. ( ) It's small. ( ) It has small eyes and long ears. ( ) It has a short tail. ( ) It's quiet. ( ) It likes eating carrots.	( ) It's lovely. ( ) It has big eyes and a long tail. ( ) It has a small body. ( ) It can catch rats. ( ) It likes eating fish.	( ) It's very fat. ( ) It's short. ( ) It has small eyes and small ears. ( ) It has a short tail. ( ) It's dirty.
bird	giraffe	turtle	goldfish
( ) It has small eyes. ( ) It has a small mouth and a small body. ( ) It can sing. ( ) It's noisy. ( ) It looks lovely.	( ) It's tall. ( ) It has a long neck. ( ) It has a short tail and small eyes. ( ) It has a big body. ( ) It's quiet. ( ) It likes eating leaves.	( ) It's small. ( ) It's green. ( ) It has a short tail and small eyes. ( ) It has a small body. ( ) It's quiet. ( ) It likes water.	( ) It's small. ( ) It's beautiful. ( ) It has a short tail and big eyes. ( ) It has a small body. ( ) It likes water.

该案例是词汇教学的例子。教师在拓展环节，以动物图片和动物特点描述的方式，不仅拓展了本课时的"动物"词汇，也拓展了描述动物特点的词汇。教学中图文并茂，利于学生对拓展词汇的理解和掌握。

(二)基于句型的拓展

语言的教学离不开句型。句型拓展教学要求教师立足教材，突破教材，为运用而拓展。首先，要求教师对教学内容进行加工整合，让学生能够举一反三，触类旁通，正确灵活运用所学知识。因此，对新旧句型的整合运用也是一种拓展。其次，教师可以通过直观的演示和反复的模仿向学生介绍句子的结构，让学生从中体会句子的结构。这种拓展形式在低年级的句型教学中尤为常见。

请阅读下面案例中基于句型的拓展。

案例5-19

> **有关动物的表达（教学过程摘录片段，适合二级）**[①]
>
> 在完成任务过程中，学生可能接触并使用了以下语言项目。任务完成后，教师对这些语言项目做简单的归纳或解释，同时再举一些类似的例子，并让学生进行简单的操练。
>
> （1）使用like等动词来表示喜爱或不喜爱，如：
> I like the cat. I don't like the snake.
> （2）使用疑问句来征求意见等，如：
> Do you like the snake? Can we choose the elephant?
> （3）使用形容词来描述动物特征，如：
> It's lovely. It's dangerous.
> （4）使用动词及情态动词来表示能力，如：
> It runs fast. It can fly. It can sing.
> （5）使用because来表示理由，如：
> We choose the rabbit because it's lovely.
> （提示：教师不必用语法术语解释语句，引导学生直接关注单词和句子的意思即可。）

该案例中，教师教授新句型I like…/It can…之后，在原有新句型的基础上，拓展I don't like…/It can…句型的否定形式。教师并没有利用语法术语来解释这些拓展句型，而是让学生感知和体会句子所表达的意思，在原有的基础上有效拓展，从而为以后的学习打下基础。

[①] 中华人民共和国教育部.义务教育英语课程标准（2011年版）[M]. 北京：北京师范大学出版社，2012: 110.

（三）基于文化的拓展

语言是人类的交流工具，它不仅是一个民族文化的组成部分，同时又是该文化的载体，它反映了这个民族的文化特征、思维方法、价值观念、审美情趣和宗教信仰等。在英语课堂教学中，教师要让学生识别一些英语国家具有文化特征的形象和标志，如美国文化中的自由女神像、白宫、可乐等；澳大利亚文化中的袋鼠、考拉、悉尼歌剧院等。通过文化拓展，不仅能提高学生的学习效果，同时也能开阔他们的国际视野，渗透文化意识。

二、拓展环节设计的基本要求

教学过程中的拓展环节是学生语言知识转化为语言技能的重要环节，不仅具有复习巩固的作用，还为学生进行语言实践创造条件，促进学生语言技能的形成。这个环节是语言知识向语言技能转换的催化剂，教师要精心设计，巧妙利用该环节，为学生发展语言技能助力。教师设计拓展环节要符合以下要求：

（一）设计重点

（1）适宜性。设计拓展活动要依据学生的学习基础和特征。

（2）相关性。拓展内容既要与教材内容相关联，又要作适当延伸，达到帮助学生拓展思维、开阔视野的目的。

（二）设计难点

难点在于适用性。主要表现在两个方面：第一，拓展的教学内容要恰当，表现形式生动活泼，能使视听说、读写等语言技能训练到位，有利于学生英语能力的全面发展；第二，注意拓展内容的广度、深度和难度，以课本内容为主，学有余力的情况下适当拓展，让学生"跳一跳，摘桃子"。

（三）控制时间

以十分钟以内为宜。

媒体链接

> 请登录课程网或扫描二维码，访问"小学英语教学设计"拓展资源部分的教材同步资源，阅读姚莹教师的教学设计。

案例：Recycle Two, Read and answer & Let's find out教学设计.doc

学习实践

以人教版小学英语（义务教育教科书）三年级上册为例，任选一课时的教学内容，结合第三章小学英语教材与学情分析和第四章小学英语教学目标的设计，根据本节所述拓展环节的基本方法和设计的基本要求，设计该课时的拓展环节。具体要求如下：

（一）设计教学目标

在教材分析的基础上，能够从《标准》对三年级学生的要求出发，充分分析学生已经掌握的语言技能和语言知识，确定该课时的教学目标。

（二）设计教学过程

1. 根据教学目标，首先确定本课时的教学内容。

2. 设计拓展环节：（1）结合该课时教学内容，确定基于词汇、句型或文化方面的拓展内容；（2）根据需拓展的内容，选择合适的操练方法。

3. 依照设计拓展环节的基本要求，完成该课时拓展环节的文本设计。

（三）实践练习

1. 以学习小组为单位，讨论交流本人的设计。

2. 每个小组整理出一份设计文本，与其他小组交流。

第六节 小学英语教学总结与作业环节设计

课堂总结（Summary）是整个课堂教学过程的结束环节，在这个环节中，教师应梳理一节课的重点难点，将一节课讲授的内容条理化、系统化地再现，帮助学生加深对知识的记忆和理解的同时，设计作业，帮助学生及时巩固课堂学习内容。

微课：设计小学英语教学总结环节.mp4

一、总结环节设计

（一）总结环节的基本方法

1. 儿歌总结法

指将一节课所学内容经过整理编入学生已经熟悉的儿歌中，师生共同吟唱，达到总结知识、巩固效果的目的。儿歌不仅能激发学生学习的兴趣，还能够使他们在吟唱歌曲中增强英语语感和节奏感。例如，人教版小学英语（实验教科书）

六年级下册 Unit Three What's the Matter, Mike? 一课的内容，教师可以把该课句型放入歌曲《两只老虎》的旋律中进行演唱，课堂气氛马上就活跃起来。教师的授课在悠扬的歌声中结束，学生也在歌曲中加深了对语言点的印象。教师还可以引导和组织学生利用该课所学知识点自编歌曲、歌谣，使学生获得满足感。

媒体链接

案例：My Friends, Part A, Let's Learn & Let's find out 总结.doc

> 请登录课程网或扫描二维码，访问"小学英语教学设计"拓展资源部分的教材同步资源模块，访问冯丽老师为人教版小学英语（实验教科书）四年级上册 Unit Three My Friends, Part A, Let's learn & Let's find out 总结环节创编的新 chant。

在课堂的总结环节中，教师可以要求学生利用本节课所学的内容编创 chant，激发学生的创造力，引导学生梳理所学知识，增强学生新旧知识相互结合的能力。同时，教师也可以将提前编创的 chant 呈现出来，与学生进行交流。

2. 游戏（竞赛）总结法

运用小学生喜闻乐见的游戏或竞赛进行总结不仅能促进他们的大脑积极思考，让他们的注意力保持高度集中，还能让他们在轻松愉快的环境中加深对所学知识的理解和记忆。

请阅读下面案例中的游戏（竞赛）总结法。

案例 5-20

> 人教版小学英语（义务教育教科书）三年级上册
> Unit Three Look at Me! Part B 第四课时
>
> 课堂比赛：
>
> T: Now let's play the game. There are two groups in our class: boys and girls. Each group selects one student. He or she will give orders to the other group. And students in the other group do the actions. Let's see which group does better.
>
> Boys and girls:… (Teacher counts and records the correct actions for each group.)
>
> T: Oh, the girls/boys win. Let's clap our hands for them.

课堂的最后，教师带领全班学生分成男生、女生两个大组进行游戏，并选出优胜组。临近下课，学生的身心都比较疲惫，以游戏作为一节课的结束不失为一种聪明的选择，使学生在轻松快乐的氛围中结束一节课的学习。

3. 悬念总结法

如果教师在课堂教学结束前给学生适当设置悬念，能够让学生有强烈的解疑愿望，激起他们寻根究底的兴趣。如在学完动物类的单词后，教师出示两个谜语给学生：（1）It is very clever and lovely. It likes to climb the tree in forest. What is it? （2）It is from China. It is black and white. It likes eating bamboo. What is it? 学生听完后努力思考着答案，但是教师对学生说："I'll tell you the answers tomorrow."这样，学生带着问题离开课堂，也带着疑问和强烈的探究欲望离开了课堂，每个学生都急切地期望下一节英语课的到来。

4. 情感升华总结法

当前的小学英语教材基本上每个单元都有一个主题。因此，教师设计总结环节时，可以在主题的基础上进行感情的升华，从而使学生开阔视野、丰富生活经历，形成跨文化意识，增强爱国主义精神，发展创新精神，形成良好的品格和正确的人生观与价值观。

请阅读下面案例中的情感升华总结法。

案例5-21

人教版小学英语（义务教育教科书）四年级上册
Unit Three My Friends, Part A, Let's learn

Summary：
T: Friends are very important in our life. What will you do for your friends?

该案例中，教师借助 my friends 这一单元话题，教育学生要懂得朋友的重要性以及如何对待朋友。

（二）总结环节设计的基本要求

一节英语课，不仅要有精彩的导入、引人入胜的讲解和丰富多彩的课堂活动，更要有一个能起到画龙点睛作用的结尾。小学生集中注意力时间较短，且下课前几分钟是他们最疲劳的时间，教师需要精彩的总结以吸引学生的注意力。设计总结环节有以下几点要求：

1. 导向性

结合本节课的教学目标，检查、评价并总结学生的实际学习效果。

2. 全面性

在课堂总结环节中，教师应梳理前几个环节是否有忽略的方面，以便采取措施及时补救，力争做到全面总结、高度概括。

3. 激励性

总结的语言要以鼓励、激励为主。充满情趣的课堂总结能有效地激发学生的学习动机，保持持续的学习兴趣。

4. 启发性

总结要对学生的学习具有启发性。学生对新知的理解往往只停留在表面，教师的总结将学生的学习升华，促使学生在新旧知识之间建立内在联系，起到画龙点睛的作用。

二、作业设计

（一）作业设计的基本方法

小学英语课堂教课时间有限，又缺乏真实的语言环境，如果课后不及时加以巩固练习，学生很容易遗忘。作业无疑是拓展学习渠道、巩固学习效果的良好途径，教师应充分利用作业延伸课堂，为学生进行语言实践提供条件。

1. 设计符合学生兴趣的作业

兴趣是学生学习的动力源泉，是学生学习的最佳催化剂。学生对学习有兴趣，学起来就轻松愉快，思维也活跃，作业就能起到事半功倍的效果。教师在设计英语作业时应根据教学内容以及学生的生理和心理特点，设计一些让学生感兴趣的课外作业。

请阅读下面案例中的作业设计。

案例5-22

> **人教版小学英语（实验教科书）五年级下册**
> Unit Four What Are You Doing? Part B, Let's talk
>
> Homework：
> ★ Sarah, watching TV, play the piano
> ★★ Chen Jie, cooking dinner, swim, summer
> ★★★ Mile, writing an E-mail, birthday, May 1st

教师给学生提供3个难易不同的作业，学生可以根据自己的水平选择至少其中一个作业运用所学的句子编一个对话。完成不同难度的作业能得到相应的积分。有些水平高的学生甚至可以同时完成3个作业，那么该学生将会得到更多的积分。这些积分会累计到平时的个人积分表中。这种作业设计具有很高的挑战性，把作业变成了学生的一种乐趣，一种挑战。

2. 设计结合学生生活的作业

因为英语课外作业时间在家庭中完成，可布置一些与他们的生活紧密联系的作业。例如，生活中的英语缩略语，用英文设计一日三餐的菜谱等。课外英语作业真实或相对真实，贴近学生的生活，能充分激活学生的学习动机。

请阅读下面的案例。

案例5-23

> **人教版小学英语（义务教育教科书）四年级上册**
> Unit Three My Friends, Part A, Let's learn
>
> | 作业 | 1. Listen to the tape and read.（听录音跟读课文。）
2. Make your friend cards, and explain to your parents.（做朋友卡片，并向你的父母介绍你的朋友。）
制作朋友卡片的步骤如下：
Step Ⅰ：Take out a piece of paper.
（第一步：拿出一张白纸。）
Step Ⅱ：Write "My friends" and draw on the paper.
（第二步：在纸上画画并写下 My friends。）
Step Ⅲ：Stick the photos to the paper.
（第三步：将照片贴在纸上。）
Step Ⅳ：Color the card.
（第四步：给卡片涂上颜色。） |
> |---|---|

该案例中教师安排学生制作朋友卡片，并且附上制作步骤以便降低作业的难度。除此之外，教师还可以组织学生采访自己的同学、朋友、老师或者是家人，问问他们的生日，制作生日贺卡并用英语注明生日日期，送给同学、朋友、老师或者家人。这些人性化的作业能提高孩子们的英语口语和书写水平，更重要的是一张贺卡能加深师生情、友情和亲情。

3. 设计体现学生差异的作业

学生的学习能力有一定的差距，教师应尊重学生的个体差异，设计难易程度不同的作业，让各层次的学生都能从作业中获取知识，让学生根据自己的需要和能力去选择。

请阅读下面案例中的作业设计。

案例5-24

人教版小学英语（实验教科书）五年级下册

Unit Two My Favourite Season, Part A, Read and write

Homework：

★ Read the dialogue by yourself correctly.

★★ Use the key sentences to talk about your favourite season.

★★★ Write down the key sentences correctly twice on the exercise books.

4. 设计促进学生合作的作业

因为课堂教课时间有限，不可能拿出很多时间让学生合作讨论、学习，在课堂中最多只能是让小组表演展示。因此教师可以将小组讨论活动这一过程放到作业中去完成，或是让学生在作业中继续完成课上未完成的任务。例如，模仿课文改编对话，画一幅自己父母、朋友的肖像画并用所学的语言描述或以小组为单位完成调查表，等等。布置各种合作学习的英语课外作业，能促使学生主动学习，相互帮助，体验成功，培养团队精神。

5. 设计拓展学生知识面的作业

英语作业是对课堂教学的有效延伸，是学生巩固和运用课堂所学知识的有效途径，因此教师可以设计一些拓展和提高能力的作业。如学习了食物类单词后，学生回家查阅更多食物类单词，拓展自己的知识面。再如学习了教材中的诗歌或日记后，让学生模仿改编英语小诗，学着用英文记日记等。这样的课外英语作业不仅能让学生有力地巩固课堂所学，而且有利于培养学生良好的学习习惯。

6. 设计开发多元智能的作业

由于有充分的实践和空间条件，课外作业的设计应鼓励学生开发多元智能。通过自己的努力解决学习难题的体验可以给学生带来更大的快乐，而这样的快乐体验更有利于激励学生，提高学生学习的主动性，并体会到英语与其他学科相结合的乐趣。如：分小组了解国外一些著名城市的四季天气，向全班汇报；了解中外节日的风俗，向全班汇报；等等。这样的作业能促进英语与其他学科之间的融合，发展学生的多元智能。

媒体链接

> 请登录课程网，访问"小学英语教学设计"拓展资源部分的教材同步资源，学习"多元智能理论与英语教学的整合"。

（二）作业设计的基本要求

《标准》强调重视学生非智力因素的培养，所以教师在设计小学英语作业时应注意以下几点：

（1）重视学生英语兴趣的培养，注重英语作业的趣味性；

（2）结合不同学生的基础差异，注重英语作业的层次性；

（3）发挥学生的主观能动性，注重英语作业的创新性；

（4）结合时代特色，注重英语作业的生活性和实用性。

请阅读下面案例中的作业设计。

案例 5-25

> 人教版小学英语（实验教科书）六年级下册
> Unit Two What's the Matter, Mike? Part B, Let's talk
>
> Homework:
>
> 1. Please express your feelings to your friends in English.
>
> 2. Please draw a picture of your friends, parents to others, and then talk with your partner.
>
> How does she/he feel?
>
> She/He looks excited…
>
> Yes, because he/she…

该作业设计兼具层次性、趣味性和实用性。作业1目的在于操练新句型；作业2引导学生将所学句型运用到交流当中，同时要求学生结合自己所画的肖像画进行描述，将语言与学生兴趣结合，开发多元智能。除此之外，该作业避免了机械地抄写、背诵，学生结合所画内容有效地复习语言知识，不仅能在不知不觉中巩固所学知识，还能将新的语言知识延伸到课外，从语言的运用中获得自信心和成就感。

学习实践

以人教版小学英语（义务教育教科书）三年级上册为例，任选一课时的教学内容，结合第三章小学英语教材与学情分析和第四章小学英语教学目标的设计，根据本节所述总结环节的基本方法和设计的基本要求，设计该课时的总结环节。具体要求如下：

（一）设计教学目标

在教材分析的基础上，从《标准》对三年级学生的要求出发，分析学生已经掌握的语言技能和语言知识，确定三年级上册该课时的教学目标。

（二）设计教学过程

1. 根据教学目标，首先确定该课时教学内容。
2. 设计总结环节：结合该课时的教学内容，选择合适的总结方法。
3. 依照设计总结环节的基本要求，完成该课时总结环节的文本设计。

（三）实践练习

1. 以学习小组为单位，讨论交流本人的设计。
2. 每个小组整理出一份设计文本，与其他小组交流。

本章小结

教学环节	地位及作用	常用方法	设计的基本要求
热身环节	课堂的第一个环节。吸引注意力、激发兴趣、为后面环节做铺垫	自由谈话热身、歌曲、歌谣热身等	1. 为下一环节的展开做铺垫；2. 兼具趣味性、梯度性和生活性；3. 时间控制在三分钟以内
导入环节	1. 使学生初步感知新语言；2. 吸引注意力，激发兴趣，调动积极性；3. 在创设的语境中，使学生初步理解新语言	温故导入、自由交谈导入、游戏导入、故事导入、直观导入、情境导入、全身反应法导入、多媒体辅助导入等	1. 导向性；2. 相关性；3. 趣味性；4. 启发性；5. 在最短的时间内取得良好的导入效果

续表

教学环节	地位及作用	常用方法	设计的基本要求
呈现新知环节	课堂教学过程的关键环节，使学生感知、理解和认识新的语言项目的过程	语言释义、示范（或演示）等	1. 立足教材；2. 方法多样；3. 语言通俗易懂；4. 直观性、趣味性、启发性相结合；5. 呈现新语言知识与操练交替进行；6. 时间控制在十分钟到十五分钟以内
操练环节	将所学的语言知识转化为语言技能的重要环节	机械操练、意义操练等	1. 指令明确；2. 方法得当；3. 循序渐进；4. 兼顾全体学生；5. 以学生为主体；6. 以十分钟以内为宜
拓展环节	强化新语言，复习、巩固	基于单词的拓展、基于句型的拓展、基于文化的拓展	1. 适宜性；2. 相关性；3. 适用性；4. 以十分钟以内为宜
总结环节	梳理知识点、加深巩固记忆	儿歌总结法、游戏（竞赛）总结法、悬念总结法、情感升华总结法	1. 导向性；2. 全面性；3. 激励性；4. 启发性

学习思考

1. 请从关于小学英语教学的书籍或者网站中，选取一篇小学英语教学设计案例，并根据本章所学内容，试分析案例中的教学过程设计：是否符合小学英语教学过程的基本原则？教学过程中五个环节的设计，是否符合各环节的设计要求？如果不符合要求，请对案例中的教学过程进行修改。

2. 结合小学见习经历，你认为在设计小学英语教学过程时，如何体现《标准》精神？

推荐阅读

1. 王丽春. 小学英语教学技能[M]. 上海：华东师范大学出版社，2011.
该书是高等院校小学教育专业教材，其主要内容为：教材分析技能、教学目标设计技能、教案编写技能、课堂导入技能、课堂讲解技能、课堂提问技能、课堂调控技能、课堂激励技能、教学媒体展示技能、练习设计技能、作业设计技能。

2. 肖惜. 英语教师职业技能训练简明教程[M]. 北京：高等教育出版社，1999.
该书是以《师范高等专科学校英语教育专业英语教学大纲》和《高等师范学校学生的教师职业技能训练基本标准》为依据而编写的，以微格教学理论为指导，对我国英语教师职业技能的训练和培养进行了深入细致的探讨。

第六章　小学英语教学方法设计与教学技巧运用

本章导读

本章学习关注以下要点：
- 小学英语任务型教学设计
- 小学英语情境教学设计
- 小学英语全身反应教学设计
- 小学英语支架式教学设计
- 小学英语自然教学设计
- 唱歌、做游戏、讲故事在小学英语教学中的运用

问题情境

牧老师是一名英语教师。今天她要继续讲授人教版小学英语（实验教科书）五年级上册 Unit One My New Teachers, Part A 的 Let's try 和 Let's talk 部分，这是一节会话课。在 Let's learn 部分已学习了形容人的外貌特征及性格特点的形容词：young, funny, tall, strong, kind, old, short, thin, 并初步感知了 "Who's your art teacher?" "What's he like?" 的询问与回答。本节课学生要学会运用学过的单词和句型来询问并描述人物的外貌和性格特征。牧老师计划选用情境教学法和任务型教学法来完成本节课的教学任务。在情境教学法中，她选了几张班级任课教师的照片，准备让学生相互询问新学期的任课教师情况。在设计任务型教学时，她计划让学生调查其他班级或年级新学期任课教师的情况。

当进行到情境教学活动时，牧老师从学生的眼神里感受到了"疲倦"。她还发现位于教室后排的一位男生正在模仿她上课的样子。顿时，牧老师意识到：何不让学生来"演一演"他们心中的老师呢？于是她问道："What's your math teacher like? Who can act like Mr. Chen?" 学生们跃跃欲试，脸上表现出抑制不住的兴奋。几个学生表演过后，她又问："Who can act like me?" 这次，她特意邀请了后排的那位男同学。只见他迅速拿着自己的学习卡片来到讲台前，模仿起老师上课的样子。没想到全身反应法会如此有效。接下来，牧老师也改变了"调查"的任务，让学生以小组为单位，根据教材中的图片信息展开对话表演。这节课结束后，牧老师感叹道：课堂教学一定要选择合适的教学方法！

启发思考

关于教学方法，人们常说"教学有法，教无定法，不拘一法，贵在得法"。牧老师课前精心选择、设计教学方法，可是在课堂教学中却临时改变了原有的教学方法。对于这种改变，你是如何看待的？对于"贵在得法"在教学方法选择与运用中的重要性，你是如何理解的？

教学方法是教师和学生为了实现共同的教学目标，完成共同的教学任务，在教学过程中运用的方式、手段和办法的总称。它包括了教师的教法、学生的学法、教与学的方法。在教学的目标、任务、内容确定以后，教师能否恰当地选用教学方法，就成为其能否完成任务、实现预期目标的重要因素。采用什么样的教学方法，不仅影响学生对知识和技能的掌握，而且对学生智能和个性的发展也有重要意义。

本章将主要介绍一些小学英语课堂教学中常用的方法：任务型教学法、情境教学法、全身反应教学法、支架式教学法、自然教学法；教学技巧，包括歌曲、歌谣、游戏和故事教学。了解和掌握不同方法的特点和操作要求，是设计教学方法的基础。下面分别介绍几种教学方法的设计与运用，为教师设计教学方法提供参考。

第一节 任务型教学法设计

微课：任务型教学.mp4

任务型教学法通常被称为任务型教学途径（Task-based Instruction Approach）。它是一种主张基于任务展开教学的交际语言教学形态。[①]在小学英语课堂教学实践中，任务型教学是教师常用的一种教学方法，是教师预设任务并引导学生用所学语言完成任务而进行语言教学的一种教学过程形态，是培养学生语言运用能力的一种有效的教学方法。基于小学生学习英语的特点和学习目的，我国的英语教学倡导任务型教学，使学生在教师的指导下，通过感知、体验、实践、参与和合作等方式，实现任务目标，达到为用而学，用中学，学了就用的学习目的。

一、任务型教学的基本步骤

任务型教学以完成任务为主要课堂教学活动，使学生在完成任务的过程中学

---

① 鲁子问. 英语教学论[M]. 2版. 上海：华东师范大学出版社，2011：21.

习语言。任务型教学的基本特点为：第一，任务要涉及真实的语言运用过程；第二，学生要自主完成任务并明确其任务的交际性结果；第三，强调学生通过自主学习与合作学习完成任务。在实际教学操作过程中，运用任务型教学一般分为任务前、执行任务和任务后三个步骤，每个步骤的要点如表6-1：

表6-1 任务型教学途径的实施步骤

主要步骤	目的	要点
任务前 （Pre-task Stage）	任务呈现 任务准备	教师引入任务情境，明确任务要求，提供完成任务的语言知识
任务执行 （While-task Stage）	任务完成过程	学生运用语言解决各种问题：制订计划、实施计划、完成并提交任务 教师扮演组织者（organizer）、监督者（supervisor）、促进者（prompter）和伙伴（partner）等角色，帮助学生完成任务
任务后 （Post-task Stage）	任务展示 任务评价 任务提升	学生汇报或展示完成任务的结果 教师对任务的完成情况进行评价，指出有待提高的地方，例如学习策略、语言运用、合作学习等，同时鼓励学生相互评价

三个步骤任务明确，教师为学生布置任务，提供完成任务的基本条件；指导学生执行任务，帮助学生解决执行任务的困难；组织学生展示任务的完成情况，及时评价，布置新任务。学生在教师的指导下完成任务又不断接受新任务，在体验成功的快乐中学习语言知识，练习语言技能。

二、设计任务型教学

任务型教学以语言任务为学生学习的活动目标，以完成语言任务的过程为学习语言的过程，让学生在学习过程中不知不觉地习得语言。任务型教学设计的核心是将人们在生活中运用语言所从事的各类活动通过不同的语言学习任务的设计引入课堂，把语言教学与日常生活结合起来。所以，如何正确地设计任务是实施任务型教学的关键。

在任务型教学中，教师要从学生"学"的角度来设计教学活动，使学生的学习活动具有明确的目标。任务作为课堂教学活动，设计任务可以从以下几点着手。

（一）设计真实意义的任务

真实意义（authentic meaning）即贴近现实生活。教学中使用的任务是对现实生活中活动过程的模拟和演练。学生通过完成不同类型的任务，掌握相关的语言交际能力和解决问题的技巧，同时也为把这些能力和技巧运用于现实生活中做准备。

任务的"真实"性要求教师设计的任务来源于学生的日常生活,从而让学生在自然、真实或接近真实的情境中演练,在演练中体会并掌握语言的运用。

(二)设计符合学生兴趣的任务

小学阶段是培养学生英语学习兴趣的关键时期。因此教师在设计任务时,可依据他们的年龄和心理特征,设计符合他们兴趣的形式多样、内容新颖的任务活动。例如,以师生互动、生生互动、小组合作等形式完成角色扮演、采访调查、手工制作、讲故事等。

(三)设计能够"输出"的任务

教师设计的任务应该是真实的、符合学生语言水平的输出活动。任务要能够以"说、写、译"这种"语言输出"方式呈现。

综上,教师设计任务时,要考虑的是如何让学生在完成任务的过程中自然地使用英语。完成任务并非任务型教学的主要目的,让学生在完成任务的过程中使用英语才是任务型语言教学的核心。请看下面案例中的课堂任务设计。

案例6-1

图6-1 人教版小学英语四年级上册 Unit Three My Friends, Part A, Let's find out

教学目标:

借助"Who's he/she? My friend is strong. He has short hair"等重点句型来介绍朋友的特征,做到发音清楚,语词达意。

Task 1: Make a survey(Students describe their friends to desk mates.).

Name	thin	strong	quiet	long hair	short hair

Step 1:Fill in the form.

Can you describe your friends? Look at the form. Fill in the form according to your friends' character.

Step 2: With the help of the form, introduce your friends in pairs.

Step 3: Choose some groups to show.

Task 2: Guessing game. (Students describe one of their classmates to the whole class.)

Step 1: Teacher makes an example.

T: There is a student in our class. She is thin. She has long hair, big eyes and a small nose. Who's she?

S:She is…

Step 2: Students' turn.(3 minutes to prepare.)

S1: Describe.

Ss: Guess the name of the exact student.

英语课程要让学生逐步实现语言知识的内化，这需要教师在设计任务时，考虑如何让学生在完成任务的过程中自然地使用英语。

Task 1要求学生在教师提供的表格的指引下，用英语描述自己的朋友。这项任务是对本课时语言技能和语言知识掌握的初步操练，其中表格的设计降低了任务的难度，也使学生的描述有了针对性。为了落实教学目标，在Task 2中，运用小游戏Guessing game来操练句型。虽然Task 1为Task 2运用语言进行了铺垫，但教师还是先做了示范，并给学生留出了准备的时间。在这两项任务中，无论是介绍朋友还是猜同学，它们都来自学生的生活，能够激发学生的学习兴趣。同时，任务的设计围绕一个目标describe their friends，由易到难，教师也始终在帮助学生更好地完成任务。在课堂教学中，如果学生能够很好地完成这两项任务，教师还可以进一步提高任务的难度，让学生描述自己喜爱的动画片中的人物、明星等，这对学生更具有挑战性。

媒体链接

> 请登录课程网，访问"小学英语教学设计"课程拓展资源部分的教材同步资源模块，学习人教版小学英语（实验教科书）四年级上册Unit Three My Friends, Part A, Let's find out 的第二种任务设计"设计能输出的任务——全家福"。

三、设计任务型教学的基本要求

任务型教学要体现"以学生为主体、以任务为中心和以活动为方式"的思想。教师在设计任务时要做到以下三点。

（一）分清"任务"与"练习"的区别

许多教师在设计任务型教课时，由于没有搞清楚"任务"与"练习"的区别，导致所设计的任务还是传统的"课堂练习"。任务活动与语言练习有着本质的区别，任务活动不是机械的语言训练，它侧重在执行任务中学生自我完成任务的能力和策略的培养，重视学生在完成任务过程中的参与和在交流活动中所获得的经验。表6-2总结了任务与练习的区别。

表6-2 任务与练习的区别

区分项＼活动	练习	任务
侧重点	形式（form）	意义（meaning）
活动目的	检查知识的掌握情况，复习和巩固语言知识，操练语言形式	达到交际目的，传递信息，解决问题
活动情境	无需创设情境	现实生活情境
活动内容	脱离语境的语言材料，如单个句子，往往涉及单项语言知识和语言技能	有语境的、相对完整的真实的语言材料，需要综合运用多项语言知识和语言技能
活动形式	填空、改写、翻译，通常由学生独立完成、核对或检查答案	分析、讨论、协商，通常有做事情的过程，需要小组合作完成
语言控制	严格控制	自由
教师纠错	立即纠错	观察、分析原因、纠正
信息流向	单向	双向或多向
活动结果	一般只有语言形式的结果，结果都是一致的	语言形式或非语言形式的结果，如：图、表、报告、表演等，各小组的结果不要求完全一致
结果评估	语言形式是否正确	任务完成与否

从表中可以看出，只有真正的任务才能保证学生进行有意义的语言输出活动，才能促使学生获取、处理和使用信息，用英语和他人交流，发展用英语解决问题的能力。下面是三位教师在讲授人教版小学英语（实验教科书）六年级上册 Unit Three, Part A 第二课时 Let's talk 内容时，为学生设计的课堂任务。

案例6-2

> 人教版小学英语（实验教科书）六年级上册
> Unit Three What Are You Going to Do? Part A, Let's talk
> 教学目标：
> 1. 能听懂、会说、流利读、正确书写"四会"句子："What are you going to do on the weekend? I'm going to visit my grandparents this weekend."
> 2. 能够表述自己在将来的某个时间里准备做什么事。
> 设计1：Make sentences with "be going to".
> 设计2：The city's primary school sports meeting is going to be hosted in your school. What will you and your classmates do to help make the sports meeting a success? Discuss with your group members. Each group should make a list about all the group members' plan for the meeting. Please write complete sentences with "be going to".
> 设计3：Read the dialogue and try to answer questions on the blackboard.

在上述案例中，"设计2"是任务，"设计1"和"设计3"都是没有任何语境的课堂练习，它们关注的都是语言形式的结果，其中"设计3"中练习的结果也都是一致的。

（二）准确把握任务的度和量

任务的难易程度和数量的多少要符合学生水平。要求教师在设计任务时，遵循维果茨基的"最近发展区"理论，既不降低教学要求，也不超出学生的语言能力。任务太难或者数量太多，学生无法驾驭；任务太容易或数量太少，学生又会感到枯燥。所以，在教学过程中，教师所设计的任务应形成由简到繁、由易到难，再由高级任务覆盖初级任务的循环。整个教学过程应是由数个微型任务构成的"任务链"串联起来的。

（三）注重教师的多重任务

虽然英语课堂强调以学生为主体的教学，但是教师在课堂中的作用也是不容忽视的。教学中不能忽略教师的主导作用而一味地追求学生的主体作用。教师在任务型教学中所要承担的任务主要有：

（1）设计真实且符合学生水平的任务；

（2）提供完成交际任务的输入材料并帮助学生理解；

（3）对学生的输出提供帮助；

（4）对学生的输出结果提出针对性的反馈。

任务型教学以学生用英语执行任务为中心，学生是语言的交际者、任务的沟通者。而教师不但是课堂交际任务的参与者、助学者、组织者、引导者和评价者，即教师要积极地参加到学生的任务中，在学生需要帮助时，充当学生的"活字典""资料库"；还要组织和控制好课堂，同时对任务的完成给予评价。有些教师在学生执行任务前说明了完成任务所需的信息和要求后，就把课堂完全交给了学生，而自己则像一个局外人一样，在一旁等待着结果。这样的任务型教学结果是不容乐观的。

媒体链接

请登录课程网或扫描二维码，访问"小学英语教学设计"课程拓展资源部分的教材同步资源模块，阅读"任务型教学设计"案例。

案例：任务型教学设计.doc

任务型教学被广大小学英语教师应用于小学英语的课堂教学中，但由于受到各方面因素的限制，例如任务难度的判断、英语环境的缺失、"大班现象"的存在、自主学习能力的不足、师资力量的薄弱等，任务型教学在实施中仍存在着一些问题。这就需要大家在教学中积极学习、研究，认真开发、运用任务型教学法，让其在小学英语课堂中发挥出更大的作用。

案例：任务设计.mp4

学习实践

以人教版小学英语（义务教育教科书）五年级上册为例，结合第四章已学过的教学目标设计内容，根据本节所述任务型教学法，完成一份任务型教学设计。具体要求如下：

（一）设计教学目标

1. 在教材分析的基础上，能够从《标准》对五年级学生的要求出发，充分分析学生已经具备的语言知识、已经掌握的语言技能，确定五年级上册英语教学目标。

2. 选取五年级上册教材中任一课时的教学内容，充分分析教材内容，确定该课时的教学目标。

（二）设计任务型教学

1. 根据教学目标，首先设计学习任务。任务应是具有真实意义、符合学生兴趣的语言"输出"活动。

2. 确定任务型教学过程。（1）任务前：学生掌握完成任务的语言知识，明确完成任务的要求；（2）任务执行：学生运用语言完成任务，教师帮助学生完成任务；（3）任务后：学生展示任务完成结果，师生互评。

3. 按照设计任务型教学的基本要求，准确把握任务的难度和数量，注重教师在任务实施构成中的多重角色，完成该课时任务型教学的文本设计。

（三）实践练习

1. 以学习小组为单位，讨论交流本人的设计。

2. 每个小组整理出一份设计文本，与其他小组交流。

（四）登录课程网，学习参考"任务型教学方法设计"学生作品范例。

微课：情境教学法.mp4

第二节 情境教学法设计

情境教学法（Situational Language Teaching Method）是指为了达到既定的教学目标，教师在教学过程中有目的地引入或创设与教学内容相适应的具体、形象、生动的情境，以引起学生的情感体验，从而帮助学生理解教材，达到在情境中获得知识、培养能力的一种教学方法。

一、情境教学的基本步骤

情境教学法的核心在于激发学生的情感。运用情境教学法，教师要根据教学内容和学生特点，引入和创设具有情绪色彩的、形象生动的具体情境，在情境中启迪并指导学生发现问题和解决问题。

情境教学法在小学英语课堂教学中的运用一般归纳为情境创设、语言训练和情境运用三个步骤（表6-3）。[①]

---

① 王笃勤. 小学英语教学策略[M]. 北京：北京师范大学出版社，2010：20.

表 6-3　情境教学法的实施步骤

主要步骤	目的	要点
情境创设 （Situation Construction）	呈现问题	教师借助各种媒体和手段创设特定情境，向学生提出问题
语言训练 （Language Practice）	分析准备问题	呈现解决问题所需要的相关语言知识。教师通过图片、动画等方式呈现语言，设计基于情境的语言训练，为学生完成任务做准备
情境运用 （Situation Application）	解决问题	教师重新呈现开始的场景，学生在实际的场景中运用语言解决问题； 教师观察学生的表现，给出评价

第一步，情境创设多用在教学的导入环节。在小学英语课堂教学中，根据教学的需要，教师可以创设不同的情境，例如：

（1）呈现一个迷路的孩子的场景，让学生为其指路；

（2）呈现商店的场景，让学生买东西；

（3）呈现一个人不舒服的场景，让学生询问其情况；

（4）呈现一个野餐的场景，让学生相互询问喜欢吃的食物，为野餐做准备；

（5）呈现一个旅游景点的场景，让学生讨论如何到达；

（6）呈现一个家庭聚会的场景，让学生通过阅读发现人物之间的关系。

创设情境的目的是为了运用情境，是为语言教学做准备，为第二步的语言训练创造条件。

第二步，语言训练即语言教学环节。例如"买东西"这一情境，教师需要向学生呈现"购物"涉及的日常对话：

How much is it?

It's ninety yuan.

I will take it.

然后让学生阅读课文、演练对话，从而了解买卖双方在购物中的语言表达。

第三步，情境运用环节，教师可以重新呈现商店的场景，让学生通过角色扮演的方式买东西。教师创设的情境一直贯穿在教学活动之中，或者说，教师的课堂教学要在创设的情境中进行，否则，情境就失去了意义。

二、设计情境教学

如何创设恰当的情境是设计情境教学的关键。教育家赞可夫说过："教学方法一旦触及学生的情绪和意志领域，触及学生的心理需要，这种教学就会变得高度有效。"在小学英语课堂教学中，教师要善于运用各种教学媒体、手段创设教学情境，多方面地调动学生的感官，让学生多渠道地获得信息，用心去体验学习内容，在情境中交流、掌握所学的知识。创设情境的途径主要有以下几种。

（一）利用实物

小学生以直观形象思维为主，利用实物教学最容易引起小学生的兴趣。而且，教学所展示的形象越鲜明、越具体，就越能激发学生的认知兴趣，提高教学效率。小学英语中的大部分单词是表示具体事物的，所以，在学习有关学习用品、动植物、交通工具等单词时，教师应该尽量利用实物或者实物模型来呈现单词。例如关于学习用品的单词，就利用学生书包里的铅笔、橡皮、尺子、书等。

小学英语教材中的每个单元都是围绕某一个主题展开的，所呈现的知识主要涉及日常生活中的事物和行为。所以，利用实物教学更容易促进学生对新知的理解。例如学习日期的表达时，把挂历带进教室，问学生：

T: What day is today?

S: Tuesday.

T: Good. Would you please answer with a complete sentence?（必要时教师给予帮助。）

S: It's Tuesday.

T: Very good. Thank you.

例如，学习"Where are you from?"教师可以准备一张彩色的世界地图，并把China, America, England, Japan, Canada, France, Russia 等词汇告诉学生，然后让学生在小组内自编对话进行训练：

S1: Hello!

S2: Hello! Who are you?

S1: I'm Mike. I'm from America. Where are you from?

S2: I'm from England. I'm in China now. Nice to meet you.

S1: Nice to meet you too.

在英语词汇与实物之间建立直接的联系，不仅能够吸引学生的注意力，激发学生的学习兴趣，还能够促进学生理解、记忆所学知识。

（二）运用图画

图画是展示形象的主要手段，用图画再现课文情境，实际上就是把课文内容形象化。课文插图、特意绘制的挂图、剪贴画、简笔画等都可以起到替代实物、再现课文情境的作用。尤其是学习一些抽象名词、不易找到对等实物或不易带进教室的名词，可以利用图片、简笔画或图景来展示。图画能给学生提供认识和练习的生动情境，使学生们产生对语言环境的亲切感、新鲜感，能激发学生的学习热情和参与活动的积极性。

（三）使用多媒体

英语教学一直坚持视、听、说领先的原则。因此，在课堂上，教师利用投影、录像、录音为学生创造一种悦目、悦耳、悦心的英语交际情境。学生在具体生动的情境中眼看、耳听、手写，积极参与语言交际活动，更容易形成对语言知识正确、鲜明、牢固的印象。例如讲授人教版小学英语（实验教科书）五年级下册 Unit Four What Are You Doing? Part A, Let's learn，教师可以用投影呈现读书、跑步、踢球、打电话等图片（如图6-2所示），也可以从学生喜欢的动画片中下载一些片段（如图6-3所示），让学生根据生动的画面回答问题 What is he/she doing? What are they doing? 这样的方式不仅真实、信息量大，而且寓教于乐，学生学起来也不会感到枯燥无味。但是，在课堂教学中，教师也不能过多过滥地使用多媒体。一方面，多媒体会导致学生想象力的萎缩；另一方面，多媒体容易喧宾夺主，将学生的注意力从教学目标转移到其他无关的事物。同时，小学英语的教学目标是培养学生的综合语言运用能力，多媒体技术永远代替不了学生的阅读以及师生、生生之间的语言交流。

图6-2　多媒体创设情境示例图

图6-3　多媒体创设情境示例

使用多媒体播放音乐也是常用的方式。音乐语言是微妙的，也是强烈的，往往给人丰富的美感，使人心驰神往。教师可以用音乐把学生带到特有的情境中。用音乐渲染情境，并不局限于播放现成的乐曲、歌曲，教师自己的弹奏、轻唱以及学生的表演唱、哼唱都是行之有效的办法。关键是选取的乐曲与教材在基调、意境以及情境的发展过程要相互对应、协调。

例如在学习 animals 时，教师可以运用多媒体先播放牛、狗、猫等动物的声音，让学生通过声音猜测动物名称，然后再用课件将动物图片及单词呈现出来。这会引起学生浓厚的兴趣，充分调动他们的各种感官参与教学活动。声音和形象相结合，语言和情境相交融，使学生仿佛进入了语言活动的真实情境，收到良好的教学效果。

（四）表演

在交际活动中，动作和表情等行为也起着重要的作用。它不仅具有直观性，便于学生理解；还有趣味性，能够激发学生的兴趣。英语教师在课堂上要积极运用各种生动传神的表情、形象的语言和动作来呈现事物，力求逼真，帮助学生理解，逐步培养学生用英语进行交流的能力。例如学习 smile，教师可以做一个微笑的动作；学习 laugh，可以做一个夸张的大笑动作——动作可以吸引学生，让学生轻松愉快地记住这两个单词。

小学英语课堂上的表演有两种：一种是就课文内容进行表演，如分角色朗读；一种是结合课文内容，利用所学句型进行创造性的表演。前者可以使教学情境真切地再现在学生面前；后者将学生引入"生活"，让学生自己创造情境，积极思维。例如教师在讲授人教版小学英语（实验教科书）四年级下册 Unit Five How Much Is It? 时，可以让学生带一些衣服到学校，把教室布置成一个服装店，进行简单的情境表演：

A: Can I help you?/What can I do for you?

B: I want to buy a shirt (a coat/a dress/a pair of trousers).

A: Here you are.

B: How much is it?

A: Ninety yuan.

B: I'll take it. Here is the money.

A: Thank you.

B: You are welcome.

每位学生都可以扮演顾客和售货员，在真实的语言环境中既学会了新单词，又操练了句型，还激发了运用英语进行表达的兴趣。

（五）语言描述

情境教学十分注重直观手段与语言描述的结合。情境出现时，教师的语言描述将使情境更加鲜明，从而提高学生的感知效应。学生主观感受得到强化，促进自己进入特定的情境之中。随着学生年龄的增长，直观手段在小学英语教学中逐渐减少，用语言描述创设情境逐渐增多。

有一位老师在讲授英语童话剧《小猪找朋友》之前，为了让学生更好地进入情境，她一边用幻灯片呈现森林的图片，一边播放悠扬的音乐，然后绘声绘色地说："Long long ago, there was a beautiful forest. Many animals lived there. There were cats, ducks and rabbits. They were singing and dancing. How happy they were！"学生们看着画面，听着老师的讲述，完全置身于"森林"之中。

在学习动物词汇时，教师也可以用英语来描述动物单词，让学生猜。例如，在讲授人教版小学英语（义务教育教科书）三年级上册 Unit Four We Love Animals, Part B, Let's learn 时，教师这样描述每一种动物：

Duck: I am small. My color is yellow. I can swim. Quack, quack. I can swim. Who am I?

Elephant: I am big. My color is gray. I have a huge body with four strong legs, and two big teeth. But my ears are big. I live in the forest. But you can see me in the zoo.

Monkey: I am lively. I like playing around. My color is brown. I have a long tail. I like climbing trees.

Panda: I am big. My color is black-and-white. I live in the bamboo forests of China. I like eating bamboo.

Rabbit: I am small. I have long ears and short tail. I have red eyes. I like eating carrot.

三、设计情境教学的基本要求

情境教学符合小学生的认知特点，小学英语教师运用情境进行课堂教学较为广泛。如何创建情境、运用情境是决定情境教学法运用成败的关键。因此，基于情境的教学设计是决定一节课效果和效率的重要因素。但是，在教学中重形式轻实效，为了创设情境而创设情境的情况也时有发生，从而使情境教学流于形式。教师要正确运用情境教学，在设计过程中要做到以下三点。

（一）紧扣教学目标，创设情境

情境创设是教师将教学目标外化为一个学生容易接受的情境的过程。然而，许多教师在教学中过分注重情境的创设，而对于创设情境的目的却不够明确，致使情境中出现太多与教学目标无关的干扰信息，让学生难以把握学习的目标。所以，教师在创设情境时，首先必须认真研究教材，理解教学的重点、难点，然后紧扣教学目标创设情境。创设的情境要体现出教材的特点，突出重点、突破难点，从而促进小学生的英语学习。请阅读下面的教学设计案例。

案例6-3

> **人教版小学英语（实验教科书）六年级上册**
> Unit Two Where Is the Science Museum? Part B, Let's learn
>
> 教学目标：会问路，会用 turn left, turn right, go straight 等短语指路。
>
> 教学过程：新课导入环节
>
> T: After school, a little rabbit is walking together with his friends on their way home. They are singing and dancing. Let's read what they are singing.
>
> Rabbit Dance：
>
> Left left right right go turn around go go go
>
> Jumping grooving dancing everybody
>
> Rolling moving singing night&day
>
> Let's fun fun together
>
> Let's play the penguin's games
>
> Smacking beating clapping all together
>
> Rocking bumping screaming all night long
>
> Let's go everybody and play again this song
>
> left left right right go turn around go go go
>
> left left right right go turn around go go go
>
> Ss: Read the song.
>
> T: Now let's listen to the song and dance together with me.
>
> Ss: Dance with the teacher. (two times.)
>
> T: They play so happily that they forget the time. Soon it turns dark. They cannot find the way home. They get lost. Now, please look at this map. （教师出示一张地图。）This is the place where they are waiting for help. This is the street on which they all live. Who can help them find the way home?
>
> Ss:…

在上述案例中，教师选择用"兔子舞"来学习"left, right"，形式上确实新颖活泼，但是，事实上有必要为了学习两个简单的单词，而花费几分钟时间跳"兔子舞"吗？这节课的重点是让学生学会问路，会用 turn left, turn right, go straight 这些短语来指路。所以，在这个环节中，教师没有必要加入"兔子舞"，这只是为了追求表面的热闹，而把简单的知识复杂化。教师可以用"listen and do"的简单教学形式帮助学生掌握本节课需要重点学习的上述三组短语，而"兔子舞"则可以放在课堂结束时，让学生伴随音乐节奏，在"跳"中再次复习知识，结束新课。

（二）情境贴近现实，贴近学生生活

《标准》指出，要尽可能多地为学生创造在真实语境中运用语言的机会。小学英语课堂情境的创设必须要与学生的生活相吻合，创设的活动应以学生的生活经验和兴趣为出发点，否则，教师精心创设的情境，可能导致学生不知所以然。英语教学应该在"真实"二字上下工夫，这样才能使学生真正学会和运用语言。只有当所创设的情境与学生的生活经验相符合时，才能激起学生的生活体验，使他们从各自的生活背景出发，迅速投入到所创设的情境中，准确地体验和理解语言。请阅读下面的教学案例。

案例6-4

> 人教版小学英语（义务教育教科书）三年级下册
> Unit Four Where Is My Car? Part A, Let's learn
>
> 教学目标：
> 1. 能听、说、认读新词：on, in, under, chair, desk。
> 2. 能够在图片、实物或情境的帮助下运用句型 Where is…? It's in/on/under…询问并描述物品位置。
>
> 教学过程：新课呈现环节
>
> 设计1：
>
> T: Look! This is my room. (The teacher shows the picture of his bedroom.) I have many things in my room. This is my desk. This is my chair. The bag is on the desk. The book is in the bag. And a box is under the bed. Please work in groups and describe your room to each other. (Some students have taken the photos. Some have drawn the pictures.)
>
> 设计2：
>
> The teacher puts a pencil in a student's pencil-box, looks for it everywhere and says "Where is my pencil ?"
>
> T: "Where is my pencil ?"

"设计1"中，无论是教师描述自己的房间，还是学生相互间描述自己的房间，这里的情境均来自大家的生活。如果在描述中能够增加语言的交际性就更

好了。"设计2"中的情境创设，教师充分利用了教室里的实物，让学生从教师的表演中理解语言。这种情境创设虽然简单、方便，但基本是从教师的主观愿望出发，不符合真实的生活。教师自己刚把铅笔放入学生的笔盒后，马上开始寻找铅笔。有个别细心的学生已经看到铅笔就摆在笔盒里，教师却找得满头大汗，这与现实生活脱节，不能唤起学生已有的生活经验，容易使学生误解，答非所问。

对于"设计1"，在学生描述完各自的房间后，可以让学生在小组内根据各自房间的照片或图片，展开问答对话。为了对话的顺利进行，教师可以让全班同学或某一小组同学一起为全班做示范。

T: Where is my bag?

Ss: It's on the desk.

T: Where is my book?

Ss: It's in the bag.

T: Where is the box?

Ss: It's under the bed.

总之，问题尽量涉及 on, in, under 三个介词。

针对"设计2""寻找东西"的情境，教师可以这样设计：

Dong Dong: Mum, I want to play football.（课件或表演。）

Mum: OK, but you should come back before 7:00 pm.

Dong Dong: Where's my football？（画面：冬冬满头大汗地寻找足球，边找边说。）

Mum: It's under the desk.

Dong Dong: Thanks, Mum. Oh. Where is my cap?

Mum: It's on your bed.

……

这个情境，是现实生活的真实再现，符合学生已有的生活经验，因此学生能够理解"Where is my football?"的意思，并且随着对话内容的继续，对三个介词的理解也逐渐清晰。

（三）建立情境之间的联系

教师设计的情境要能够在教学中自然延伸。也就是说，随着教学活动的开展，情境之间不能彼此孤立，没有联系。这就需要教师把握整节课的重点，设计一根主线（或大情境）将各个小情境串联起来，使各个教学环节紧密结合、环环相扣。所以，教师在创设情境时，还需要考虑到情境的连续性，使教学过程始终伴随着学生的情感活动向前推进，并一步步得到深化。

在人教版小学英语（义务教育教科书）中，学习完三个单元后有一个复习单元（Recycle），这一单元将针对前面单元中的三个话题和重要知识点进行系统的复习。那么，教师在讲授复习单元时，如何创设情境才能够将前面三个单元的话题联系起来呢？请看下面的情境创设。

案例6-5

> **人教版小学英语（义务教育教科书）五年级上册**
> **Recycle 1**
>
> 教学目标：能够综合运用各单元的重点句型进行对话练习，并且能灵活地运用到真实的情境中。
>
> 情境设计：灰太狼不小心误食了村长先生的药水，变成了一只羊。小灰灰发现家里来了一只羊，还声称自己的爸爸，就来到了羊村，请喜羊羊帮助它分辨真假。于是喜羊羊就替小灰灰想出了下面这样的一个闯关游戏。
>
> 第一关：Xiao Huihui takes Hui Tailang to his school and asks him some questions, "Who is my math teacher?" "What's he like?" …
>
> 第二关：Then Xiao Huihui leads Hui Tailang to his classroom and asks, "What do I have on Mondays?" "What do I usually do on Saturdays?" …
>
> 第三关：At last, Xiao Huihui goes home with Hui Tailang and asks, "What do I usually have for lunch?" "What's my Favourite food?" …
>
> 请同学们根据以上提示在小组内进行角色表演。

这样，这三个单元中的学习要点就分别在"学校""教室"和"家"这三个场景中以"闯关"的形式逐渐呈现了出来。

小学生学习英语与学习母语的最大差异就是，学习英语没有真实的语言环境。因此，小学英语教学中，最好能做到教学内容与语言环境相匹配。现在的小学英语教材大量采用了与小学生生活相联系的主题，例如，具体形象的词汇、关于日常生活的会话和阅读材料，还带有许多形象直观的插图。在小学英语教学中，教师可设计各种各样的语言环境，促使学生把英语与客观事物联系起来，使语言符号形象化。生动形象的情境，既能活跃课堂气氛，激发学生的学习兴趣，又能培养学生的思维能力和想象能力，使学生在情境中学习，在情境中理解，在情境中运用。

案例：情境教学设计及其分析.doc

媒体链接

请登录课程网或扫描二维码，访问"小学英语教学设计"课程拓展资源部分的教材同步资源模块，阅读"情境教学设计"案例及其分析。

学习实践

以人教版小学英语（义务教育教科书）五年级上册为例，结合第四章已学过的教学目标的设计，根据本节所述情境教学法，完成一份情境教学设计。具体要求如下：

（一）设计教学目标

1. 在分析五年级上册教学目标的基础上，选取任一课时的教学内容，该课时的教学内容要适合情境教学法的开展。

2. 确定该课时的教学目标。

（二）设计情境教学

1. 根据教学目标，设计学习情境。情境应紧扣教学目标、贴近学生生活。

2. 确定情境教学的基本步骤如下。（1）创设情境：教师利用各种方式创设情境，明确学生在情境中需要解决的问题；（2）设计语言训练：教师呈现解决问题所需要的语言知识，设计基于情境的语言训练；（3）情境运用：学生在实际场景中运用语言解决问题，教师观察学生的表现，给出评价。

3. 按照设计情境教学的基本要求，注重情境之间的联系，完成该课时情境教学的文本设计。

（三）实践练习

1. 以学习小组为单位，讨论交流本人的设计。

2. 每个小组整理出一份设计文本，与其他小组交流。

（四）登录课程网，学习参考"情境教学法设计"学生作品范例。

第三节 全身反应教学法设计

微课：全身反应法教学.mp4

全身反应教学法（Total Physical Response, TPR）是美国心理学家詹姆士·阿歇尔于20世纪60年代创立的一种教学方法。这种方法倡导把语言和行为联系在一起，通过身体动作教授外语。它的特点是教师发出指令，学生通过身体动作对教师的指令作出反应。教师的指令可以是简单的一个词，例如"sit, stand, stop, turn and run"，也可以是较长的句子，例如"Stand up and walk to the door"，或者更长的句子"Stand up, walk to the door, touch the door and open the door"。

一、全身反应教学的基本步骤

全身反应教学注重语言学习中的互动模式。教师创造条件，让学生在一个比较放松的环境中边听、边看、边模仿、边学习。在实际教学过程中，运用全身反应教学法一般分为呈现新知、学生模仿、理解和运用四个基本步骤，这四个步骤形成一个有机整体，为完成学习任务提供了畅通渠道。

（一）呈现阶段

呈现阶段教师说出指令并示范动作，学生边听边观察。如人教版小学英语（实验教科书）五年级下册 Unit Four What Are You Doing? Part A, Let's learn 部分主要要求学生掌握五个动词词组：drawing pictures, doing the dishes, cooking dinner, reading a book, answering the phone。呈现这些词组时，教师在说出语言信息的同时就可以配以辅助动作，让学生静听理解其意。例如，在呈现 reading a book 这个词组时，教师一边清晰地慢慢发音，一边配上"看书"的动作。这样，学生既听清了词组的发音，又理解了词组的意思。

众所周知，母语的学习是在一种轻松的环境中完成的。然而，在学习外语的过程中，学生通常会焦虑。所以，从全身反应教学的初始阶段开始，教师就要关注学生的情感体验，为学生营造宽松、民主、和谐的教学氛围。

（二）模仿阶段

模仿阶段教师说出指令并示范动作，然后请个别学生跟着做。在学生听清词组发音、看懂词组意思后，教师就可以请全班同学跟着一起边说边做。例如，教师在呈现完五个动词词组后，就请大家站起来，一起边说边做。

从儿童学习语言的特点来看，首先要发展听的能力，然后在这个基础上，逐步发展说的能力，再发展读和写的能力。所以，在学生模仿阶段，教师要保证让学生"先听后说"，即首先培养学生听的能力（即进行语言输入），一段时间以后，学生积累到一定程度了，就会水到渠成地开始说。这样的过程保证学生能够在"熟悉"语言材料的基础上再进行语言输出（output 或 production），而且说得自然、不紧张。

（三）理解阶段

理解阶段教师说出指令，不示范动作，请学生按照教师的指令去做。例如，教师说出 reading a book，学生做出"看书"的动作。

儿童习得语言的过程需要成人的引导。成人首先以口头语言和肢体语言的形式发出命令，然后儿童模仿成人的动作，待儿童理解后逐渐转换成语言代码，从而学会该语言。因此，在理解阶段，教师一定要注意将语言和行为联系起来，让学生在多种多样的活动中做出相应的动作，在反复的练习中轻松地学习英语。

（四）运用阶段

运用阶段学生发出指令，另一部分学生做出动作。学生对听到的语言材料不断潜意识地吸收、内化，形成语感，自然开口说话，并以动作反馈、强化，作出全身反应。例如，一个学生到前面给大家说 answering the phone，大家做出"打电话"的动作；然后再由其他的学生继续发出指令。

如图6-4所示的流程图呈现了全身反应教学的步骤及其要点：

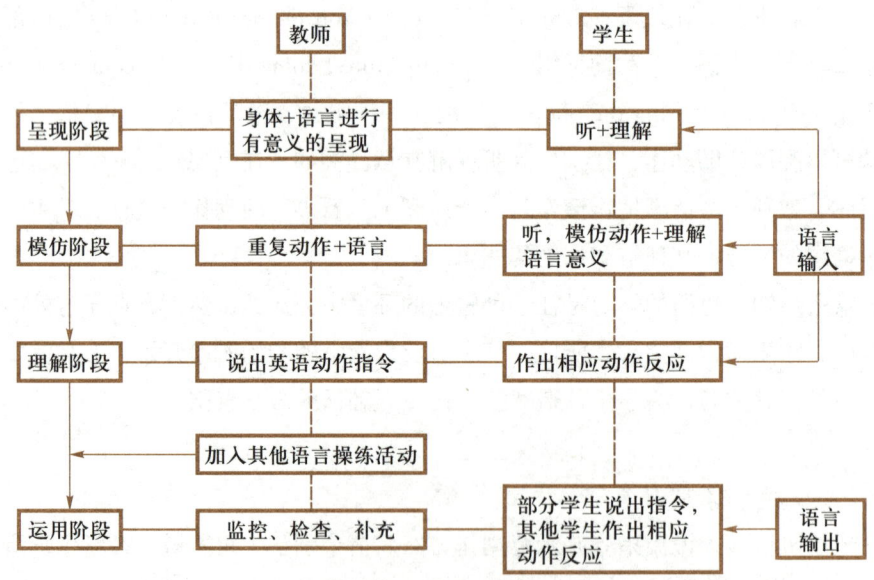

图6-4　全身反应教学步骤示意图

这四个阶段由模仿到运用，层层递进：呈现的目的是为模仿做准备；模仿能够帮助学生更好、更快地理解语言结构和词汇；理解阶段的重点在于训练学生的语言知识和技能；运用阶段旨在培养学生达到为交际而运用英语的能力，是一种着重表达意义的练习。

二、设计全身反应教学

学生学习语言是有规律的,一般认为,在语言学习中理解能力先于表达能力,理解能力是表达能力的前提和基础,所以,教师在设计运用全身反应教学的过程中,要注意语言的意义,为学生理解、表达创造条件。全身反应教学操作简单、生动、直观,能够让学生在听中学、说中学、做中学、玩中学,大大激发学生的学习兴趣,调动学生学习的积极性。设计全身反应教学要充分体现语言学习中的互动模式,引导学生积极参与教学活动。因此如何设计学生感兴趣的课堂操练是全身反应教学的关键,在小学英语课堂教学中常用的操练形式主要有以下几种。

(一)设计表演形式的操练

例如,在讲解知识后,通过《Head And Shoulder, Knees And Toes》的歌曲,学生边唱边用手触摸身体部位,由慢到快,由快到慢。一曲终了,所学的知识得到巩固,大脑也得到了放松。再如,学习《Two Fat Gentlemen》这首歌曲时,让学生与老师一起表演fat gentlemen, thin ladies等走路的样子。这样一边表演一边唱歌曲,既活跃了课堂气氛,又激起了学生的学习欲望,加深巩固了歌曲内容。

(二)设计模仿形式的操练

小学生的认知特点之一是专注于具体直观的事物。事物越具体,形象越直观,学生就越感兴趣。因此,生活、学习中常见的、常用的、常听的事物的名称,孩子往往更容易掌握。这也对教师的教学提供了指引,即教师的课堂"语言"(口头语言和肢体语言)越形象,越容易促进学生对知识的理解和掌握。如学习We Love Animals单元的动物单词时,教师可通过模仿动物的形态和叫声引入词汇学习,待教师讲解完后,变为教师说动物单词、学生模仿动物动作(图6-5)。经过反复的模仿,英语单词自然就记住了。

图6-5 小学三年级学生在英语课堂上模仿动物[①]

[①] 河南省郑州市惠济区老鸦陈中心小学三年级学生上课场景。

（三）设计绘画形式的操练

小学生对于绘画非常感兴趣，教师如果能将学习内容与绘画结合在一起，枯燥的课堂学习就增添了趣味。例如，学习人教版小学英语（义务教育教科书）三年级上册 Unit Four We Love Animals, Part A, Let's learn 时，教师可以把第二单元学习过的"颜色"和本课时的"动物"词汇融合到一起，让学生听教师的指令画出不同颜色的动物，例如："Draw a black panda. Draw a brown elephant. Draw a blue bird. Draw a yellow tiger. Draw an orange monkey."并将画得又正确又漂亮的学生评为最佳小画家（图6-6）。这样眼、耳、口、手一起行动，有益于学生对知识的理解，记忆也得到了巩固与加深。

图6-6　小学三年级学生在英语课堂上的绘画作品[①]

（四）采用竞赛形式的操练

小学生不但好奇心强，而且好胜心强，竞赛形式的操练能使他们精神振奋，大大激发其学英语的积极性。教师可充分利用学生的这一心理特点，组织学生在竞赛中训练语言技能。例如，进行小组竞赛时，可以将几个小组分别取名为 tiger, panda, rabbit, elephant, monkey 等。还可进行其他团体之间的竞赛，如 boys 与 girls 之间的竞赛。竞赛会使学生们热情高涨，使语言学习变得更加有趣，语言的反馈也会显得更直接、更真实。

三、设计全身反应教学的基本要求

全身反应教学符合小学生的特点，能使学生们会学、乐学、快学和多学，在

[①] 选自郑州市惠济区老鸦陈中心小学三年级学生课堂作业。

学习中感到快乐。但如果教师在设计和实施中把握不准确，也难以取得预期的效果，所以，教师设计和运用全身反应教学时要注意以下几点。

（一）处理好课堂中的各种角色

1. 学生的角色

学生是教学的主体，是听者、表演者。教学中应重视发挥学生的主体意识。在全身反应教学中，学生的主要任务是将听到的指令用行为表现出来。

2. 教师的角色

教师既是课程的设计者，又是课程的导演。全身反应教学一个突出的特点就是教师的作用积极而直接。在全身反应教学中，教师的作用更多地体现在：为每个学生提供展示自己才能的机会，并对学生的表现及时评价，鼓励和称赞他们的表现。

3. 教学材料的角色

在全身反应教学中没有特定的教材，教师的语言、行为和手势为课堂活动提供了良好的课堂基础。在教学中，教师可以运用书本、笔、杯子或是课桌椅等作为辅助工具。

小学英语教学的最终目的是使学生能用所学的语言自由交流、表达思想。全身反应教学在行为和语言之间建立联系，并通过"呈现—模仿—理解—运用"四个阶段，逐步由教师示范行为动作过渡到学生展示行为动作。在许多小学英语课堂上，学生的模仿都和教师示范的一模一样。在英语学习的初始阶段，教师的行为示范是打开学生思维的一把钥匙，但是一味地让学生重复模仿教师，也会逐渐减少学生进行创造性思维的机会。所以，在运用全身反应教学方法时，教师应该在学生理解之后，鼓励他们进行创造性的模仿。

（二）做好课堂管理

全身反应教学中包含了大量的游戏活动、角色表演、小组竞赛等，而小学生一旦活跃起来，就容易失去控制。所以，没有好的课堂管理，再好的教学方法、再丰富的教学活动也难以取得预期的效果。这就要求教师在组织课堂活动之前明确活动目的、规则和要求并考虑到班级人数、教室大小、活动形式及范围等因素，在活动过程中认真监控，及时恰当地处理问题行为，以防止活动中可能出现的混乱场面。

由于全身反应教学在外语学习与行为、动作、物体之间建立了形象直接的联系，而且听一听、做一做的学习方式也符合小学生的认知和学习特点，所以它至今仍是小学阶段英语教学中使用频率比较高的一种教学方法。而英语教师在使用全身反应教学时，应提高自身的语言素养，能准确找到一些英语词语和句子并借助肢体传达其意思，注重语言和肢体的协调性，适当引导学生，强化教学中的重点和难点，特别要创造一种活跃和互动式的课堂氛围，让学生找到学习的乐趣，在愉悦的过程中不断提高英语水平。

媒体链接

案例：全身反应教学设计及其分析.doc

> 请登录课程网或扫描二维码，访问"小学英语教学设计"课程拓展资源部分的教材同步资源模块，阅读"全身反应教学设计"案例及其分析。

学习实践

以人教版小学英语（义务教育教科书）某册教材为例，结合第四章已学过的教学目标设计内容，根据本节所述全身反应教学法，完成一份全身反应教学设计。具体要求如下：

（一）设计教学目标

1. 在分析该册教材教学目标的基础上，选取任一课时的教学内容，该课时的教学内容要适合全身反应教学的开展。

2. 确定该课时的教学目标。

（二）设计全身反应教学

1. 根据教学目标，确定实施全身反应教学过程。（1）设计呈现：教师说出指令并示范动作，学生边听边观察；（2）设计模仿：教师说出指令并示范动作，学生跟着做；（3）设计理解：教师说出指令，不示范动作，学生按照教师指令做；（4）设计运用：某个学生发令，另一部分学生做出动作，学生边比划边说。

2. 根据该课时的教学需要，选用其他合适的教学方法共同完成教学任务，并参照本节全身反应教学的操练形式，设计学生感兴趣的操练。

3. 按照设计全身反应教学的基本要求，注重课堂管理的设计，完成该课时全身反应教学的文本设计。

（三）练习实践

1. 以学习小组为单位，讨论交流设计的文本。

2. 每小组整理出一份设计文本，与其他小组交流。

（四）登录课程网，学习参考"全身反应教学设计"学生作品范例。

第四节 支架式教学法设计

微课：支架式教学.mp4

支架式教学思想来源于苏联著名心理学家维果茨基的"最近发展区"理论。维果茨基认为，在儿童智力活动中，所需要解决的问题和原有能力之间可能存在差异。儿童在教师的帮助下，可以消除这种差异，这个差异就是"最近发展区"。支架式教学应当为学习者建构对知识的理解提供一种概念框架（conceptual framework）。这种框架中的概念是为发展学生对问题的进一步理解所需要的。为此，事先要把复杂的学习任务加以分解，以便把学生的理解逐步引向深入。支架式教学展现的画面是：学生们沿着教师一层一层搭建好的支架奋力向上攀登。

一、支架式教学的基本步骤

支架式教学需要教师在对学生当前水平充分了解的基础上，为学生搭建支架，巧妙地引导学生，随后及时地"撤出"支架，在"从有到无"的过程中，实现知识的意义建构。支架式教学由以下几个步骤组成。[1]

（一）进入情境

进入情境指教师要通过某种方式设置情境，例如，可以通过图片等材料为学生呈现运动的情境，让学生制作海报，介绍班级同学喜欢的运动；或者呈现生日宴会的场景，让学生制作生日宴会食谱。

（二）搭建支架

围绕当前学习主题，按"最近发展区"的要求建立概念框架。即教师根据学生的知识水平和特点，设置合理的知识框架。例如，如果学生没有看到过英语海报，对英语海报的格式、内容等不熟悉，那么学生就很难做出满意的海报，学生也可能无所适从，这时教师就应该给学生提供海报的模板，解释海报的制作要求等。如果是为生日宴会制作食谱，学生需要询问同学喜欢什么样的食品，教师不仅要设计活动让学生了解询问饮食爱好的表达方式，同时还要呈现食谱的样子。

（三）独立探索

在教师的帮助和同学的启发下，学生独立探索解决问题的过程。探索开始时

---

[1] 周芹芹.支架式理论在商务交际英语网络课程设计中的应用[J].电化教育研究，2009（11）.

要先由教师启发引导（例如，演示或介绍理解类似概念的过程），然后让学生自己去分析。探索过程中教师要适时提示，帮助学生沿着概念框架逐步攀升。起初的引导和帮助可以多一些，以后逐渐减少——愈来愈多地放手让学生自己探索；最后要争取做到无需教师引导，学生自己能在概念框架中继续攀升。例如，学生独立完成制作海报或食谱的任务。制作过程中，教师要不断地给予提示和帮助。

（四）协作学习

协作学习是指学生合作解决问题。学生进行小组协商、讨论、对话等活动，在共享集体思维成果的基础上，达到对当前所学概念比较全面、正确的理解，即完成对所学知识的意义建构。例如，制作海报和食谱，学生以小组为单位，通过调查、问答了解同学们喜欢什么运动，喜欢什么食品，然后按照海报的格式，按照食谱的格式完成任务，最后在班级呈现，和班级同学分享。

（五）效果评价

对学习效果的评价包括学生个人的自我评价、师生共同评价和学生相互评价。评价内容包括：自主学习能力；对小组协作学习所做出的贡献；是否完成对所学知识的意义建构。

对于以上的各个步骤，教师在教学过程中可根据学生的情况，进行适当的调整。在支架式教学中，学生的学习主动性加强了，课堂评价也更加多元化，学生的语言运用能力、独立思考能力和合作学习能力也得到了锻炼。

二、设计"支架"的方式

支架式教学中的"支架"又被称作"脚手架"。用建筑行业中使用的"脚手架"（Scaffolding）作为概念框架的形象化比喻，其实质是利用概念框架作为学习过程中的脚手架。如上所述，这种框架中的概念是发展学生对问题的进一步理解所需要的，也就是说，该框架应按照学生认知的"最近发展区"来建立。教师可通过支架的支撑作用把学生的认知从一个水平提升到另一个更高的水平，真正做到使教学走在发展的前面。由此可见，搭建支架是支架式教学的关键，小学英语教学中常用的搭建支架的方式有如下几种。

（一）设计范例

范例是符合学习目标要求的学习成果（或阶段性成果），往往涵盖了特定主题学习中最重要的探究步骤或最典型的成果形式。例如，教师要求学生通过制作海报或食谱来完成学习任务时,教师可以展示往届学生的作品范例,也可以从学生的视角出发制作范例进行展示。好的范例在技术和主题上都会对学生的学习起到引导作用。范例展示可以避免拖沓冗长或含糊不清的解释,帮助学生较为便捷地达到教学目标。例如,在学生制作海报和食谱的活动中,教师就可以先为学生展示几幅其他学生的作品(图6-7)。

图6-7 学生作品(英语海报、食谱)范例

范例并不一定总是电子文档或有形的实体,还可以是教师操作的技巧和过程。教师在展示这种非实体的范例时,可以边操作边用语言指示说明,对重要的方面和步骤进行强调。

(二)设置问题

问题是学习过程中最为常见的支架,有经验的教师会在学生的学习过程中自然地、及时地提供此类支架。当教师可以预测学生可能遇到的困难时,对支架问题进行适当设计是必要的。例如人教版小学英语(实验教科书)六年级上册 Unit Four I Have a Pen Pal. Part A, Let's read 这节课的问题设置。

案例6-6

> 为了让学生在阅读时能够抓住文章的重要信息,教师可以为学生设计这样的问题:
> 问题设计:
> Questions about the first letter:
> (1) Where does Alice live?
> (2) What's Alice's hobby?
> (3) Who likes drawing pictures and making kites?

Questions about the second letter:

（1）What's Liu Yun's hobby?

（2）How about her family?

（3）Does Liu Yun have a sister or brother?

对学生来说，教师提供的问题就像是一个个脚手架，能让学生攀登而上。而学生把问题答案串联起来就是语篇的主要内容。

案例：What Does She Do? Part B, Let's read第二段阅读教学问题设计.doc

媒体链接

请登录课程网或扫描二维码，访问"小学英语教学设计"课程拓展资源部分的教材同步资源模块，学习问题设计案例。

（三）提出建议

当学生在独立探究或合作学习的过程中遇到困境时，教师应给出恰当的建议，以引导学生顺利完成学习。当设问语句改成陈述语句时，"问题"支架就成为了"建议"支架。与"问题"支架的启发性相比，"建议"支架的表现方式更为直接。如人教版小学英语（实验教科书）六年级上册 Unit Four I Have a Pen Pal, Part A, Let's read 教学案例中的教学建议。

案例6-7

人教版小学英语（实验教科书）六年级上册

Unit Four I Have a Pen Pal, Part A, Let's read

Suggestions about the first letter:

（1）You should try to grasp the information about the place where Alice lives in.

（2）You'd better find out Alice's hobby.

（3）You can explore for the person who likes drawing pictures and making kites.

Suggestions about the second letter:

You may first look for Liu Yun's hobby and then the information about her family. At last you should make sure if she has a sister or brother.

（四）绘制思维导图

思维导图是一种图像式思维工具以及一种利用图像式思考辅助工具来表达思维的工具。皮尔斯博士在《知识工作者的可视化工具——批判性思考的助手》一书中总结了48种图表（书中称为组织信息的可视化方法）形式，包括概念地图、维恩图、归纳塔、组织图、时间线、流程图、棱锥图、射线图、目标图、循环图、比较矩阵等。小学英语教师可以根据教学内容和目标要求选用合适的图表。例如，人教版小学英语（实验教科书）六年级上册 Unit Four I Have a Pen Pal, Part B, Let's read，教师设计的概念地图（如图6-8所示）为学生的阅读提供了清晰的指引。

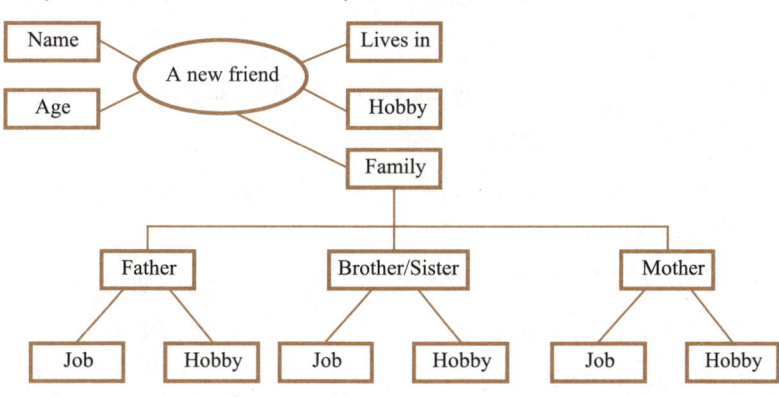

图6-8　概念地图支架

媒体链接

请登录课程网或扫描二维码，访问"小学英语教学设计"课程拓展资源部分的教材同步资源模块，学习"可视化信息描述方式——表格、流程图"。

案例：可视化信息描述方式——表格、流程图.doc

（五）设计谈话

在英语课堂教学中，free talk对于培养学生的听说能力起着重要的作用。教师可根据不同的课堂教学目标、不同的教学环境设计不同的讨论话题。free talk可以在师生之间进行，也可以在生生之间进行。它创造的是一种真实的交际环境，听者和说者在交流中产生信息差距（即信息沟），双方就有了继续交流的意愿。例如，人教版小学英语（实验教科书）六年级上册 Unit Four I Have a Pen Pal, Part B, Let's learn部分的教学，教师可以与学生展开如下谈话：

案例6-8

人教版小学英语（实验教科书）六年级上册

Unit Four I Have a Pen Pal, Part B, Let's learn

谈话设计：

Step Ⅰ：由师生谈话导入话题，再转为生生间的交谈，复习相关旧知。

T: What day is it today?

Ss: It's Thursday.

T: What do you usually do on Thursdays?

S1: I usually read English books in the morning. What do you usually do on Thursdays?

S2: I usually play ping-pong after class. What about you?

S3: I usually watch TV in the evening.

（教师可以边听边在黑板上写下动词词组：read English books, play ping-pong, watch TV。）

Step Ⅱ：练习第三人称单数形式，为第三步的语篇输出做准备。

T: OK, now I wonder if you have a good memory. What does S1/S2 usually do on Thursdays?

（教师在原来的动词末尾根据规则加上 s 或 es：reads English books, plays ping-pong, watches TV。）

（教师引导学生用第三人称单数形式回答问题。）

S4: She usually reads English books in the morning on Thursdays.

S5: He usually plays ping-pong in the afternoon on Thursdays.

Step Ⅲ：独立探索，输出语篇。

根据下列词组的提示叙述 Bill 的一天：

goes to work	teaches math	reads newspaper	goes home
watches TV	goes to bed	by subway	every day
after lunch	at 5:30	in the evening	

在这种含有信息沟的交流活动中，学生表现活跃，在熟悉的、已知的信息和未知的信息之间形成了一个自然的过渡。由第一人称到第三人称，说的同学有意识、有目的地记下新的词汇和句型，听的同学则只有认真听对方的发言才能回答问题。这种真实且轻松、愉快的情境为最后一步（叙述 Bill 的一天）提供了支架。

知识链接

> **信 息 沟**
>
> "信息沟"也就是信息差距,指的是人们在掌握信息方面所存在的差距。由于这种差距的存在,人们才有进行传递和交流信息的言语活动。这种信息的传递和交流,我们通常称之为"交际"。即,当信息传递者一方掌握信息接收者一方所不知道的内容时,就存在信息不平衡,从而产生一方向另一方传递信息的必要和一方想知道另一方所知道信息的欲望,通过信息的传递和交流——也就是说,通过"交际",缩短和填补信息差距,达到相对的信息平衡。由此可见,"信息沟"是人们进行交际的诱因、基础和前提。

三、设计支架式教学的基本要求

支架式教学在小学英语教学中被广泛运用,但是,教师运用此方法应掌握以下基本要求,以发挥它的优势。

(一)准确定位

教师首先要对学生的"最近发展区"进行准确定位。具体来说,以下三种方式可以帮助定位:一是课堂观察,在教学过程中,敏锐觉察学生的状态变化来判定教学内容是否合适;二是进行测试,主要是卷面测试,通过可以量化的试卷成绩等来摸清班级学生的学习程度,避免观察法可能产生的主观判断和偏差;三是学生反馈,主要是通过学生填写问卷调查来实现,问卷中要包含对教学材料的难易判定、自己学习情况的判定以及对未来材料难易度的期待等。

(二)适时提供支架

教师需要把握好适宜的时机为学生提供合理的支架。适宜的时机指的是教师提供支架和撤出支架的时间。教师只在学生遇到困难、无法完成任务时为其提供支架,而在学生能够通过独立学习或小组学习解决问题、完成任务时,及时撤出支架。所以,教师要关注学生的学习过程及反馈,在学生需要的时候为其提供支架,并在学生能够开展任务时撤出支架,给学生充分的探索空间。

媒体链接

案例：支架式教学设计.doc

> 请登录课程网或扫描二维码，访问"小学英语教学设计"课程拓展资源部分的教材同步资源模块，阅读"支架式教学设计"案例及其分析。

学习实践

以人教版小学英语（义务教育教科书）五年级下册为例，结合第四章已学过的教学目标设计内容，根据本节所述支架式教学法，完成一份支架式教学设计。具体要求如下：

（一）设计教学目标

1. 在分析五年级下册教学目标的基础上，选取任一课时的教学内容，该课时的教学内容要适合支架式教学的开展。

2. 确定该课时的教学目标。

（二）设计支架式教学

1. 根据学情分析，准确定位学生的知识水平和学习特点。

2. 根据该课时的教学需要，参照本节提供的设置"支架"的方式，设计适合学生的支架。

3. 根据教学目标，设计支架式教学过程。（1）进入情境：教师创设情境，学生明确情境中需要完成的任务；（2）搭建支架：教师根据学生的知识水平和特点，设置合理的知识框架；（3）独立探索：学生独立探索解决问题，教师适时提供帮助；（4）协作学习：学生合作解决问题；（5）评价效果：对任务完成情况、小组合作情况、自主学习能力等进行自评和互评。

4. 按照设计支架式教学的基本要求，注重选择合适的时间为学生提供合理的支架，完成该课时支架式教学的文本设计。

（三）练习实践

1. 以学习小组为单位，讨论交流设计的文本。

2. 每小组整理出一份设计文本，与其他小组交流。

（四）登录课程网，学习参考"支架式教学设计"学生作品范例。

第五节 自然教学法设计

微课：自然教学法.mp4

自然教学法是特雷尔和克拉申在20世纪70年代提出的以克拉申的第二语言习得理论为基础的一种强调听说在前、读写在后的语言教学方法。自然教学法认为第二语言的习得如同幼儿习得母语一样，教师在教学中要注意做到：第一，最大限度地扩大学生的语言输入；第二，为学生创造轻松愉快的学习氛围；第三，尽可能地运用英语交流；第四，在口头活动中不纠错，在书面作业中纠错等。

媒体链接

请登录课程网或扫描二维码，访问"小学英语教学设计"课程拓展资源部分的教材同步资源模块，学习"克拉申的第二语言习得理论"。

资料：克拉申的第二语言习得理论.doc

一、自然教学的基本步骤

自然教学法在英语教学中有以下几个特点：真实舒适的学习环境；自然积极的学习状态；学生本位的课堂管理；需求定向的教学设计。[①] 在实施过程中，自然教学法可分为以下三个步骤。

（一）表达前阶段

教师在课堂上和学生自然地谈话，使用基本的词汇和句型，并且突出、重复重点词汇。教师通过身体动作和视觉提示，如图片、实物等，帮助学生理解。只要求学生能够听懂和执行简短的英语指令，作出非语言性的反应。许多学生开口之前要经过一个"沉默"的阶段，这是正常的。在这个时候，教师要有耐心。在小学生学习英语的起始阶段，如果教师过多地运用了反复操练的方法，这不仅不能带来明显的教学效果，而且也不利于儿童自身的发展。对于小学生而言，如果教师能够通过身体动作、图片、视频等与生活联系密切的实物来帮助小学生理解，将会使这些新知识给他们留下更深刻的印象。例如，在教颜色词时，教师就可以利用不同颜色的图片来教学颜色单词。

---

① 王笃勤. 小学英语教学策略[M]. 北京：北京师范大学出版社，2010：23-24.

(二)早期表达阶段

教师自然地和学生谈话,选择使用简单的词汇和句子结构,继续注意学生是否能够对简单的英语指令作出正确的反应。此时,学生已经习得了一些词汇和简单的句型,教师可以设置一些简单而有趣的问题激发学生回答问题的兴趣。例如,教师可以使用一般疑问句(Is this your pen?)、选择疑问句(Is this yours or his?)以及以"Wh-"为首的特殊疑问句(What is his name?)等进行提问,要求学生用一两个单词或短语回答问题。学生应能听懂这些问题,并做出回答。教师应注意这些问题在学生可理解的范围之内。

(三)表达阶段

教师使用自然、简单的语言和学生谈话,用以How为首的特殊疑问句提问,要求学生用短语或完整的句子作解释,表达自己的意见。教师应鼓励学生在实际生活中用英语表达思想,与人交流。教师可以设计一些能加强学生表达欲望的问题,比如,How are you? How is the weather today? How to get to the museum? 等。教师也可以提供一些短语和句型,让学生扮演不同的角色,用英语来排练日常生活中的场景,比如看病、师生对话等。

二、设计自然教学

自然教学法强调语言材料的输入(input),认为可理解的语言材料的输入是语言学习成功的关键,这种输入通过不同的途径(如听、读),以不同的量和不同的方式提供给学生。所以,课堂教学必须为学生提供多元输入刺激、多元输出刺激,必须能够调动学生的多种感官,适应不同学习目标、不同技能发展、不同学习风格、不同语言水平学生的需求。设计运用自然教学有以下几个方面。

(一)使用简单的英语指令

组织教学要从实际出发,尽量使用英语,适当使用母语。小学英语课堂上常常出现学生不知教师所云的尴尬局面,例如,有一位教师让学生重复录音内容时用了四次repeat一词,学生还是没能明白。教师语言超出了学生的语言储备量,学生毫无反应,大大降低了教师课堂语言输入的有效性,同时也挤占了学生语言实践的时间,使课堂效率大打折扣。此时如果教师适当地用汉语稍作解释,学生立刻就会明白应当做什么和怎么做。

（二）由浅入深处理教材

对事物的认识总是从简单到复杂、由浅而入深的。而教材由于语言本身体系的原因，往往知识的跳跃性较大，有些则缺少过渡环节。这就要求教师必须按照从简到繁、从易到难的原则，以学生的接受能力为教学出发点，恰当地安排教学内容、选择教学方法，尽可能缩小知识衔接的坡度，使学生对所学新知识都能熟练地掌握。教师在处理教材时，要利用学生的现有知识，以旧知导入新知，通过讨论学生熟悉的话题帮助学生理解。

（三）准确讲解教学内容

新课程倡导体验、参与、合作与交流的学习方式，使语言学习的过程成为学生形成积极的情感态度、主动思维和大胆实践、提高跨文化意识和形成自主学习能力的过程。教师备课时常常因为把重心放在了教学的重点、难点上，而容易忽视讲解这些语言点时的细节。例如，对一个语言点的处理，要尽量用学生能听得懂的句型和词汇讲解。

语言是人们进行交际的工具，同时也是思维的工具。教师用英语上课，往往不是所学单词的简单重复，而是通过新的情境把这些材料重新组合。在这一过程中，学生势必会开动脑筋积极思考，通过观察、比较、分析、综合、想象等一系列活动来理解所学知识，这有利于发展学生的智力和培养学生用英语理解、表达思想的能力。

（四）培养学生的英语思维

在小学英语课堂上，一些教师认为只有通过翻译，学生才能"真正"理解语言，即使教师已经说得明明白白，学生也听得清清楚楚，仍然还要翻译一遍。久而久之，学生（尤其是高段学生）即使已经明白了这个单词或句子的意思，还是习惯从教师的口中听到中文解释，才能放心。这是一种不好的习惯，破坏了用英语开发思维的能力。

作为教师，要把握学生学习习惯养成的关键时期，特别是低段小学生刚接触英语的时候，教师更要注意自己输入语言的方式和成效，为学生以后的语言学习打下良好的基础。教师应放慢语速，发音清晰，使用学生熟悉的词汇，不断复现。同时借助图片、实物、表情、手势、幻灯片等直观教学手段，用学生所能理解的、可接受的英语来组织教学，这也是养成学生英语思维习惯的重要方面。

三、设计自然教学的基本要求

（一）理解在先，表达在后

在小学英语教学中，听、说、读、写既是学习的内容，又是学习的手段。其中，听和读是理解的技能，说和写是表达的技能。正确的表达必须以正确的理解为基础。课堂教学中，教师首先要通过各种方式，使学生充分理解教师传授的信息，即为学生设计多元的"输入"活动。然后，在理解的基础上，再为学生设计多元的"输出"活动，刺激学生的表达。

案例6-9

> **人教版小学英语（义务教育教科书）三年级上册**
> **Unit Four We Love Animals, Part A, Let's learn**
>
> 1. 听觉活动
>
> 学生听录音、听老师或其他同学的描述，辨别小动物的图片（cat, dog, duck, pig, bear）。
>
> 学生通过听猫、狗、鸭子、猪等动物发出的声音来辨别它们。
>
> 2. 视觉活动
>
> 学生通过观察小动物们的图片，回答问题。
>
> 学生观看动物们喜欢吃的食物，选择动物。
>
> 学生观看动物身体的局部图片，猜测动物。
>
> 3. 触觉活动
>
> 学生通过触摸小动物玩具来猜测是哪种动物，并回答问题，介绍自己喜欢的动物。

上述案例中的"输入"活动即分别通过耳朵听、眼睛看和双手触摸的方式对学生进行了听觉、视觉和触觉方面的刺激。教师在课堂教学中可以根据学生的学习风格和学习水平选择不同的"输入"活动。针对此教学内容的课堂"输出"活动可以包括：

1. 交际练习

调查同伴喜欢哪种小动物。

2. 任务活动

调查学生去动物园见到的小动物。根据调查结果，制作同伴喜欢的小动物卡片，并赠送给同伴。加强学生之间的了解，加深同学友谊。

3. 游戏活动

行为猜测：学生A用肢体语言表达自己喜欢的动物，学生B用英语表达自己的猜测；学生在讲台前用肢体语言表达自己喜欢的小动物，不同小组猜测。

传话游戏：分小组活动。各小组第一个同学分别描述自己喜欢的小动物的特点，依次传递，至最后一名同学。如果最后一名同学猜出小动物的名称，则本小组获得奖励。

4. 绘画活动

学生根据所听、所演，画出不同动物的典型特征。

上述案例中的"输出"活动即分别通过语言交际、任务调查、课堂游戏和动物绘画的不同形式检验了学生对本课时动物单词的掌握情况。教师需要根据实际教学情况选择适合的活动。

（二）以掌握为中心

自然教学的每一个阶段都应以学生的掌握为中心。在初学阶段，要创设轻松愉快的学习氛围，使学生在"无意识"状态下习得语言。但是，在较后阶段，要适当强调"有意识"地学习词汇、语法、句型等语言知识，保证学生使用语言的规范性。需要指出的一点是：必要时，可以使用母语进行解释。请阅读下面的教学设计案例。

案例6-10

人教版小学英语（实验教科书）六年级下册
Unit Three Last Weekend, Part B, Let's read

教学过程：

Step Ⅰ Warm-up: Free talk

通过和学生交流达到拉近距离的目的，让学生迅速进入角色。

Good afternoon. Boys and girls!

Step Ⅱ Lead-in

Boys and girls! You know English is an international language. Therefore, we should learn it every day. Did you learn English yesterday? Great! So what did you do yesterday except learning English? What did you do yesterday? And you? What about you? What did you do yesterday? Could you tell me what you did yesterday?

通过不同的问题让学生对所学过的动词过去式进行有效的训练和复习。

Please work in pairs: ask your partners what he or she did yesterday. Two minutes for you.

通过学生对话练习，让学生充分复习所学过的知识，为短文的学习打下坚实的基础。

Step Ⅲ Presentation

Well, I know what you did yesterday (last week, last Monday…). Do you want to know what our friend, Zhang Peng, did today? Please look at the screen. After watching the cartoon, please answer the three questions：

1. Who studied English?
2. Did Zhang Peng's kite fly into the lake?
3. Who helped Zhang Peng?

出示完整的篇章。

完整出示动画。通过看动画，学生对整个篇章有一个大概的了解；让学生根据动画内容回答问题。

Step Ⅳ Practice

Great! Perfect. You did a good job. Now please read the passage silently. At the same time, circle the words you can't understand. If you have any questions, hands up and I'll help you.

学生通过快速浏览短文，提出问题，然后教师给学生答疑。

Tongue twister：

Tongue twister means, ah! For example，

Peter Piper picked a peck of pickled peppers.

Did Peter Piper pick a peck of pickled peppers?

If Peter Piper picked a peck of pickled peppers,

Where's the peck of pickled peppers Peter Piper picked?

吹笛人彼得挑选了一大堆腌胡椒。

吹笛人彼得挑选了一大堆腌胡椒吗？

如果吹笛人彼得挑选了一大堆腌胡椒，

那么吹笛人彼得挑选的腌胡椒在哪里呢？

This is an English tongue twister.

…

在这份教学案例中"Lead-in"部分不论是教师与学生看似不经意的聊天，还是学生之间的对话，其实都是教师在有意识地将学生引入该课时"动词过去式"的复习中。教师在此部分设计中做到了有意识地把学生带入"无意识的学习"中。在解释"tongue twister"时，教师也加入了所列举的绕口令的中文翻译，帮助学生理解其内容。

媒体链接

> 请登录课程网或扫描二维码，访问"小学英语教学设计"课程拓展资源部分的教材同步资源模块，观看"通过不同'输入'引导学生学习"教学设计案例。

案例：通过不同"输入"引导学生学习.doc

（三）降低学生的情感焦虑

自然教学强调在教室里创造一个非压迫性的、非竞争性的以及完全放松的学习气氛和环境。该教学方法认为，开放性的教学氛围非常重要，如果学生在使用外语时太在乎"正确"与否，或者他感到有压力、不自在，那么他就很难做到对所学语言的真正"掌握"。请看下面一则小学英语教师教学随笔摘录：

语言环境的缺乏给涉"英"未深的小学生带来了一定的困难。一句简单的英语，老师往往要领读好几遍以后，学生才能学会。另外，还有一部分学生因为性格内向，害怕别人批评或嘲笑，不敢开口，口语能力也因此得不到发展，久而久之，会渐渐对英语失去兴趣。

针对这种情况，我上课时首先会营造出宽松的课堂氛围，以鼓励、表扬为主，主动地与学生进行情感沟通，并以平等的姿态与学生进行交流。很多学生不敢说是因为怕说错而受到老师的批评或同学的嘲笑。面对这样的学生，我总是会用期待的眼神，鼓励的话语，由衷的赞赏，来调动学生说英语的积极性。课堂上很多次的发言机会我都留给了那些不敢举手的学生，无论对错，我的脸上都是充满了真心的笑容。久而久之，学生的表现会越来越好。[①]

教师可以用鼓励、赞赏的话语创设宽松的课堂氛围，还可以选用其他的形式为学生创设愉快轻松的学习环境，缓解他们的紧张情绪。例如在媒体链接案例中，该教师在讲授完课文内容后，为学生带来了一个与本课学习相关的英语歌曲。这首歌曲根据学生在三年级学过的一首英语歌曲《One, Two, Three, Four, Five》改编而来。这里，教师延用了歌曲原有的曲调，但将歌词内容换成了课文主人公"Zhang Peng"对自己一天活动的叙述（图6-9）。熟悉的曲调保证了学生们能够轻松地将这首歌唱出来，紧贴教学内容的歌词也让学生在唱歌的同时再次回顾了课堂学习内容。这首歌曲让学生感受到了学习的乐趣。

[①] 摘自二七区培育小学殷笑梅老师教学随笔《在快乐中成长，在耕耘中收获》。

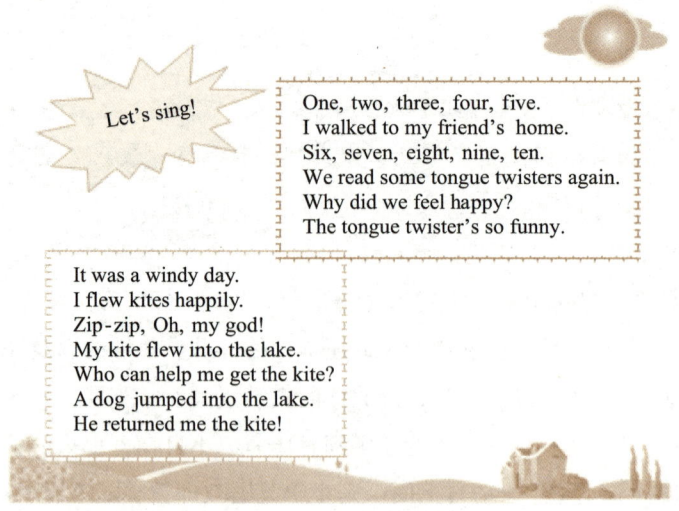

图 6-9　人教版英语歌曲教学

学习实践

以人教版小学英语（义务教育教科书）六年级上册为例，结合第四章已学过的教学目标设计内容，根据本节所述的自然教学方法，完成一份自然教学设计。具体要求如下：

（一）设计教学目标

1. 在教材分析的基础上，能够从《标准》对六年级学生的要求出发，充分分析学生已经具备的语言知识、已经掌握的语言技能，确定六年级上册英语教学目标。

2. 选取六年级上册教材中任一课时的教学内容，充分分析教材内容，确定该课时的教学目标。

（二）设计自然教学

1. 根据学情分析，确定学生所处的英语语言运用能力表达阶段。

2. 根据教学目标，设计自然教学：（1）创设轻松愉快的学习氛围；（2）根据教学内容，为学生设计多元的语言"输入"活动；（3）在理解的基础上，为学生设计多元的语言"输出"活动。

3. 按照设计自然教学的基本要求，关注学生情感，以学生对语言的掌握为中心，尽量使用目的语教学，完成该课时自然教学的文本设计。

（三）练习实践

1. 以学习小组为单位，讨论交流设计的文本。

2. 每小组整理出一份设计文本，与其他小组交流。

（四）登录课程网，学习参考"自然教学法设计"学生作品范例。

第六节 小学英语课堂教学技巧运用

教学技巧与教学方法有着密切的联系，教学技巧是构成教学方法的要素，是被运用于教学方法中，与教学方法伴随而生的。选择恰当的教学技巧有助于实现课堂教学目标、提高课堂效率、活跃课堂气氛、提高学生的兴趣。

小学英语课堂教学涉及的教学技巧有很多，常用的有：歌曲（歌谣）、游戏和故事教学。尽管每种技巧的特点、作用、适用范围各不相同，但它们都能有效地吸引学生的注意力，激发学生学习英语的兴趣，有助于教学目标的实现。"学习金字塔"（The Cone of Learning）理论表明：进行主动的实践练习（practice by doing）的学习效率要高于被动的课堂听讲（lecture）、阅读（reading）和观看视频（audio visual）等活动。而唱歌、做游戏和讲故事是达到上述效果的主要兴趣活动。本节主要介绍歌曲（歌谣）、游戏和故事在小学英语课堂教学中的运用和要求。

媒体链接

请登录课程网或扫描二维码，访问"小学英语教学设计"课程拓展资源部分的教材同步资源模块，学习"学习金字塔理论"。

资料：学习金字塔理论.doc

一、唱歌

（一）歌曲、歌谣在教学中的作用

《标准》在语言技能目标中规定：在小学阶段，学生要能学唱简单的英语歌曲和歌谣30首左右。小学生十分喜欢歌曲、歌谣，特别是小学低年级的学生。英语歌曲、歌谣具有篇幅短小、结构简单、朗朗上口的特点，很容易被他们接受。而英语语言技能的训练和提高也离不开音高、音长、重音、节奏、速度、连读等知识和技能。所以，把富有节奏感、韵律美和文化气息浓的英语歌曲、歌谣运用到小学英语教学中去，既可以活跃课堂气氛、激发学生的学习兴趣，又可以培养语感、陶冶情操，还能满足学生的求知欲和成就感，有利于提升课堂教学效率。所以，现行的小学英语教材中每个单元都编排了英语歌曲或歌谣。例如，人教版小学英语（义务教育教科书）的"Let's chant"和"Let's sing"。

（二）歌曲、歌谣在教学中的运用

1. 选择或创编合适的歌曲、歌谣

歌曲、歌谣的选择不是随意的，教师要根据课堂教学内容，有目的、有针对性地选择，同时也可以根据需要合理地创编新的歌曲或歌谣。

（1）在字母教学中的运用

例如，在英语学习启蒙阶段，教师都会带领学生学唱字母歌《Sing the A B C Song》，这首歌曲可以帮助学生有效地记忆英语 26 个字母。学完这些字母后，可以编写一些字母歌，以供学生记忆：[①]

A, A, it's an apple. It's a red apple. Apple, apple, a red apple.

B, B, it's a bird. It's a lovely bird. Bird, bird, a lovely bird.

C, C, it's a car. It's a yellow car. Car, car, a yellow car. Let's play in the car.

D, D, it's a dog. It's a black dog. Dog, dog, a black dog. Let's play with the dog.

E, E, it's an elephant. It's a big elephant. Elephant, elephant, a big elephant. We like to watch the elephant.

F, F, it's a fish. It's a small fish. Fish, fish, a small fish. We like to eat the fish.

（2）在词汇教学中的运用

学习新的词汇，为了帮助学生记忆新的单词，可以把新学习的单词放在歌曲里进行练习。例如，学习人教版小学英语（义务教育教科书）四年级上册 Unit Six Meet My Family, Part A, Let's learn 时，教师可以选择歌曲《Come and See My Family》：Come and see my family, Under the old apple tree! This is my father. How do you do? Sit down and have a cup of tea with me! 在学完了词汇 mother，father，sister，brother，grandma，grandpa 后，教师和学生可以共同尝试将新学的单词编入歌曲中。

学习描述人体状态的形容词如 sleepy，hungry，tired，thirsty 等时，可以利用学生熟悉的歌曲《If you are happy》创编：

If you are sleepy, please have a rest.（示意学生一边唱一边做出睡觉的姿势。）

If you are hungry, please have a hamburger.（示意学生做出吃汉堡的样子。）

If you are thirsty, please have a glass of water.（示意学生做出喝水的样子。）

教师示范之后，将学生分成几个小组，让学生讨论集体创作并演唱他们的歌曲，有条件的还可以配上音乐，看哪个小组创作得又多又好，及时给予评价并进行练习。

（3）在语音教学中的运用

教师还能够选择一些英语歌谣训练学生的语音。例如，朗读歌谣《The Little Cat Is Mad》有助于训练音标 [e] 和 [æ] 的发音：The little cat is mad. The little cat is

---

① 鲁子问. 小学英语活动设计与教学[M]. 北京：高等教育出版社，2008：172.

sad. The little cat feels very bad. "Little cat. Little cat. Why are so mad and so sad?" "I have broken my leg. I have broken my neck. And I have a pain in my head." "Sorry, sorry, little cat. That's really too bad."

（4）在语法教学中的运用

学习语法知识，也可以选择适合的英语歌曲使单调的语法知识变得生动、形象。例如，人教版小学英语（实验教科书）五年级下册 Unit Five What Are You Doing? 一单元涉及现在进行时，教师可以选择带有现在进行时句子的英语歌曲《Sailing》。

（5）在文化教学中的运用

不但语言知识讲解与语言技能训练的课堂教学可以运用英语歌曲、歌谣，教师还可以适时地引入关于英语国家文化知识的歌曲或歌谣，以增加学生的跨文化知识和跨文化交际的意识。例如，在讲授"My Holiday"一课时，教师可以选择一些与西方重要的节日"圣诞节"有关的歌曲，如《Santa Claus Is Coming To Town》《Jiggle Bells》《White Christmas》；如 Let's take a trip 一课，《London Bridge》就是一首很好的介绍英国地理知识的歌曲。

2. 合理运用歌曲、歌谣

英语歌曲、歌谣教学通过让学生听、唱、演、玩等方式，让枯燥、乏味的语言教学变得丰富多彩，既能增加学生学习英语的兴趣，还能让紧张的课堂学习变得轻松、愉快，同时，还能让学生获得英语学习的成就感。教师要利用好歌曲这一辅助手段，为英语课堂教学服务。在实际教学中，教师要把握好运用的时间和方式。

（1）课前热身

课前唱歌已成了英语课堂的必备环节。它能给教师带来激情，也能把学生的注意力从课间活动迅速转移到课堂学习中，让学生从心理上做好上课的准备。此外，在教师上观摩课、优质课、教学比赛课等公开课时，课前唱歌还能缓解学生的紧张情绪，为良好的教学效果提供保证。

案例6-11

人教版小学英语（实验教科书）四年级下册
Unit Three Is This Your Skirt? Part A, Let's learn

歌曲教学设计：

Warm-up

T: Good morning, class. Is there anyone who is wearing yellow today?

> Ss:…
>
> T: Do you know an English song "Who Is Wearing Yellow Today?" Is there anyone who can sing it? Now let's watch the video.
>
> T: Now let's sing it in groups. One group sings and asks while the other group sings and answers. For example, "Who is wearing yellow today? Yellow today, yellow today. " "Wang Na is wearing yellow today. Yellow today."
>
> Ss: group work…

在这个案例中，学生们边唱歌，边找出班里穿着相应颜色衣服的同学。这样学生在唱歌的时候就已自然地进入了课堂关于"服装"的话题。

（2）讲授新课

唱英语歌曲能巧妙地学习新授课内容。把需要学生掌握的单词、句子编入学生熟悉的曲调中，学生既感到熟悉，又有些新鲜，轻轻松松学习掌握新知识。以上一教学案例为例，在进行新单词讲授时，教师可以这样设计教学：

T: Who is wearing red shirt? Red shirt, red shirt.（屏幕上出现 red shirt，同时寻找班里穿红色衬衫的学生。）Oh, Yang Lin is wearing red shirt. Red shirt. Who is wearing brown jacket? Brown jacket. Liu Peng is wearing brown jacket. Brown jacket…

如果学习这节课时，由于季节原因，学生的穿着与课文中的服装不符，教师还可以选用其他的方式呈现服装。例如选用教材中的人物，用简笔画的形式为他们配以相应的服装。

（3）练习巩固

在练习巩固阶段，教师可以将所学词汇、句型编辑成歌。这些简单通俗的语句用小学生喜爱的民谣、儿歌的形式表现出来，帮助学生在反复歌唱中复习巩固所学的词汇、句型。如上面案例中的教学内容，在复习巩固阶段，教师还可以运用《两只老虎》(*Two Tigers*) 的曲调编写英语歌曲："Is this your skirt? Is this your skirt? Yes, it is. Yes, it is. Is that your T-shirt? Is that your T-shirt? No, it isn't. No, it isn't. Is this your jacket? Is this your jacket? Yes, it is. Yes, it is.…"如果找不到合适的曲调，教师还可以将所学知识编成朗朗上口的歌谣。例如，学习人教版小学英语（实验教科书）六年级上册 Unit One How Do You Go There? Part A, Let's read 时，某教师编写了下面一首歌谣：

Where do they go?

They go to the park.

When do they go?

This afternoon.

How do they go?

By bike, on foot and by bus.

Where's Zhang Peng's home?

Near the post office.

Which floor?

The fifth floor.

When do they meet?

At 2 o'clock.

Happy! Happy!

They are happy!

这首歌谣将课文对话中的主要信息和知识点都进行了总结。学生通过歌谣朗诵练习，也轻松地复习了课文中的知识点。

3. 促进歌曲、歌谣的理解和记忆

教师在带领小学生朗诵或学唱歌曲、歌谣时，不能够只靠单一手段的朗诵或者演唱，要选择多种方法，促进学生的理解和记忆。

（1）创设丰富情境

情境教学法和全身反应教学法可以有效地促进歌曲、歌谣的理解和知识的记忆，从而有效地增进教学效果。例如，选用歌谣《Rain Is Falling Down》，教师可以利用简笔画或者多媒体呈现一幅"下雨"的图画，同时音响播放下雨的"哗哗"声。声音与图像的结合，使学生宛如置身于雨中。在播放圣诞歌曲时，教师可以戴上红色的圣诞帽，男教师还可以再戴上白胡子；演唱《Sailing》时，幻灯片上显示大海、船舶，课桌上摆放几只手工折成的纸船；演唱《Old Mac Donald Had a Farm》时，幻灯片演示农场画面，课桌上放置一些动物的毛绒玩具或手工制作的动物图片等。

（2）设计多种活动

在反复听了几遍歌曲后，教师还可以尝试将歌词中的关键词或与课文内容相关的词汇去掉，让学生边听边填空，以检查学生对关键词汇的掌握。如果将这项练习放在第一遍或第二遍歌曲播放的时候，那就变成了对学生听写能力的训练了。此外，教师还可以设计师生对唱、学生对唱或者演唱接龙等不同的活动形式，不仅活跃课堂气氛，也强化学生对歌曲的理解和记忆。

小学生的自制力较差，尤其是低年级的学生，无法保持40分钟认真听讲的状态，而活泼、轻快的歌曲既舒缓了学生的紧张情绪，又及时凝聚了学生的注意力，保证了课堂教学的有序进行。欢快、美妙的音乐也让学生获得了愉悦的情绪体验，激活了大脑的思维，在不知不觉中加强了知识的理解和记忆。

媒体链接

案例：歌曲、歌谣教学案例应用及分析.doc

请登录课程网或扫描二维码，访问"小学英语教学设计"课程拓展资源部分的教材同步资源模块，阅读"歌曲、歌谣教学案例应用及分析"。

二、做游戏

英语游戏教学以辅助英语教学、用英语进行交际为目的，是小学英语课堂中广泛运用的一种教学技巧。

（一）游戏在教学中的作用

1. 激发兴趣

游戏教学首先能够激发学习兴趣，减轻学习负担。"游戏"属于"活动"的范畴，它能够将枯燥、单一的语言现象转变为学生乐于接受、易于理解、内容丰富、形式多变的活动形式，为学生创造丰富的语言交际情境，使学生在玩中学、学中玩。小学生大都具有好奇、好玩、好动、好胜、喜欢表扬的特点，在小学英语课堂中引入游戏教学符合小学生的学习心理，可以有效地激发他们的学习兴趣。而游戏教学所营造的轻松愉快、和谐融洽的课堂氛围还能够有效地排除学生学习的心理压力，减轻学习负担。

2. 集中注意力

游戏教学还能够促进学生注意力的集中，提高教学效率。小学生自制力较差，注意力持续时间短。因此，教师变化多端的游戏教学能有效地刺激学生的学习热情，让他们玩一玩、练一练、听一听、看一看。在不知不觉中，学生已经全神贯注地在游戏中实现了知识的探索与运用。心理学认为，人在精神兴奋时，对外界的刺激体验最强烈，对外部信息的接受也是最快的。而以学生为主体的游戏教学使知识更加形象化，能增强记忆的强度，提高课堂教学的效率。

3. 培养能力

游戏是由学生主动参与的活动，所以游戏教学还能够培养学生的能力，例如，英语语言运用能力、合作能力、竞争能力和表演能力等。英语游戏是以锻炼学生的英语语言运用能力为目标所设计的课堂教学活动，活动中学生运用英语进行交际，运用英语展开活动任务、完成活动目标。游戏教学使学生在轻松活跃的环境中有效地锻炼英语语言运用能力。许多游戏又是以多人参与为特点的集体活动，伙伴之间的相互配合和支持是游戏进行的保证。所以，在课堂教学中使用可以在和谐愉快的氛围中培养学生的合作能力。为了最大限度地激发学生的学习和参与热情，许多课堂游戏都把学生分成了不同的小组，游戏以小组竞争的形式决定胜负。这种形式既符合小学生的好胜心理，又能培养他们的竞争能力。同时，还有一些游戏需要学生进行动作模仿和角色扮演，这又能培养学生的表演能力。

（二）游戏在教学中的运用

1. 精心设计游戏

游戏是英语教学的辅助手段，有利于激发学习兴趣和培养学习能力。教师设计游戏要根据教学内容的需要有针对性地进行设计。根据《标准》在语言技能目标中对"玩演"的要求，小学低年级的英语教学主要进行教师指导下的简单游戏或角色表演，小学中、高年级的英语教学可以让学生按照规则要求独立做游戏，或者在教师的帮助下完成创造性的表演。

例如，人教版小学英语（义务教育教科书）三年级上册Unit Three Look at Me! Part B, Let's learn将学习人体五官及身体各个部位的英语单词。教师可以选用游戏"Simon Says"，来强化本单元词汇的理解和记忆。

游戏名称：西蒙说（Simon Says）

目的：听力与反应训练。理解、巩固所学词汇、短语。

对象：全班学生

方法：教师发出各种指令，如：Stand up! Touch your nose! Smile! 学生做出相应动作。

规则：只有当教师说了"Simon Says"以后发出的指令，学生才能执行，否则算错。教师可以让做错的学生出局，也可以罚其唱歌或背单词。

注意事项：教师可根据学生反应的情况，逐渐加快或放慢节奏。

媒体链接

请登录课程网或扫描二维码，访问"小学英语教学设计"课程拓展资源部分的教材同步资源模块，学习人教版小学英语（义务教育教科书）三年级下册Unit Six How Many? Part B, Let's talk & Let's find out这节课的游戏设计"猜袋中物"。

*案例：猜袋中物.doc

随着学习的深入，学生的词汇量不断增加，语言表达能力逐渐增强，同学之间的合作效率明显提高，教师应该加大游戏的难度，以达到"玩中学"的效果。

根据《标准》二级要求，小学五年级的学生将学习一些描述行为动作的动词短语，描写事物特征的形容词也逐渐丰富起来。在游戏教学中，教师可以让学生根据所学知识，独立完成一些表演或描写的任务。例如，学习人教版小学英语（实验教科书）五年级上册 Unit Six In a Nature Park 时，教师可以根据教学内容，设计锻炼学生写作能力的游戏。

游戏名称：看一看，说一说（Look and Say）
目的：锻炼语言表达能力及小组合作能力。
对象：各个小组。
教具：教师准备几张自然公园的照片或者PPT图片。
方法：教师将自然公园的照片或图片分给各个小组，每3个小组分得同一张图片。小组成员根据图片内容，可以创编对话、景物描述或者情境故事。经过准备后，小组成员共同上台进行汇报。每个成员必须发言。准备中，每小组可指定一名学生进行文稿记录。
规则：教师将从持有同一张图片的3个小组中选出合作默契、图片内容描述完整、对话新颖、有创意的1个小组，作为优胜组。小组内每个成员在活动中都要有分工，上台汇报时，每个组员都要发言。
注意事项：教师注意根据班级小组数目准备图片。

学习人教版小学英语（义务教育教科书）六年级下册 Recycle Mike's Happy Days 后，小学阶段的英语学习也即将结束。经过了六年的学习、生活，学生们之间已经非常熟悉，许多学生还成为了好朋友。此时，教师可以为学生设计一个"寻找家庭成员"的游戏，不仅加深同学之间的友谊，也对小学阶段的英语学习做一次汇报总结。相信，当每个家庭"团聚"的时候，所有的家庭成员将收获"家"的温暖和成功的喜悦。

案例：寻找家庭成员游戏设计.doc

媒体链接

请登录课程网或扫描二维码，访问"小学英语教学设计"课程拓展资源部分的教材同步资源模块，学习"寻找家庭成员游戏设计"。

2. 不断更新游戏

小学生在课堂上的注意力主要由兴趣来维持。刚开始上英语课时，他们发现英语课与语文课、数学课不一样：老师带领着大家又唱、又跳，还时不时地给一些奖励，例如，老师会在课本上印个小红花，在胳膊上贴个小星星，甚至有时候还会发糖和巧克力。许多学生喜欢上了英语课。但随着教学的进展，课堂教学内容逐渐增多，学习难度也不断加强，一部分学生的学习兴趣开始减弱。这个时候，教师要根据教学进展和学生反馈，积极思考，更新游戏。这样才能保证英语课堂游戏的趣味性和丰富性，才能让学生保持对英语课堂的好奇感和新鲜感。例如，在"Simon Says"游戏中可以由教师发指令变为某个学生发指令；在字母教学中，教师给每组学生发一张卡片（如图6-10所示），比赛哪一组最先从A走到Z。在翻新旧游戏的同时，教师还要多看、多学、多思考，不断地设计或者吸收新的游戏来充实课堂教学。

A	K	R	E	L	M	J	P
B	C	P	I	S	I	C	K
H	H	D	G	F	G	H	L
Q	O	I	E	E	P	M	M
F	C	F	T	O	N	W	S
N	B	Q	P	A	W	X	V
T	X	R	U	V	K	J	Y
Z	S	T	Y	A	U	T	Z

图6-10　走字母迷宫

3. 灵活调整游戏

游戏教学几乎可以运用于从课前热身、呈现新知到巩固练习的所有课堂环节。然而要真正发挥其辅助教学的功能，达到寓教于乐的目的，教师必须加强掌控，及时地根据课堂变化，灵活调整游戏内容、规则、布局、进度以及时间安排等，使课堂教学在愉快、活泼、严谨、有序的氛围中开展。例如，游戏"Simon Says"就最适合运用在学生注意力不集中时。为了充分发挥这个游戏的效果，教师可以根据学生的反应，逐渐加快节奏，使学生在紧张、欢快的气氛中游戏。通过这个游戏活动的开展，那些说话、走神、做其他事情的学生自然就重新回到了课堂教学中。进行"Looking for Family Members"游戏时，全班学生都在走动，相互询问、交流，教师一定要控制好课堂秩序。如果教室太小，不方便走动，教师可以组织大家到室外进行。如果发现某些学生违反规则，例如频频用汉语交流或者在做其他事情，教师可以视情况给予提醒、扣分等。

总之，在游戏教学中，教师既是组织者、协助者，又是监督者、控制者和评价者。教师要扮演好这些角色，精心设计游戏，让全体学生都能参与，都能体验到成功的喜悦，始终保持积极性。但是，不管教师在课堂中的角色如何，他一定是一个智慧的隐者。他懂得如何巧妙地把课堂交给学生，让学生真正成为课堂主人。

在当前的小学英语教学中，一些教师在实施游戏教课时，常常会出现游戏内容不合理、游戏实施不科学以及学生被动参与的现象。对于游戏内容的选择，教师一定要认真研读课程标准，选择或设计贴近教材内容、符合学生学习情况和生活经历的游戏。对于游戏的实施，教师不仅要考虑实施的时间，还要考虑实施的次数。哪个游戏适合在课前、课中或者课后实施？每个游戏可以实施多长时间？一节课可以实施多少个游戏？教师一定要避免"有数量、没质量，有形式、没知识"的现象。学生被动参与游戏的现象，主要是由于教师在游戏前没有明确游戏规则，导致学生在"迷迷糊糊"的状态下就被"拉"进了游戏之中。这种情况很容易导致课堂秩序失控。所以，教师必须在实施游戏前，向学生说明"玩"游戏的规则和要求，实现"学中玩"的目标。

案例：游戏教学案例应用及分析.doc

媒体链接

> 请登录课程网或扫描二维码，访问"小学英语教学设计"课程拓展资源部分的教材同步资源模块，阅读"游戏教学案例应用及分析"。

三、讲故事

小学英语故事教学，不仅仅指英语故事的教学，同时，它也是一种教学技巧。人教版小学英语（义务教育教科书）Part C 部分的"Story time"就是英语故事教学环节。这里，教材把故事放在各单元结束的部分，作为单元学习的巩固和补充，促进学生内化新知识点。另外，这一部分也可以当作是学生阅读学习的材料，用以培养学生英语阅读的兴趣和初步的阅读能力。教师还可以利用儿童爱听故事的特点，将单词、词组、短语、句子等教学内容编排进故事之中，或组织学生进行改编故事、表演故事、编写故事、讲述故事的活动，等等。

（一）故事在教学中的作用

小学英语故事教学是《标准》的要求。《标准》在总体目标描述和分项语言技能目标描述中多次提到了"故事"，具体内容摘录如表6-4：

表 6-4 《标准》的相关要求

项目	目标描述
一级总体目标	能在图片的帮助下听懂和读懂简单的小故事
一级语言技能"听做"目标	能在图片和动作的提示下听懂简单的小故事并作出适当的反应
一级语言技能"读写"目标	能在图片的帮助下读懂简单的小故事
二级总体目标	能在图片的帮助下听懂、读懂并讲述简单的小故事,能在教师的帮助下表演小故事或小短剧……
二级语言技能"听"的目标	能听懂简单的配图小故事
二级语言技能"说"的目标	能在教师的帮助和图片的提示下描述或讲述简单的小故事
二级语言技能"读"的目标	能借助图片读懂简单的故事或小短文,并养成按意群阅读的习惯 能正确朗读所学故事或短文

从上述描述中可以看出,小学英语故事教学是小学英语教学的基本内容。故事教学符合小学生的认知特点,通过故事教学有利于培养学生学习英语的兴趣。因为,故事能够为学生创设轻松愉快的学习气氛;故事能够把枯燥的语言知识变得生动有趣;故事情节的虚构性给予了学生广阔的想象空间;故事中性格鲜明的人物能够丰富学生的情感体验;故事所涉及的文化知识能扩大学生的视野。重要的一点,故事教学能够为学生提供一个相对完整并有语境的语言素材。学习语言,使用有意义、有语境的语言素材,便于学生理解语言的意义和掌握语言在具体情境中的运用。

(二)故事在教学中的运用

1. 精心选择故事

故事教学的一个重要功能就是激发学生学习的兴趣。所以,作为应用于小学英语课堂教学中的故事,必须经过精心的挑选或改编。判断一个英语故事是否适合课堂教学,一般可以用下面的标准进行:

(1)故事内容是否能为学生创造运用语言的环境;
(2)故事情节是否能引起学生学习英语的兴趣;
(3)故事难度和长度是否适合学生的年龄特点及接受能力;
(4)教学中的重点词汇和句子是否能够自然地穿插在故事中或反复出现;
(5)故事编排是否能引导学生参与其中。

故事教学使复杂的语言简单化。但是,教师要尽量选择知识点集中、会话内容适中,同时能给人启示的语言内容,从而使学生能够集中学习和运用相关语言知识。例如,教师可以通过下面的一则小故事让学生复习表达动作的词汇。简单的故事把学过的知识串了起来,学生在听故事中进行了复习(图6-11)。

图6-11　故事教学运用（1）

案例:《卖火柴的小女孩》故事设计.doc

媒体链接

请登录课程网或扫描二维码，访问"小学英语教学设计"课程拓展资源部分的教材同步资源模块，学习人教版小学英语（义务教育教科书）五年级上册Unit Three What Would You Like? 这节课的故事设计《卖火柴的小女孩》。

由于故事教学中使用的语言与情节都具有重复及可预测的特性，在课堂教学中，教师可以运用重复的语句与学生互动，还可以通过提问让学生讨论和猜测某些情节，提高学生的参与度，真正做到以学生为主体。

2. 合理编排故事

教师在编排故事时，要注意根据教学重点设计故事情节和语言。

（1）将故事运用于词汇教学

每当讲授新单词时，教师就会拿出单词卡片让学生认读、学习。这种方法虽说形象、直观，但缺少兴趣调动，学生在整个教学过程中也处于被动接受的状态，主体性得不到发挥。要让学生成为学习的主人，故事教学是一种较好的手段。听教师讲故事的时候，学生作为故事讲述的参与者，迫切地想领会到教师所讲故事的含义。例如，人教版小学英语（实验教科书）六年级下册Unit Two What's the Matter, Mike? Part B, Let's learn，教师可以编排故事导入新词汇excited和sad。教师首先在黑板上画两个大房子，里面各自画一个小女孩。一个小女孩旁边画上一个"笑脸"，另一个小女孩旁边画上一个"沮丧"的表情。

T: Who is in the houses?

Ss: Two little girls are in the houses.

T: Yes, Girl A and girl B. Are they happy?

Ss: No. Girl A is happy. Girl B isn't happy.

T: Why isn't girl B happy?

S1: Because she is hungry.

S2: Maybe she wants to play.

T: The house is very big. But she has no friends. So she feels quite sad. But why is girl A happy?（教师在A女孩的旁边再画上另一个女孩。）

Ss: Because she has a friend to play together.

T: Yes. She is playing with a friend in the big house. They feel excited. They are quite happy.

（2）将故事运用于会话教学

句型的学习一直是小学英语会话和阅读教学的一个重点和难点。教师可以将句型编入故事之中。通过听故事，关注故事情节发展的同时，学生就不知不觉地学会句子的表达。例如学习句型there is a…时，教师可以为学生编排下面的一则故事（图6-12）。

小学英语故事教学：There is a bee on me.

（1）A bee stays on a duck's back. The duck says, "There is a bee on me! Oh, no!"

（2）The duck hops around and jumps on a hen's back. The hen says, "There is a duck on me! Oh, no!"

(3) The hen is frightened and jumps on a pig's back. The pig says, "There is a hen on me! Oh, no!"

(4) You can guess what happens next. They all jump on a cow's back. And the cow says, "There is a pig on me! Oh, no!"

(5) All the animals fall off. They say, "Oh, no! Run!"

(6) The bee flies away. He says, "It's ok, now."

图6-12　故事教学运用（2）

如上述图片所示，把句子放在生动有趣的故事中教学，让学生学得轻松，而且也能深刻地记住句子的含义，并且还有利于在其他情境中自如地运用。

对于不同年龄阶段的学生，教师可以选择或编写不同类型的故事。小学低年级学生认知水平比较低，教师可以选择或自编一些趣味性强、简单易学的小故事。小学中、高年级学生的知识结构日趋完善，心理逐渐成熟，教师可以选择内容有趣、语言活泼而又不失深意的故事材料。

3. 灵活运用故事

故事教学中不一定都是教师在讲、学生在听，教师还要根据学生在课堂的反馈情况及时地调整教学策略。具体而言，故事在小学英语课堂教学中的运用方式有以下几种。

（1）读故事，培养学生的阅读意识

图文结合的动画故事，纯正的英语、丰富的文字，既能提高学生听和读的熟练程度，又能加深学生对语言文字及故事情节的理解，促进学生英语语言能力的提高。读通、读顺故事是第一步，了解故事的语言结构固然重要，但故事中蕴藏的含义及信息同样重要。我们必须给学生机会理解这些含义与信息，因为对学生来讲尤为重要的是阅读故事后的情感体验。

（2）猜故事，激发学生的阅读兴趣

猜故事就是预测故事情节的发展，教师可以引导学生根据课题猜故事、根据关键词猜故事、根据已知情节猜故事、根据插图猜故事。教师在故事教学中，应给学生提供相应的暗示或提示，这样会激起学生的阅读愿望，并使他们成为投入的、积极的阅读者。

（3）学故事，促进学生的阅读理解

教师在指导学生学习英语故事的过程中，根据学生的年龄特点及故事特点选择合适的教学方法，帮助学生理解故事内容，为阅读活动的顺利开展提供保障。检查学生是否看懂阅读材料，有许多方法，最常见的是问答、判断是非、排列顺序、画相应情境图、填表等，教师可灵活选择。

（4）讲故事，增强学生的阅读信心

在熟悉、朗读、熟记于心的前提下，指导学生配上相应的表情、动作及声音效果讲故事，用比赛的形式讲故事，进一步激发学生挑战自我、展示自我的勇气。由于讲故事比赛是高层次的要求，应鼓励学生以参与为主，提倡俩人合作、小组合作等多种形式，以降低讲故事的难度；奖项名称尽可能多样、有趣味，例如，故事大王、故事小能手、故事小行家等。

（5）自编、自讲、自演故事，展示学生的阅读成果

如果学生已经掌握了课堂教学的重点、突破了难点，教师就可以要求他们根据所学知识自编、自讲、自演故事。学生可以根据教材中的 Story time, Read and write 或者 Let's read 的内容，进行适当的改编；也可以运用所学的新单词和新句型，将自己类似的经历编写成故事。编写成的故事可以采用学生个人讲述的方式，也可以采用集体表演的方式呈现给大家。当然，对于小学生来说，编写故事是一个非常具有挑战性的任务，所以，教师应该给予帮助，或者允许学生以小组合作学习的形式完成故事的编写。在整个故事表演的过程中，学生需要付出更大的努力，通过亲身实践加深对故事的理解，真切地体会故事的内涵，感受故事学习带来的喜悦。

媒体链接

请登录课程网或扫描二维码，访问"小学英语教学设计"课程拓展资源部分的教材同步资源模块，阅读"故事教学案例应用及分析"。

案例：故事教学案例应用及分析.doc

教学活动是通过教师的教学实践实现的，是在教师与学生的互动中完成的，而教师的实践离不开自己对教学环境、本人的素质、学生需求、社会条件以及课程要求的认识。在教学实践中，首先，教师应当根据教学实际，对所选择的教学方法、技巧进行优化组合和综合运用。其次，无论选择或采用哪种教学方法与技

巧，都要以启发式教学思想作为运用各种方法技巧的指导思想。另外，教师在运用各种方法、技巧的过程中，还必须充分关注学生的参与性。

教学有法，教无定法，不拘一法，贵在得法。教师要灵活地、综合地选择与运用各种教学方法与技巧，博采众长，以求得最佳的教学效果。

学习实践

以人教版小学英语（义务教育教科书）六年级上册为例，结合第四章已学过的教学目标设计内容，根据本节所述故事教学技巧的运用，完成一段故事教学活动设计。具体要求如下：

（一）设计教学目标

1. 在分析六年级上册教学目标的基础上，选取任意一课时的教学内容，该课时的教学内容要适合故事教学的开展。

2. 确定该课时的教学目标。

（二）设计故事教学

1. 根据教学内容，选择学生感兴趣的故事。

2. 根据教学目标，设计故事教学：（1）确定故事出现的教学环节，明确故事教学要达成的目标；（2）根据教学目标和学生的兴趣，对故事进行合理的编排；（3）确定并设计故事的呈现方式。

3. 完成该课时故事教学的文本设计。

（三）练习实践

1. 以学习小组为单位，讨论交流设计的文本。

2. 每小组整理出一份设计文本，与其他小组交流。

（四）登录课程网，学习参考"故事教学设计"学生作品范例。

本章小结

1. 小学英语常用教学方法汇总

教学方法	基本步骤	设计方法	基本要求
任务型教学	1. 任务前 2. 任务执行 3. 任务后	1. 设计真实意义的任务 2. 设计符合学生兴趣的任务 3. 设计能够"输出"的任务	1. 分清"任务"与"练习"的区别 2. 准确把握任务的度和量 3. 注重教师的多重任务

续表

教学方法	基本步骤	设计方法	基本要求
情境教学	1. 情境创设 2. 语言训练 3. 情境运用	1. 利用实物 2. 运用图画 3. 使用多媒体 4. 表演 5. 语言描述	1. 紧扣教学目标，创设情境 2. 情境贴近现实，贴近学生生活 3. 建立情境之间的联系
全身反应教学	1. 呈现阶段 2. 模仿阶段 3. 理解阶段 4. 运用阶段	1. 设计表演形式的操练 2. 设计模仿形式的操练 3. 设计绘画形式的操练 4. 设计竞赛形式的操练	1. 处理好课堂中的各种角色 2. 做好课堂管理
支架式教学	1. 进入情境 2. 搭建支架 3. 独立探索 4. 协作学习 5. 效果评价	1. 设计范例 2. 设置问题 3. 提出建议 4. 绘制思维导图 5. 设计谈话	1. 准确定位 2. 适时提供支架
自然教学	1. 表达前阶段 2. 早期表达阶段 3. 表达阶段	1. 使用简单的英语指令 2. 由浅入深处理教材 3. 准备讲解教学内容 4. 培养学生的英语思维	1. 理解在先，表达在后 2. 以掌握为中心 3. 降低学生的情感焦虑

2. 小学英语常用教学技巧汇总

教学技巧	作用	运用方法
唱歌	1. 活跃课堂气氛 2. 激发学习兴趣 3. 培养语感 4. 陶冶情操	1. 选择或创编合适的歌曲、歌谣 2. 合理运用歌曲、歌谣 3. 促进歌曲、歌谣的理解和记忆
做游戏	1. 激发兴趣 2. 集中注意力 3. 培养能力	1. 精心设计游戏 2. 不断更新游戏 3. 灵活调整游戏
讲故事	1. 培养学习兴趣 2. 提供有语境的语言素材	1. 精心选择故事 2. 合理编排故事 3. 灵活运用故事

学习思考

1. 关于教学方法的建议，课程标准实验稿中倡导教师"应该避免单纯传授语言知识的教学方法，尽量采用'任务型'的教学途径"；2011年版课程标准中提到教师要"采用循序渐进的语言实践活动，以及各种强调过程与结果并重的教学途径和方法，如任务型语言教学途径等"。对于前后语言表达的变化，你是如何理解的？

2. 在全身反应教学中，教师通常会先为学生呈现某个动作，然后学生在理解的基础上再进行模仿。比如在学习动物词汇"monkey"时，教师一边说"monkey"，一边做出《西游记》里孙悟空单腿抬起、手搭凉棚的"经典"动作，学生就明白了"monkey"是猴子的意思。随后，教师再说"monkey"时，全班同学都变成了一模一样的"孙悟空"。对于这种照搬的"模仿"，你是如何看待的？课堂上，你是否会让学生继续模仿《西游记》里孙悟空的其他动作或神态呢？

推荐阅读

1. 王笃勤. 小学英语教学策略[M]. 北京：北京师范大学出版社，2010.

该书是"中小学教师教学策略书系"中"学科教学策略系列"中的一本。它从宏观、中观、微观三个层次构建英语教学策略体系；从教学规划、教学设计、教学实施三方面系统介绍教学策略；从儿童的认知、图式、需求出发，根据儿童学习的特点介绍教学方法；从理论到实际操作，从案例分析到理论反思，系统剖析教学策略。书中对小学英语词汇教学、阅读教学和游戏教学都给出了具体的教学设计策略和实施策略。

2. 安凤岐，梁承锋. 小学英语新课程教学法[M]. 北京：首都师范大学出版社，2009.

该书是"新课程实用教学法"系列教材之一，重点关注了课程改革过程中出现的新问题和解决这些问题的新方法。该书从教师的需要出发，以教师已有的知识经验为背景，采取了参与、互动的呈现方式，使读者体验到课改的新思路、触摸到课改的脉搏、看到课改给教育带来的新气象、学到教学的新方法。

第七章　　小学英语不同课型教学设计

本章导读

本章学习关注以下要点：
- 小学英语词汇课教学及词汇记忆
- 小学英语会话课教学及句型操练
- 小学英语阅读课教学及阅读技能培养

问题情境

某全国知名小学英语教师，在一次教学观摩课中的教材内容包括两句对话：When is your birthday? My birthday is November the 7th. 还有十二个月份的单词和序数词。这位教师将教学重点放在词汇教学上，要求学生能够认识这些单词并清晰准确地表达。

导入环节，他向学生提问：What day is it today? What's the date today? How many people are there in your family? How many students are there in your class? 等等。呈现新知环节，他通过魔术师的活动自然引入到序数词，然后让学生观察，找出序数词的读音规律，进而给出一些序数词让学生们操练巩固。接着，通过袋子猜物的游戏活动，引出 calendar，并呈现一年中十二个月份的单词。为了巩固日期的表达方法，同时增加语言输入，他还安排了一个听力练习活动。教师准备了四个不同节日的语言材料和自己的生日材料，让学生们通过听音、思考判断出这一节日，最终自然说出这一节日的具体日期。在拓展环节中，他安排同学们四个人一组，通过问答，完成自己和同伴的生日日期填写活动，并以小组为单位上台展示。在课堂教学结束的时候，他还通过提问：When is your mother's birthday? When is your father's birthday? 进一步加强德育的渗透。

课后，当这位教师谈到他这节课的设计思路时强调：我们在教学过程中，即便只是教学单词，也不要忘记词不离句、句不离文这一原则。

启发思考

对案例中教师讲到的"词不离句、句不离文"的教学思路，你是如何理解的？它在词汇教学中的作用是什么？对于十二个月份和序数词的教学内容，你会如何设计教学呢？

小学英语教学通常有词汇教学、会话教学和阅读教学。不同课型具有其不同的特点，教师掌握不同课型的设计，对提高课堂学习效率有着重要的作用。本章主要介绍不同课型的教学设计。

第一节 小学英语词汇课教学设计

在小学英语教学中，词汇教学是必不可少的一个环节。词汇教学是以词汇为教学内容，以词语的理解和应用为教学目标的教学过程和教学活动。根据小学生的年龄特点，小学的英语词汇教学应以儿童的心理需要、认知规律为依据，让学生全面地感知、理解单词，正确地模仿单词发音，灵活运用单词，科学地记忆单词，合理地复习单词。通过单词的学习让学生轻松快乐地学习英语，掌握良好的学习方法，为以后进一步学习英语打下坚实的基础。

一、词汇课教学内容

《标准》对小学英语词汇学习的要求，即小学生需要掌握的词汇知识的二级标准是：
1. 知道单词是由字母构成的；
2. 知道要根据单词的音、义、形来学习词汇；
3. 学习有关本级话题范围的 600～700 个单词和 50 个左右的习惯用语，并能初步运用 400 个左右的单词表达二级规定的相应话题。

基于《标准》对词汇教学的要求，小学英语词汇教学内容主要可分为词形与读音、词义、用法、词汇信息和词汇记忆五个方面。具体如图 7-1 所示：

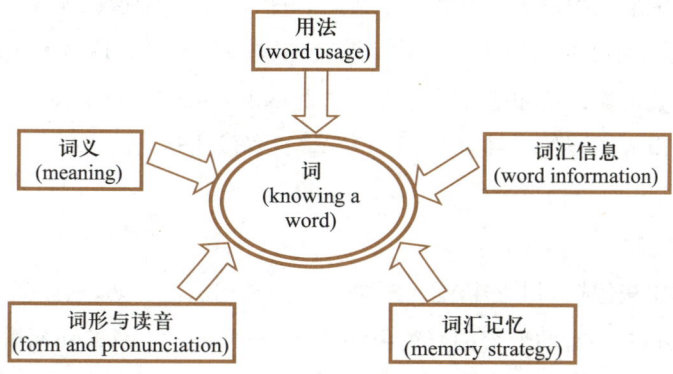

图 7-1　小学英语词汇教学内容

（一）词形与读音

拼写形式和读音是英语词汇的外在形态。在词形方面，由于小学生的思维从以具体形象思维为主逐步过渡到以抽象逻辑思维为主，而且这种抽象逻辑思维仍具有很大成分的具体形象性，所以对于由字母组成的英语单词，小学生在学习、理解和记忆上存在着很大的困难。在读音方面，由于受到汉语拼音字母的影响，a，o，e的读音给他们留下了深刻的印象，他们常常将汉语拼音字母a，o，e与英文字母a，o，e的读音混淆。在听力与发音方面，由于小学生的听觉未发育完善，他们模仿单词发音时容易漏发单词结尾处的辅音，常常将hat念成[hæ]，name念成[nei]。而词形与读音的联系、英语词汇中的音形不一致现象（例如write, eight, grandma等）和同音异形单词（例如deer 和dear, here 和hear, right 和write）等，都将会影响小学生词汇学习的效果。

（二）词义

词义包括词的词汇意义和语法意义。词汇教学要让学生明白所学单词的词汇意义。英语和汉语中很少有意义完全相同的词语，所以词汇教学还应让学生掌握词的语法意义。有时汉语中的一个意思在英语中会出现很多个词语表达形式，例如，汉语中的"看"在英语中可以有下面许多种表达：see —— see a film 看电影，see a doctor 看医生；read —— read a book 看书, read a newspaper 看报纸；watch —— watch TV 看电视；look at —— look at the blackboard 看黑板；look after —— look after children 看孩子；visit/call on —— visit a friend 看朋友；keep an eye on —— keep an eye on my luggage 看行李；等等。

而有时候，同一个英语单词在不同的上下文中又具有不同的汉语表达，例如，"have"在下面句子中有不同含义："有" —— "She has beautiful eyes." 她有美丽的眼睛；"吃" —— "I had a hamburger for my breakfast." 我早餐吃了个汉堡；"喝" —— "I had a cup of coffee." 等等。

在小学英语词汇教学中，能由一个词扩展到一串词的情况并不多。许多教师仅限于为学生呈现和讲解某个单词在课文中的词义，对于该词在其他情况下的词义或者与该词同义的其他单词，教师涉及的频率并不高。这就会出现学生运用词语时的混乱现象，例如把"看电影"说成 look a movie，把 I had a hamburger for my breakfast 说成"我的早餐中有个汉堡"等这样的表达。

（三）用法

词汇的用法包括词汇的搭配、短语、习语和句法。比如，有的形容词修饰女性（如beautiful），有的形容词修饰男性（如handsome）；有的动词后面只能搭配to do（hope to do），有的只能搭配doing（suggest doing），也有的动词既可以搭配

to do，也可以搭配 doing（like to do，想做某事；like doing，喜欢做某事）。如上所述，小学阶段单词的用法多为单词的句法结构，即词与词之间相互联系、相互作用的方式。而小学阶段的词汇也多为具体非正式词语，例如在关于"孩子"的词语中，children 为中性词，kids 为非正式用词，offspring 为正式用词。

是否掌握词汇的用法将关系到学生在交际中输出语言的准确性和有效性。虽然小学英语教学不强调语法教学，但是教师还是有必要让学生清楚词汇使用的要求和场合，保证学生能够合理地选用词汇。

（四）词汇信息

词汇信息包括词类、词的前后缀、词的拼写和发音等。这是词的最基本的信息，也是学习者应该掌握的最基本的内容。关于词汇信息的掌握，教师需要在课堂教学中给予系统的指导。例如，关于"职业"的名词中，多数是以"-er""-or""-man"和"-ist"结尾的：

1. 以"-er"结尾的职业词：teacher（教师），worker（工人），driver（司机），farmer（农民），writer（作家），waiter（男服务员），singer（歌手），dancer（舞蹈家），reporter（记者），cleaner（清洁工），等等。

2. 以"-or"结尾的职业词：doctor（医生），tailor（裁缝），actor（男演员）。

3. 以"-man"结尾的职业词：policeman（警察），postman（邮递员），fireman（消防员），businessman（商人）。

4. 以"-ist"结尾的职业词：dentist（牙医），artist（艺术家），scientist（科学家）。

词汇信息的掌握不仅影响单词的理解和记忆效果，还影响词汇量的扩充，甚至阅读能力的提升。因此，教师在词汇教学中不仅要教会学生掌握词形和发音，还要教给学生单词中所蕴涵的词汇信息。

（五）词汇记忆

词汇教学的目的不仅仅是帮助学生掌握单词的意义和用法，还要帮助学生掌握学习单词的方法，所以培养学生的词汇学习方法同样是词汇教学的内容之一。而在词汇学习方法中，词汇记忆尤为重要。如图7-2所示，单词记忆是英语学习的基础。特别是到了高年级，英语学习的单词量增加，如果学生仍未掌握科学有效的词汇记忆方法，那么他们的英语学习效果将会受到影响。

在小学阶段，学生需要学习600～700个英语单词并能运用其中400个左右的单词。学生能够识记这些单词，是语言交际的关键。小学生的记忆特点是短时记忆容易，长时记忆难，也就是学得快，忘得快。英语又是在非母语环境下学习的，课堂的学习时间也很有限，所以教师必须教给学生词汇记忆的方法，帮助他们自主、有效地记忆词汇。在教学中常用的词汇记忆方法有以下几种。

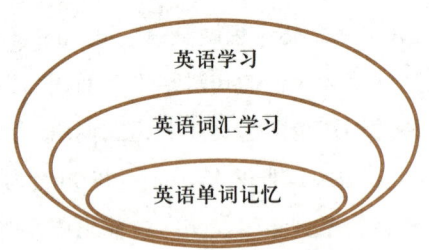

图 7-2 单词记忆是英语学习的重中之重

1. 语音法

英语是拼音文字，所以将单词的读音与词形有机地结合起来，对记忆单词是很有帮助的。英语里有些单词中的字母组合发音相同；也有些单词读音相同或字母组合中读音相同，但词形却大不相同。例如下面这些字母组合和单词的发音：

- wait，rain，paint，train 等词中的字母组合 ai 都发 [ei]；
- bear，wear，swear，pear 等词中的字母组合 ear 都发 [εə]；
- tree，three，green，sheep，meet，beef，see 等词中的字母组合 ee 都发 [i:]；
- eat，tea，meat，leave，lead，teacher，team，mean，speak，clean，please 等词中的字母组合 ea 也发 [i:]；
- 单词 two，too，to 都读作 [tu:]；
- 单词 sea，see 都读作 [si:]；
- 单词 meet，meat 都读作 [mi:t]；
- 单词 for，four 都读作 [fɔ:]。

语音法还体现在利用那些有韵律的谚语、俗语、歌谣等记忆单词的语义。这些句子通常都很压韵，读起来朗朗上口，自然也容易被人记住。例如大家都很熟悉的："An apple a day keeps the doctor away.""A friend in need is a friend indeed."在教学中，教师应该有意识地关注英语语言的这种特征，并创造性地加以运用，例如："Put away our paper and pen, don't read and write, just look and listen."这句话中教师很好地运用了头韵的方式，在三个短句中分别重复出现了辅音：[p]，[r]，[l]。

2. 归类法

英语词汇都有不同的词性。把单词分门别类地进行归纳，有助于记忆。分类的方法因人而异，因爱好而异，灵活多样，例如：

（1）按语义归类

表示"看"：look, see, watch；表示"听"：listen, hear；表示"秋天"：autumn, fall。

（2）按搭配归类

名词后接"to"：answer to the question，key to the door 等。

go 后面接 doing：go shopping, go swimming, go fishing 等。

（3）按用法归类

接"to do"的动词：want，hope，like，plan等。

特殊疑问词：Why为什么，When什么时候，Which哪一个，Where在哪里。

（4）按话题归类

月份（month）：January，February，March，April，May，June，July，August，September，October，November，December；季节（season）：spring，summer，fall，winter；性格（character）：smart，shy，quiet，lively等；家庭成员（family members）：grandfather，grandmother，father，mother，aunt，uncle，brother，sister，niece，nephew等；工作（jobs）：teacher，nurse，policeman，fireman，driver，doctor，worker等；体育运动（sports）：basketball，football，volleyball，badminton，table tennis等。

3. 联想法

孤立地记忆一个单词是很容易遗忘的，只有新单词与旧单词建立起紧密的联系，学生有可能花最少的时间记住新单词。例如，词汇图word-map是小学生运用联想策略掌握词汇的一种方法。词汇图指以某一个词为中心，利用联想，尽量结合、归纳并扩展与该中心词有关的词汇。学生可以从语义、功能或形式等方面进行联想，如图7-3和图7-4所示。

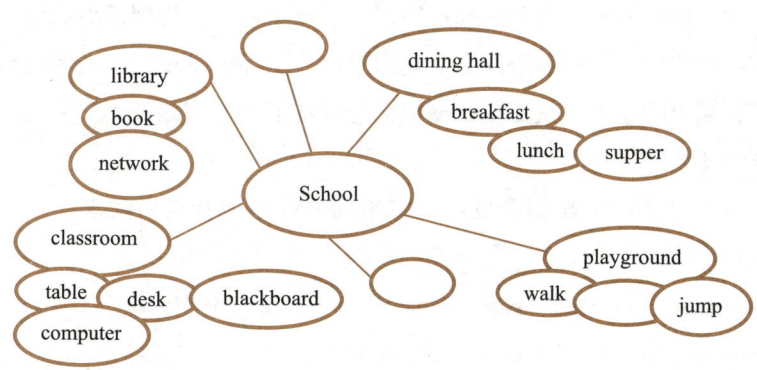

图7-3　词汇图（1）

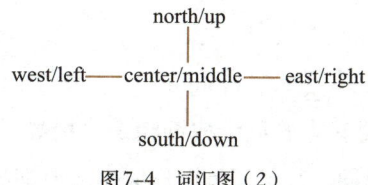

图7-4　词汇图（2）

另外，还可以通过其他方式的联系来记忆单词：

• 事物的特征：Birds fly in the sky. Fish swim in the sea. Man lives on the land. It's warm in spring. It's hot in summer. It's cool in autumn. It's cold in winter.

• 先后顺序：Today is Monday. Tomorrow is Tuesday. The day after tomorrow is Wednesday.

"遗忘"是词汇学习的最大障碍。学得快，忘得快，是小学生英语学习的特点。德国心理学家艾宾浩斯的实验证明，遗忘的规律是先快后慢，最初几个小时内遗忘的速度最快。如果四至七天内不复现，记忆将受到抑制，甚至完全消失。所以，不管采用哪种记忆方法，教师在教学中一定要注意：一是及时复习，巩固记忆。及时复习是提高学生记忆效果的有效方法，教师要充分利用课堂的有效时间，设计恰当的活动，复习巩固所学单词。二是有针对性地设计教学活动，加深学生对词汇意义的理解，尽可能做到词不离句、句不离篇，促进词汇的记忆。三是听、说、读、写并用，强化词汇意义。四是定期复习，减少遗忘，达到记忆的目的。

二、词汇课教学原则

结合小学生英语学习的特点，小学英语词汇课教学的原则主要有以下三点。

（一）音、形、义结合

英语词汇自成系统，有其内部规律。词汇教学要向学生展示英语词汇的系统性、联系性，使学生掌握英语词汇变化的规律；引导学生观察、发现词与词之间在音、形、义上的联系，从而化机械记忆为理解记忆。例如：

1. 形音联系

根据读音规则、字母组合发音，将单词词性与读音联系起来，并归类在一起。例如：

wood—foot fast—last—past book—look—cook wall—tall

talk—walk an—hand—stand—understand—and

2. 形义联系

根据词根、词缀及合成词的特点，发现构词法。例如：

student—study   headache = head + ache

stand—stay   playground = play + ground

词汇教学要尽早讲授基本的英语构词知识，引导学生既可以快速地记住新词，又可以及时地巩固旧词，甚至还可以形成生成单词的能力。

3. 用法联系

利用词与词之间的同义关系、反义关系、从属关系以及词义搭配和句法搭配等来分析理解和掌握词汇的记忆规律。例如：

同义关系：bright, clever, smart；

反义关系：rich, poor；

从属关系：dog，cat，sheep，tiger，lion 等都属于 animal 这个概念范畴；

词义搭配：look at 强调"看"的动作，see 强调"看"的结果；

句法搭配：like to do，想做某事；like doing，喜欢做某事。

（二）词不离句、句不离境

学习语言的目的是为了交际。语言交际中最重要的是词汇与语境直接结合产生意义。如果语境不足，词汇意义就不能自现。词汇教学不能孤立地讲授词汇，教师需要为学生创设语言的交际环境，让学生在真实的或模拟的交际情境中使用单词，单词和句型在情境中自然出现。学生在交际中通过句子的表达，加深对单词意义的理解，掌握单词的用法和功能，促进单词的记忆，同时也锻炼语言表达能力。

（三）文化传递

语言是文化的载体，而各个阶段社会文化的发展都会在该语言的词汇里留下它们的印记。词汇教学要活起来，就要以文化为背景。教师不能只教授词汇的字面意义，还要引导学生了解文化意义，必要时还要涉及跨文化的知识，进而培养学生的跨文化意识。词汇的文化背景可分为：特殊文化背景、一般文化背景和英汉相通文化背景。[①]

特殊文化背景词汇如 china（瓷器），China（中国）；black（黑色的；黑人）；Washington（人名、城市名、州名）等。一般文化背景词汇如 letter（字母；信件）；paper（纸；论文）；see（看见；明白）等。英汉相通文化背景词汇如 fish（鱼，鱼肉），head（头；头儿），foot（人脚；山脚）等。

三、词汇课教学步骤

小学英语词汇教学可分为以下三步。

（一）呈现词汇

每个教师呈现词汇的方法各不相同，但是应根据词汇特点以及学生的年龄和水平呈现。英语词汇教学，应尽量避免直接板书单词到黑板上教学生认读的单调方式，要努力地创设情境，让学生置身于情境中学习并掌握单词。

1. 情境教学

教师可以通过为学生创设情境的方法展示新词。这种方法可用来展示物体、

---

① 胡春洞. 英语教学法[M]. 北京：高等教育出版社，1990：85.

人物名称，也可用来展示短语、习语等。例如，教师可以创设购物的情境，引出购物相关的词汇。

案例7-1

情境教学呈现词汇[①]

T: Do you often do shopping?

S: Yes.

T: Where do you often shop?

S: (supermarket/shop)

T: Who serves you?

S: (salesgirl/shop assistant)

T: What do they usually say to you?

S: Can I help you?/What can I do for you?

T: How do you tell him/her what you want to buy?

S: I'm looking for…/I'd like…/I want to buy…

T: How to ask the price?

S: What's the price…?/How much is?/How much does… cost?

T: Where do you pay?

S: The cashier's.

在这个案例中，教师通过对话提问的方式为学生创设购物的情境。对话中包含了商店、服务员、服务员如何询问顾客、顾客如何表达想买的物品、如何询问商品的价格以及在哪里付钱等的表达。购物所涉及的词汇和日常用语在这个对话中都呈现了出来。

通过这种把词汇直接放到具体情境中进行教与学的活动，学生可以理解词的意义、掌握词的用法。课堂与生活联系在了一起，生动活泼。

小学英语词汇大多是最基础的词汇，它们在生活中使用频率极高，因此，小学英语词汇教学也最适合使用情境教学法进行教学。同时，小学生作为英语语言学习的初学者，也需要大量真实、直接的语言情境来感受。教师可以在词汇教学开始之前，布置情境进行铺垫；也可以在词汇呈现时，创设情境，使学生乐于接受、易于掌握词汇。运用情境呈现词汇时需要注意以下几点：

[①] 王笃勤. 小学英语教学策略[M]. 北京：北京师范大学出版社，2010：85-86. 部分词汇有所更改.

（1）情境中要出现所学词汇；

（2）情境中要呈现出所学词汇的典型用法；

（3）情境要利于所学词汇的理解和运用。

2. 实物教学

巧用实物可以增强词汇教学的直观性。小学生活泼好动、自制力弱，注意力容易分散，但他们对具体形象的东西感兴趣、容易接受。把实物带进课堂，直观地进行讲解，学生很快就会把实物与英语单词联系起来，迅速在头脑中留下深刻的印象。实物教学直观、简便，能起到事半功倍的效果。请看下面的课堂教学片段。

微课：利用实物呈现词汇.mp4

案例7-2

实物教学呈现词汇[①]

T：Today I brought in some bugs. They're in my bag. Do you want to see them?

Ss: Yes!

T: OK. Who wants to come up and pick up a bug?

Ss: Me. Me.（教室里所有的学生都举起了手。）

T: All right, Tiho, you can pull one out.

S1: Ooh.（取出一只塑料的蜘蛛。）

T: Does anyone know what it is?

S2: Spider.

T: Yes, that's right. Every one. What is it?（教师强调，提问What is it？）

Ss: It's a spider.

T: That's right. It's a spider. Everyone.

Ss: It's a spider.

T: Now I need someone else. OK. Suh.

S3: Ooh. I know. Ladybug.

T: Very good. Everyone. What is it?

Ss: It's a ladybug.

T: All right. Who's the next?

……

---

① David Nunan，林立．儿童英语实用教学技巧[M]．南京：译林出版社，2007：105．

在这个教学片段中，教师用一个"包"（bag）激起了学生对所学词汇的兴趣。她在包里放了不同的"虫子"，但却让学生来主动"探索"并"发现"：包里放的究竟是什么"虫子"。教师用完整的英语句子提问，并要求学生用完整的句子回答问题。接着，再让学生跟读，以加深印象。这样逐渐递进的教学方式不仅抓住了学生的注意力和学习兴趣，而且保证了词汇教学的质量。

基于小学生的年龄特点，实物词汇教学总能给他们带来最深刻的印象。虽然实物教学的局限性比较大，但如果教师善于使用这种方法，很多词汇课还是可以使用实物教学的。譬如：教授单词 whale，教师可以拿鲸鱼玩具或模型出现；教授单词 red，教师可以拿出一面国旗或其他红色物品；教授单词 slow，教师可以拿出一个蜗牛或蜗牛玩具。因此，是否使用实物教学法进行词汇教学，还要基于教学目标，突出实物教学的直观性进行教学。运用实物教学呈现词汇时应注意以下几点：

（1）不能华而不实，为博彩而采用实物教学；

（2）实物利用要充分，不可"昙花一现"；

（3）实物教学不应过于频繁。

3. 图画、简笔画教学

在课堂教学中，有些实物是无法被带进课堂的，例如 tiger, bus, sun 等。在这种情况下，教师可以用图画的方式来表示这些实物。图画、简笔画是实物教学的有效补充。其中，简笔画比图画更显得简单、快捷、形象直观。图画和简笔画是英语教师直观教学的重要辅助手段，也是没有多媒体教学设备的情况下有效的教学手段。将图画和简笔画应用于教学可以使课堂妙趣横生。

图画、简笔画教学对教师的绘画基本功要求比较高。尤其是课堂简笔画教学，教师要边画边讲，否则将会影响整个教学进程，学生的学习兴趣也会逐渐减弱。

4. 卡片教学

卡片教学指的是教师把要教授的词汇制作成卡片。在课堂教学中，教师可以讲授单个的单词或短语，也可以将一张张单词卡片组合成不同的句子。有的教师还在卡片的背面粘上小磁铁，这样卡片就可以通过教师的手"自由"地"游走"在黑板上了。卡片词汇教学不仅让学生学习了单词，也让学生学会了如何用一个个单词组成句子。学生既掌握了单词的意义，也掌握了单词的用法。

5. 多媒体展示

现代化多媒体是一种优化课堂教学效果的教学辅助手段。多媒体展示词汇是一种图、文、声并茂的展示方法。随着多媒体的播放，新学词汇的发音、拼写和语义也就形象地展示给了学生。这种多渠道的信息输入，有助于学生对新学词汇的理解和记忆。多媒体展示词汇的操作步骤如下：[1]

---

[1] 王笃勤. 英语教学策略论[M]. 北京：外语教学与研究出版社，2002：86.

- 播放图像和解说材料，使学生对材料有一个感性认识；
- 再次播放材料，在预学词汇之处停顿，提问学生，要求其重复语言材料，猜测其含义；
- 教师根据学生的回答提供帮助，展示文字材料，然后解释。

教师在具体教学中，可以根据课堂教学情况的变化，对上述步骤进行必要的增加或删减。

6. 体态语教学

体态语言能传情达意，是一种很好的课堂教学辅助手段。教师形象的肢体动作、夸张的面部表情，能够将词汇的语义快速地传递给学生。例如，教师"跑""跳""走"等动作，可以引出 run，jump，walk 等词；变化多端的面部表情可以帮助认识 happy，sad，angry 等词。例如：

T: What am I doing? I am walking.

T: Stand up. Walk.

T: What is she doing?

S: She is walking.

T: Stop walking. Sit down, please.

以上讲述了呈现词汇的六种基本教学方法。在实际的小学英语教学中，有很多词汇呈现方法。一节课，教师要有意识地选择不同的方法呈现不同的词汇，给学生新鲜感，让学生自始至终保持较高的学习兴趣。

（二）练习巩固

在练习巩固阶段，教师可以循环使用呈现环节的教学方法，进一步练习巩固学生的短时记忆；也可以在已认知词汇的基础上，设计新的教学活动。对许多学生来说，巩固词汇要比学习新词难得多。作为教师，就应引导学生通过各种途径练习、巩固、运用新学词汇。下面介绍几种课堂上练习巩固词汇的方法。

1. "缺了哪个单词"活动

教师把 10～20 张单词卡片贴在黑板上。给一分钟的时间让学生记住这些单词。然后让学生闭上眼睛，教师此时悄悄地拿走一张卡片。接着教师提问学生：哪张卡片不见了？如果要提高游戏的挑战性，教师可以增加卡片的数量或缩短学生记单词的时间，甚至还可以要求学生不许读出单词，而是用英语描述缺少的那个单词。这个活动既适合全班整体进行，也适合以小组为单位采取竞赛的形式进行。学生在活动中集中注意力寻找缺少的单词，思考如何描述该单词。在整个过程中，学生都处于积极思考的状态，该单词的语义在学生的大脑里也逐渐被强化。

2. "神秘的单词"活动

教师大声读出一个句子，故意遗漏句中的某个单词，让学生猜出这个遗漏的单词，也就是这个神秘的单词究竟是什么。例如：

T: I like to put＿＿＿ on my bread.

S1: You want to put butter on your bread.

T: Great. Thank you.

　　Now, I wear a＿＿＿ on my head.

S2: You wear a cap on your head.

T: Your answer is good. But "cap" isn't the word I want.

S2: Oh. You wear a hat on your head.

T: Quite good. You are so excellent.

如果学生说出的答案不是教师设想的单词，教师仍要鼓励学生，并继续启发学生思考，直至找到那个"神秘的单词"。在这个活动中，教师给出的句子就是一个情境，学生思考答案的过程就是理清这个"神秘的单词"的语义和用法的过程，甚至还包括了它与其他近义词的区别。

3."单词冲刺"活动

整个活动的操作程序如下：

- 教师课前制作 20 张以上的单词卡片，每个卡片上写上一个单词。
- 将全班分成若干小组，每个小组派一名组员到教师处看教师手中的卡片。教师一次只出示一张卡片。
- 该组员跑回自己小组，将单词画出（不能写，不能说）。先认出所画单词的小组得分。
- 下一轮开始，直到单词卡片用完。得分多的小组获胜。

这个活动很富有竞争性，不仅能检测学生的单词理解情况，也能考查小组成员之间的合作能力。

4."单词编故事"活动

主要运用所学的单词编故事。教师将学过的单词写在黑板上，让学生从中选择四到七个单词编成一个故事。如果发现学生完成任务有困难，教师可以让学生两个人一组或四个人一组来共同完成"单词故事"。

这个活动没有把单词独立起来，而是将单词组合成句子，再由句子构成完整的故事，实现了由单词到句子、再由句子到语篇的逐层递进。学生在活动中锻炼了语言组织能力和创新思维能力。

5."自编歌谣"活动

简单的词句、生动的内容和优美的韵律使儿歌深受小学生的喜爱。教师可以将词汇编写成朗朗上口的歌谣，带领学生练习巩固词汇。比如在学习了动物的词汇后，教师就可用中英文夹杂的形式编一首儿歌。

6."单词连线"练习

单词连线也是小学英语教师经常使用的词汇练习巩固手段。教师给出英语单词、实物或图片，让学生做连线练习。如图7-5所示，教师在讲授完新词汇之后，在幻灯片上呈现出所学习的词汇及其实物图片，让学生用线条将单词和其对应的图片连接起来。如果教师准备了单词表达内容的纸质图片，也可以将单词写在黑板上，再让学生将图片粘贴到对应的单词旁边。若要提高这项练习的难度，教师还可以先把图片粘贴到黑板上，然后让学生在图片旁边写出其对应的英语单词，如图7-6所示。

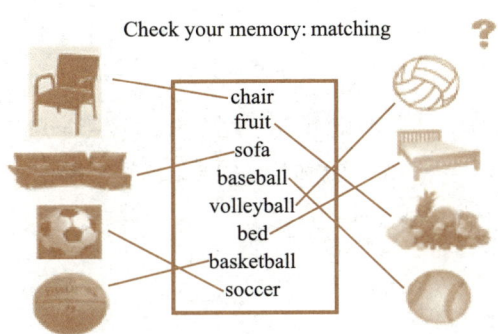

图7-5　小学英语词汇教学：单词连线（1）

图7-6　小学英语词汇教学：单词连线（2）

7. 猜谜游戏

这个活动主要巩固学生对词汇语义的理解。教师结合新学过的词汇，给每个单词设计一个问题，让学生来猜。例如下面的一些词汇问题：

Q: My mother works in a hospital. She often takes care of the sick. What's she?

A: She is a nurse.

Q: My grandfather often tells me interesting stories. He teaches Chinese at school. What's he?

A: He is a teacher.

设计猜谜游戏首先向教师提出了挑战。因为教师必须设计出既能表达词汇语义，又符合学生认知水平的问题。例如，hill，river，lake，mountain，backpack， flashlight, fishing pole, sleeping bag, campfire, tent, go swimming, bear, 这些是学生在学习"野营"时会涉及的词汇。

　　猜谜游戏能够激发学生的学习兴趣，发展学生的高级思维能力。将猜词游戏与图片结合在一起，让学生在图片呈现的情境中猜词，词语的意思变得更加明确，也会有更多的学生愿意参与到游戏中来。

　　练习巩固是为了强化新学词汇的语义和用法，同时为学生在交际中运用词汇打基础。练习巩固的教学效果将直接影响学生运用词汇进行交际的效果。

媒体链接

案例：词汇练习巩固.doc

> 　　请登录课程网或扫描二维码，访问"小学英语教学设计"课程拓展资源部分的教材同步资源模块，分别学习"词汇练习巩固——单词故事""词汇练习巩固——自编歌曲"和"词汇练习巩固——猜谜游戏"案例。

（三）交际运用

　　交际运用是检验课堂教学效果的重要环节。教师应该多为学生创设运用新学词汇造句，再由句子扩展到对话，甚至由对话扩展到故事的语言交际活动。

　　1. 运用造句的方法

　　在句子中运用和记忆单词是理解单词语义和提高单词记忆效果的有效手段。一个单词与其他不同的单词搭配将组成不同的句子。如果把一个单词放进几个在逻辑上有一定联系且呈递进关系的句子之中，学生对单词的理解也会随着语义上相互联系的句子而变得越来越清晰。请阅读案例7-3。

案例7-3

> 词汇交际运用：造句运用
>
> 运用单词door造句：Go to the door. Open the door. Close the door.
>
> 运用单词father造句：This is a man. The man is my father. My father is a police.
>
> 运用单词beautiful造句：This dress is beautiful. Your dress is more beautiful. My dress is the most beautiful.
>
> 运用单词run造句：I am running. I am running on the playground. I am running fast on the playground. I am running fast on the playground with my father.

> 运用单词monkey造句：This is a monkey. The monkey is little. The monkey is clever. The monkey is in a tree. The monkey is in a banana tree.
>
> 在句子中运用单词，还可以把单词教学与句型教学结合起来，在新句型中练习已学单词的用法，在旧句型中练习新单词的用法。在造句运用中，教师还要特别注意词义与其用法的对比练习。如：
>
> 与句型be going to（"我将要……"）结合：I'm going to school. I'm going to London. I'm going to see a movie.
>
> 在比较中运用单词、句型：I have a book. 单词"have"表示拥有。There is a book on that table. 句型"There is…"表示存在。

2. 运用对话的方法

在对话中运用词汇是造句运用词汇的延伸。有句子就有可能有对话，有了一问一答，就有可能产生再问再答。例如案例7-3中的句子，就能够扩展为下面的对话：

案例7-4

> **词汇交际运用：对话运用**
>
> 关于单词door的对话：
>
> Teacher: Someone is knocking at the door. Who can answer it?
>
> Zhang Peng: Let me do that.
>
> Teacher: Thank you.
>
> Zhang Peng: Oh. It's Li Fang.
>
> Teacher: Open the door. Let her come in.
>
> Zhang Peng: Come in, Li Fang.
>
> Li Fang: Sorry teacher, I'm late.
>
> Teacher: Go to your seat. Zhang Peng, please close the door.
>
> 关于单词beautiful的对话：
>
> Li Fang: Mother, I want to buy a beautiful skirt.
>
> Mother: Which one, do you think, is beautiful?
>
> Li Fang: I think this one is beautiful.
>
> Mother: Don't you think that one is more beautiful? Maybe, you should see more skirts before you buy.
>
> ……
>
> Li Fang: Mother, this one is the most beautiful.

在对话中运用单词要注意单词的重复率，以增强对单词语义的理解及用法的掌握。这个活动适合小学较高年级的学生，教师要多示范和指导。对于有困难的学生，教师还要帮助他们完成对话练习。

案例：My Friends, Part A, Let's learn & Let's find out教学设计.doc

媒体链接

请登录课程网或扫描二维码，访问"小学英语教学设计"课程的拓展资源部分的教材同步资源模块，学习词汇课教学设计——人教版小学英语（义务教育教科书）四年级上册 Unit Three My Friends, Part A, Let's learn & Let's find out。

案例：词汇课教学案例应用及分析.doc

媒体链接

请登录课程网或扫描二维码，访问"小学英语教学设计"课程拓展资源部分的教材同步资源"词汇课教学应用案例及分析"。

学习实践

以人教版小学英语（义务教育教科书）四年级上册为例，结合第四章教学目标设计和第六章教学方法设计的内容，根据本节所述词汇课教学的内容、原则及步骤，完成一份词汇课教学设计。具体要求如下：

（一）设计教学目标

1. 在教材分析的基础上，能够从《标准》对四年级学生词汇学习的要求出发，充分分析学生已经掌握的语言技能和语言知识，确定四年级上册词汇的教学目标。

2. 选取四年级上册教材中任一课时的教学内容，充分分析教材内容，确定该课时的词汇教学目标。

（二）设计教学过程

1. 根据教学目标，首先确定该课时词汇教学内容。

2. 选用合适的教学方法，设计词汇教学步骤：（1）选择合适的词汇呈现方式；（2）设计练习巩固词汇的活动；（3）设计交际运用词汇的活动。

3. 依照词汇课教学原则，完成该课时词汇教学的文本设计。

(三)实践练习
1. 以学习小组为单位，讨论交流本人的设计。
2. 每个小组整理出一份设计文本，与其他小组交流。
(四)登录课程网，学习参考"词汇教学设计"学生作品范例。

第二节 小学英语会话课教学设计

微课：设计小学英语会话课教学.mp4

会话课是培养学生语言输出能力的重要渠道，小学英语教材呈现的会话内容贴近学生生活，体现了语言的交际性和实践性，有利于培养学生的语言交际能力。

一、会话课教学内容

会话课教学的关键内容是让学生掌握表达各种话题的基本句型。以人教版小学英语（义务教育教科书）为例，Let's talk 部分内容通常都是针对某一个日常交际话题展开的，而每一个话题都涉及一套基本句型。

就英语学习而言，语言的结构形式及其功能是相互依存的：结构是功能的载体，功能靠结构去表达。意义的表达必须运用一定的语言形式，也就是句型，如询问 What would you like？给人建议 Why not 等。不少学生学习了很多单词，但是仍然无法表达自己的想法，其原因就在于：没有掌握足以表意的语言形式。所以，在会话课中进行句型教学是非常必要的。

媒体链接

资料：Let's talk 部分涉及的主要句型.doc

请登录课程网或扫描二维码，访问"小学英语教学设计"课程拓展资源部分的教材同步资源模块，学习人教版小学英语（义务教育教科书）三、四年级 Let's talk 部分涉及的主要句型。

二、会话课教学原则

（一）话题与句型结合

如上所述，每一个会话内容都是围绕某一个话题展开的，而每一个话题都有一组对应的基本句型。句型就好像是数学公式。句型是有限的，而以句型为依据所生成的句子和会话的数量是无限的。把一个抽象的话题总结为一组直观、具体的句型，让学生通过模仿来学习，这种方式也符合小学生的学习特点，有利于他们的理解和记忆。例如，提到"打招呼"，他们就会想起："Good morning.""How are you?""I'm fine. Thank you."提到"购物"，学生们就会想起："Can I help you?""I want a…""How much is it?"等等。

（二）机械操练与意义操练结合

语言学习大都以模仿开始。在学生掌握了某一话题的功能意义和结构形式后，教师必然要让学生活动起来，通过反复的操练和练习，能够针对这一话题进行交际。对话操练分为机械操练和意义操练两种。

机械操练是简单的机械模仿，重点是模仿重复对话中的重点句子。这种模仿应该是重复的、大量的。教师可采用多种方式进行，例如同桌对话、小组内两两对话、全班分组对话、行与行对话、男女生对话等。通过这种反复的操练，学生要达到如下目标：读准语音、语调，掌握重点句子，记熟句型结构。在进行机械操练时，教师要鼓励学生尝试做一些简单的替换。例如，人教版小学英语（实验教科书）四年级下册Unit Five How Much Is It?单元涉及"购物"话题，在会话课操练中，教师就可以提示学生将dress换成coat，shoes，cap等学过的单词，然后再进一步替换商品的"价格"。请看下面的教学案例。

案例7-5

机械操练中的简单替换
人教版小学英语（实验教科书）四年级下册
Unit Five How Much Is It? Part A, Let's talk

原对话：括号内词语是教师提示要替换的地方。

S1: Can I help you?

S2: Yes. How much is this dress?(coat)

S1: It's ninety-nine yuan.(… yuan)

S2: Oh, that's too expensive.(OK.)

替换后对话：

S1: Can I help you?

S2: Yes. How much is this coat?

S1: It's eighty yuan.

S2: OK. I'll take them.

意义操练一般是在相应的情境中进行。教师可提供一些实物、卡片、图片等，让学生在情境中运用新学的句型进行交际。因为意义操练加入了新的内容、新的词汇，学生的学习兴趣会比较高，操练活动也更具有趣味性、真实性和实用性。例如，图7-7呈现的情境是：张鹏和妈妈去商店购物（Zhang Peng goes shopping with his mother）。要求学生依照图片内容，运用所学句型编一段对话。学生可以运用操练过的句型创编对话并进行角色表演。

图7-7　人教版小学英语（实验教科书）四年级下册Unit Five How Much Is It? Part A, Let's talk情境图片

从机械操练到意义操练的过程中，教师要提倡学生摆脱课本，边说边表演。不打开书有助于避免"小和尚念经，有口无心"的现象。为了增加学生的学习兴趣，教师还可以制作一些道具或者带一些实物进课堂。

三、会话课教学步骤

（一）导入话题

会话教学的呈现形式与词汇教学大同小异。教师首先可以用Let's learn中的词汇组词、串句，引入话题，既可以用学过的句式引入话题，也可以用歌曲、歌谣、简笔画、实物、挂图、卡片等引入话题。例如在人教版小学英语（实验教科书）五年级下册Unit Two My Favourite Season, Part A 中的Let's talk部分，教师可以这样导入：

微课：会话课教学步骤.mp4

案例7-6

> 导入话题：问题
>
> T: What's the weather like today? Is it cold?
>
> Ss: No, it's warm.
>
> T: What season is it now?
>
> Ss: It is fall.
>
> T: Do you like fall?
>
> Ss: …
>
> T: How many seasons are there in one year? What are they?
>
> Ss: There are four：spring, summer, fall and winter.
>
> T: Which season do you like best? And why?
>
> Ss: …

教师通过一个个问题，既复习了Let's learn中的词汇，又在不知不觉中带领学生进入本节课的主题Which season do you like best? 并开始思考每个季节的特点。

媒体链接

案例：导入话题.doc

> 请登录课程网或扫描二维码，访问"小学英语教学设计"课程拓展资源部分的教材同步资源模块，学习My Favourite Season, Part A, Let's talk的其他导入方法"导入话题——依据突发事件""导入话题——看一看、演一演"。

（二）阅读操练

读是理解和培养会话能力的有效方式。读有许多种方式，这里主要指的是朗读。此环节的教学目的是让学生通过反复阅读对话、操练句型，掌握对话所涉及话题的句型表达，理解对话的含义。上一环节已呈现了对话的主要句型，并且通过教师和同学们形象的表演，学生对主题已经有了大致了解，基于此，需要学生反复练习，从而更好地理解会话含义。朗读在这里有三个作用：一是培养学生的理解能力，增加学习的主动性；二是培养学生正确的语音、语调；三是促进学生的记忆。朗读也可以有不同的方式，例如跟读、齐读、自读、对读等。学生可以首先跟着教师或录音读，这样能够保证读出正确的语音、语调，并掌握一些朗读技巧；然后再运用不同方式反复朗读，例如全班齐读、男女生对读、同桌对读；

最后再留出时间自读，让学生在掌握了语音、语调和朗读技巧后，逐渐"读"出对话的意义。

操练时教师要带领学生首先从替换课文原对话中的单词开始（如案例7-6所示），然后逐渐过渡到让学生根据句型自由选择词汇，组编对话（如案例7-7所示）。本环节的操练是由"机械操练"到"意义操练"的不断提升。在操练环节，教师应注意以下几个问题：操练要面向全体学生；操练要注意变换形式；操练要利用身边资源；操练后要有课堂评价。

（三）交际运用

交际运用是会话教学的重要组成部分。语言学习的目的在于运用。本环节将反映会话知识运用的效果，也将检验学生是否真正掌握了所学的会话内容，是否能够正确运用所学句型进行真实交际。这其实是一个语言输出的过程，学生运用已学的语言知识进行自由的语言交际活动，如下面的案例（画线部分为主要句型）。

案例7-7

交际运用：对话问题

S1: Which season do you like best?

S2: Spring.

S1: Why do you like spring?

S2: Because all birds fly back in spring.

S1: What can you do in spring?

S2: I can climb the mountain and have picnics with my friends.

S1: What do you wear when you climb mountains?

S2: I wear sports clothes.

S1: Do you plant trees in spring?

S2: My father always plant trees in spring.

S1: Where does he plant trees?

S2: In the countryside, or on the mountains.

S1: Do you plant trees with him?

S2: Sometimes, he plants trees with me.

S1: Does your father like spring?

S2: …

在这一案例中,学生运用课文对话中的关键句型进行问答,问答中多次引入学过的单词、词组和其他句型。这种问答形式比较灵活,内容随学生的想法自由变换,并辐射相关语句。所以,它是一种联系新旧知识、激活学生主动性、训练学生发散思维的有效练习方式。学生由 Which season do you like best? 开始问答对话,提问中运用了由 why 和 what 引导的特殊疑问句,以及 do 引导的一般疑问句,内容涉及鸟、爬山、野餐、运动服、植树,最后进入询问"爸爸喜爱的季节"。这些似乎没有联系的项目都会在学生的联想中相互关联起来。

另外,《标准》强调教师要"创造性地使用教材",也就是要求教师要用教材教,而不是教教材。如果教师仅仅是处理教材中的内容,学生所学的知识就始终跳不出教材的局限。所以,在会话教学中,教师应根据教材中的会话内容设计一些贴近学生生活的活动,让学生能够将在会话中学到的语言知识运用到真实的语言情境中。除了上述两个学生之间一问一答的语言交际形式外,教师还可以组织学生在小组内开展针对本话题的语言交际活动,例如讨论或情境表演。多人讨论的交际形式可以进一步打开学生的思路,涉及的句型和词汇也会更广泛。情境表演则是会话学习的升华,学生在所学会话主题的情境中边表演、边交流,真正将学习与生活联系起来。对小学低年级的学生来说,组织这种多人参与的讨论和情境表演会比较困难,所以教师需要做好辅助工作。例如,教师可以作为成员参与到某个小组的活动之中,完成任务后,向全班同学做汇报表演。良好的范例将会降低其他学生完成任务的难度。在交际运用环节,教师也要注意下面几个问题:鼓励全体学生参与,巩固学习成果;把握交际活动内容,联系学生生活;控制交际活动难度,确保完成任务;参与学生交际活动,提供及时帮助;做好课堂纵向评价,关注学生发展。

案例:会话课教学案例应用及分析.doc

媒体链接

请登录课程网或扫描二维码,访问"小学英语教学设计"课程拓展资源部分的教材同步资源模块,阅读"会话课教学案例应用及分析"。

学习实践

以人教版小学英语(义务教育教科书)五年级上册为例,结合第四章教学目标设计和第六章教学方法设计的内容,根据本节所述会话课教学的内容、原则及步骤,完成一份会话课教学设计。具体要求如下:

（一）设计教学目标

1. 在教材分析的基础上，能够从《标准》对五年级学生会话学习的要求出发，充分分析学生已经掌握的语言知识和语言技能，确定五年级上册会话的教学目标。

2. 选取五年级上册教材中任一课时的教学内容，充分分析教材内容，确定该课时的会话教学目标。

（二）设计教学过程

1. 根据教学目标，选用合适的教学方法，设计会话课教学步骤：（1）选择学生感兴趣的内容，导入话题；（2）设计阅读操练活动，注重机械操练与意义操练的结合运用；（3）设计交际运用活动，注重该课时所学句型与学生生活之间的联系。

2. 依照会话课教学原则，完成该课时会话教学的文本设计。

（三）实践练习

1. 以学习小组为单位，讨论交流本人的设计。

2. 每个小组整理出一份设计文本，与其他小组交流。

（四）登录课程网，学习参考"会话课教学设计"学生作品范例。

第三节 小学英语阅读课教学设计

微课：设计小学英语阅读课教学.mp4

阅读作为英语学习最主要的语言输入方式，是英语学习的基本技能之一，而小学阶段又是阅读教学的重要阶段。因此，在小学阶段尤其是中、高年级，开展阅读教学、培养阅读能力是小学英语教学的重要任务。《标准》二级目标对小学阶段的阅读要求是：能借助图片读懂简单的故事或小短文，并养成按意群阅读的习惯。

一、阅读课教学内容

小学三、四年级是发展英语阅读能力的准备阶段，主要涉及词和句的认读活动。《标准》对此阶段的要求是：能在图片的帮助下读懂简单的小故事。以人教版小学英语（义务教育教科书）为例，四、五年级的阅读教学主要注重培养学生听、说、读、写的基本语言技能。Let's talk除了训练学生读的技能外，还训练听和说的技能，Read and write则训练学生读和写的技能。这四项语言技能中，听和读是语言的输入形式，说和写是语言的输出形式。从四年级开始到五年级，教材中的 Read and write 的编写目的是以"读"引"写"，通过"读"的技能引导"写"的技能的形成。六年级 Let's read 部分的阅读开始偏向于真正意义上的阅读教学。《标准》对此阶段阅读教学的要求是：能认读所学词语；能根据拼读的规律，读出简单的单词；能读懂教材中简短的要求或指令；能看懂贺卡等表达的简单信息；能借助图片读懂简单的故事或小短文，并养成按意群阅读的习惯；能正确朗读所学故事或短文。

小学英语阅读课教学的主要内容有以下几个方面。

（一）训练不同的阅读方法

英语阅读分为朗读（reading aloud）与默读（silent reading），二者在英语学习中被广泛地使用。但是由于它们在读的方式、速度、目的和技巧上都存在区别，作为英语学习者和教师都应该充分意识到两者的区别，然后有针对性地开展阅读活动。第一，它们读的方式不同。朗读是清晰响亮地把文章念出来，默读则是不出声地读。第二，它们读的速度不同。朗读的速度要远远低于默读的速度。朗读要求一字一句、抑扬顿挫、声情并茂地读，默读则既可以一字一句地读，也可以一目十行地读，还可以不断回头看看。第三，读的目的不同。朗读是为了纠正和提升个人的英语发音并和大家分享、交流阅读材料信息，而默读则是为了理解阅读材料并从中获取信息。在多数情况下，朗读是群体间信息的传递，例如教师朗读某位学生写的优秀作文，让其他同学学习；或者学生朗读报纸上的一则新闻给父母听。而默读则主要是一个人的活动。第四，读的技巧不同。朗读需要在理解阅读材料的基础上，运用语音、语调和停顿等技巧并准确把握感情色彩，以达到和大家分享信息的目的。默读则需要读者掌握常用的阅读技巧，例如预测、略读、寻读，能够在阅读中迅速准确地提取信息。

在朗读教学方面，教师可以采用下面的课堂训练方法：

1. 范读：教师、录音示范朗读

范读即教师示范朗读或播放录音。范读的目的是让学生感受正确的语音、语调，以供他们模仿。教师做示范朗读时，要做到语音正确、语调优美、饱含情感，努力给学生美的享受，让学生产生朗读的欲望。同时，教师要让学生注意观察自己的口形，在处理连读、重读以及升降调的时候，还可以借助手势引起学生的注意。播放录音时，最好选取本族语者（native speakers）朗读的材料，以保证学生在起始阶段就接触到纯正的英语发音。

2. 跟读：跟教师、录音齐读

跟读即学生跟着教师或录音齐读。小学生的朗读以模仿为主，在模仿过程中教师要做必要的指导，如句子朗读中的重音、连读、爆破、升降调等。同时要注重培养学生按意群朗读的习惯，帮助学生纠正不良的朗读习惯，例如拖音、无节奏、无轻、重读等。因此，在朗读训练中，教师要更多地指导学生如何"听"、如何"模仿"，并及时发现学生的问题，提出改进的办法。此外，在领读时，教师还可以适当地加入对阅读材料的讲解，这样可以把朗读技巧的训练与思维能力的培养结合起来。

3. 轮读：轮流朗读

轮读即学生在教师的指导下，以不同的形式轮流朗读，例如个人、小组等。教师不要将课堂朗读仅仅当作一种检查学生是否完成任务的手段，而是要采用形式丰富多样的朗读练习，给学生提供展示的机会，满足他们的表现欲望。

在默读教学方面，教师要强调学生做到"三不三到"。"三不"即"不出声、不动唇、不指划"，"三到"即"眼到、心到、手到"。默读是无声的阅读，但有些学生还是习惯了不出声地用嘴唇"默默地读"，或者用手指指着阅读材料一行一行地默读。这样会大大降低默读的速度，也达不到默读训练的目的和效果。"眼到、心到"指的是默读时，眼睛看到哪里，脑子就要想到哪里。一边默读，一边不断提出"为什么"的问题，通过"阅读"和"思考"领会文章的内容。"手到"指的是默读时要拿着笔，做到边读、边画、边写，即画出重点词句、写出自己的疑问和看法。此外，默读时教师还要训练学生学会抓住关键词，如事物（what）、地点（where）、人（who）、时间（when）、怎样（how）、原因（why）等。这些关键词有助于学生理解文章的大意。

加强朗读训练，引导小学生声情并茂地朗读，不仅可以使他们在朗读中感受英语的语音、语调和节奏，在朗读中培养听力和思维能力，更可以使他们感受到英语语言的优美，激发"读"英语的兴趣，进而树立"说"英语的信心。默读训练则强调学生对阅读材料的理解。学生在默读的时候，不用一字一句地读，而是力求抓住主要的词和句子，力求跳跃前进。同时，由于省去了发音步骤，学生也就有了更多的注意力来理解文章的内容。朗读和默读在阅读教学中分别起着不同的作用。

（二）培养阅读技能

英语阅读中最常用的阅读技能主要有：预测、略读和寻读。

预测（predicting）有两层含义，一是预，二是测。"预"指的是在阅读文章前，"测"指的是对阅读材料的猜测。预测是在阅读前和阅读中对阅读材料的猜测。小学英语阶段涉及的猜测内容包括猜生词、根据题目猜测语篇内容、阅读过程中猜测故事的发展及作者的写作意图等。其中猜测生词的词义是阅读者必须掌握的一项基本的阅读技能。对生词的猜测主要通过上下文和构词法知识完成。通过上下文猜词，一是可以寻找上下文中有没有生词的另一种说法，即找同义词。有时下文会对上文中出现的词做解释，或者提供一些暗示。二是看看同一生词是否在上下文的其他地方出现，把两处的语境相比较，也许能准确地猜出词义。构词法知识需要教师在平时讲授单词时就融入教学中，例如通过词形判断词性，通过前缀和后缀判断词义等。有时候，还可以让学生利用文中所附的插图等直观线索猜测词义。

略读（skimming）是通过快速浏览阅读的方式来抓住文章的主要内容和中心思想。这个概念呈现了略读的两个特点：一是略读要求较快的阅读速度；二是略读对阅读精度的要求较低，阅读者只需掌握文章的大意即可。因此，学生不需要细读全文，不需要逐字逐句地阅读，只需要集中阅读，快速把握文章主题的关键信息，其他信息则可有选择地跳过。小学高年级的阅读材料生词较少，而且通常情况下不会影响学生对内容的理解。所以，在阅读中千万不要纠缠文章中的细节而影响掌握全文大意。教师要引导学生紧紧围绕五个"W"（即 when，where，what，who，how）迅速查找需要了解的信息。为了确保学生能够在略读中掌握文章大意，教师还可以在学生阅读前设计几个简单的问题。如人教版小学英语（实验教科书）五年级上册 Unit Five My New Room, Part A, Read and write，教师可以根据课文内容设计两个问题：How many rooms (are there in the rabbits' new flat)? Is the baby rabbit's room nice? 以帮助学生大致理解课文内容。当然还可根据不同的语篇分段设置简单任务，让学生浏览一遍就可以找到答案。

寻读（scanning）也称"查读"或"跳读"，是指在阅读过程中忽略不相关或次要的内容，而寻找出某个特定事实或具体的细节信息。与略读不同的是，它带有明确的目的性，有针对地寻找问题的答案，例如人物、事件、时间、地点、数字等。在寻读时学生可以把整段的文字直接映入大脑，一目十行地寻找与问题内容相关的词句，无关的内容则很快掠过。运用这种方法，学生就能在最短的时间内找到所需要的信息。对于小学生来说，他们会对这样的阅读感兴趣。寻读是阅读教学中常用的技巧之一。根据这种方法的特点，在阅读短文时，教师可以为学生设计出多种多样的练习活动，如是非判断题、填空题、选择题、问答题等。

例如前面所讲 Unit Five My New Room, Part A, Read and write 部分，教师可以设计这样的判断题：

____The new flat is on the fourth floor.

____There are three bedrooms in the flat.

____There are five rooms in the flat.

____The baby rabbit's room is big and nice.

____The baby rabbit's room is warm.

为了保证寻读的有效性，教师应注意以下几点：针对具体信息设计问题，避免概括性的问题；活动前应让学生明确任务；设置时间限制；等到2/3的学生完成任务时再结束。

(三）训练流畅阅读

流畅阅读指快速地、有目的地、交互地、理解性地、灵活地阅读[①]，是通过学生的长期努力不断发展的结果。流畅是准确、快速阅读文章能力的表现。阅读教学的目的是培养流畅读者。流畅读者有如下特点：首先，流畅读者能够自动识别词汇。流畅读者在很大程度上不是依靠猜测来理解词法和句法的含义的，而是无意识地自动解码。对于不理解的单词，通常会跳过而不是利用上下文等策略猜测词义。其次，流畅读者能够根据自己的生活经验，利用自己已有的知识预测文章的发展和作者的态度。他们会利用预测的信息评估已读信息，判断其是否有价值，从而对作者的写作意图作出自己的反应。最后，流畅读者能够有效地运用各种阅读策略监控其阅读过程、理解阅读材料。

从上述对流畅读者特点的分析中可以看出，教师在日常教学中要有意识地从以下几个方面做起：增加背景知识讲解；扩充词汇量；培养阅读策略；提升阅读兴趣。缺乏背景知识是造成阅读困难的主要原因之一。词汇量的大小直接制约着阅读能力的高低。阅读策略是有效阅读的保证。没有兴趣的阅读则是有效阅读的障碍。

二、阅读课教学原则

开展有效的阅读课教学，要做到既能激发和保持学生的阅读兴趣，又能培养和提高学生的阅读能力。教师需要做到以下几点。

（一）做好"三个结合"

做好"三个结合"指的是教师要引导学生做好朗读与默读、精读与泛读、课内阅读与课外阅读的结合。

首先，教师要根据朗读与默读的方式、目的、速度和技巧等方面的区别，合理地安排学生的阅读活动，做到"因材施教"。

其次，教师要根据小学生的阅读特点合理安排精读与泛读训练。这里的精读与泛读是两种不同的阅读理解程度。对于小学生来说，他们在课堂上集中精力听讲的时间是有限的，如果教师一味地进行精读、精讲、精练，他们就有可能认为：英语阅读原来是如此乏味的一件事情，从而逐渐减弱了英语学习的兴趣。总的说来，小学阶段的阅读还是应以精读为主，辅之以简易的泛读。

最后，教师要注重教材与阅读材料的有机结合，实现课内外协调，拓宽英语阅读渠道。教师应精选与教材内容匹配的课外读物，激发学生学习英语的兴趣，

[①] 王笃勤.英语教学策略论[M].北京：外语教学与研究出版社，2002：96.

帮助学生更好地掌握语言知识、提升语言技能。针对学生朗读能力的培养，教师可以选取一些与教材所学内容或学生生活接近的英文诗歌或歌谣。对于默读能力的提升，教师可以筛选适合小学生英语语言水平的英文小故事，例如《卖火柴的小女孩》《渔夫和他的妻子》等。这些童话或寓言故事小学生都耳熟能详，读起来有亲切感，且容易理解。

（二）选用"三种模式"

选用"三种模式"指的是教师在阅读教学中要引导学生使用"自下而上""自上而下"和"互动式"的阅读模式。

"自下而上"的模式（bottom-up model）要求阅读从最小的语言单位入手，即从对字母和单词的理解，再到对短语、句子的理解，最后到对段落和篇章的理解，直至把握作者的意图，理解全文。

"自上而下"模式（top-down model）要求阅读是读者带着先前的知识和经验对文本进行预测、验证预测、修正预测的过程。读者预测能力的高低直接关系到阅读理解的成功与否。而阅读者进行预测的依据来源于他们原有的关于阅读材料的背景知识和概念知识。

"互动式"模式（interactive model）认为阅读过程是双向的。只有当"自下而上"和"自上而下"两个过程相协调，即文章本身提供的信息与读者固有的知识及读者作出的预测相吻合时，才能达到对文章较为透彻的理解。

根据以上三种阅读模式的特点，在小学英语教学起始阶段的阅读教学应以"自下而上"模式为主；学生积累了一定的语言知识、背景知识后，教师可以尝试应用"自上而下"模式，带领学生进行积极主动的思考和预测；而"互动式"模式实施与否就取决于前两者的实施效果，尤其是后者的课堂教学效果。总之，教师要根据教材内容和学生情况，灵活选用合适的阅读模式，不仅注重扩展学生的语言知识，也注重提升学生的语言技能，让学生在阅读体验中既看到"木"，又看到"林"。

（三）培养"三种策略"

培养"三种策略"指的是教师要在阅读教学中培养学生预测、略读和寻读的策略（技能）。小学英语教师应该在小学生刚开始英语阅读时，就让他们感受到每种阅读策略带来的不同阅读体验。根据这三种阅读策略的特点，小学英语教师要能够在阅读教学中努力让学生做到：在略读中理解文章大意、在寻读中把握文章细节、在预测中思考文章脉络。

以人教版小学英语（实验教科书）六年级上册 Unit Four I Have a Pen Pal, Part B, Let's read 为例分析，请看下面预测、略读、寻读在阅读中的运用分析。

第一，在略读中理解文章大意：教师通过设计几个简单的问题，引导学生快速浏览完课文并理解文章的主要内容。

Who is Liu Yun's new friend?

Where does Liu Yun's new friend live in?

Is Alice the same with her sister?

Does Liu Yun always write to Alice?

学生把上面问题的答案结合到一起，就得到了这篇文章的主要内容：Alice is Liu Yun's new friend. She lives in Australia. Alice has a twin sister. They look the same, but they are very different. I write to Alice every week. 在这些问题中，前两个问题是针对文章第一段提出的，第三个问题提问的是文章第三段的内容，最后一个问题涉及的是文章第四段的内容。

第二，在寻读中把握文章细节：教师让学生寻读相关信息，这些信息可以是课本上的练习，也可以是教师另外给学生设计的一些关于文章细节的问题。

What is Alice's father?

What is Alice's mother?

How do Alice's parents go to work?

How does Ann go to school?

What do Alice and Ann do every morning?

What do Alice and Ann usually do on Saturday?

Does Liu Yun write to Alice every week?

Is Alice's family coming to China soon?

上面的问题涉及了文章中的主要细节，寻找到了这些问题的答案后，学生就对文章有了更为全面和具体的理解。

第三，在预测中思考文章脉络：对文章的预测发生在开始阅读文章之前和阅读文章的过程中。阅读之前，学生可以根据文章题目对文章的内容进行猜测；阅读之中，学生可以猜测文章的发展变化、下面将会出现哪些内容、作者这样写作的目的是什么、某个生词的意思是什么等，所有的这些猜测都将在阅读之中一一得到证实。

媒体链接

请登录课程网或扫描二维码，访问"小学英语教学设计"课程拓展资源部分的教材同步资源模块，学习案例"阅读课教学原则——在预测中思考文章脉络"。

案例：阅读课教学原则——在预测中思考文章脉络.doc

从学生阅读之前对文章内容的整体猜测到阅读过程中对后出现内容的提前预测，再到对遇到生词的猜测，在整个阅读过程中，学生的大脑始终处于积极主动思考的状态。通过不断的疑问—解答、猜测—证实的过程，文章的结构在学生头脑中变得越来越清晰，同时他们也逐渐体验到了积极思考给阅读带来的快乐和成就感。

三、阅读课教学步骤

英语阅读教学的一般步骤，如图7-8所示：

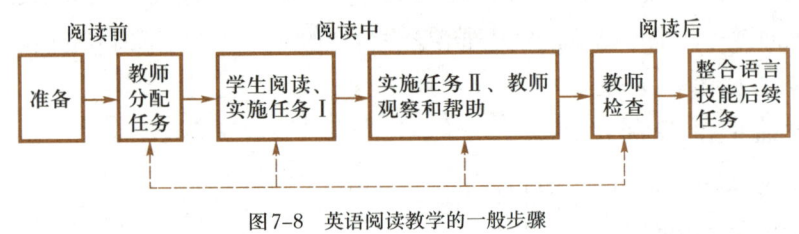

图7-8 英语阅读教学的一般步骤

上述英语阅读教学分为三个阶段六个步骤。

（一）阅读前

阅读前主要是指对新单词、短语、语法结构等的预习以及相关背景知识的介绍等，对有关阅读材料主题内容进行铺垫。"阅读前活动"（pre-reading activities）设计的主要目的是：

（1）激发学生的阅读动机；

（2）激活和提供必要的背景知识；

（3）引出话题；

（4）为进一步阅读扫清语言障碍。

在阅读前活动中，教师要努力做好的工作是：

（1）根据阅读材料确定适当的教学目标，并且告之学生；

（2）通过话题引入或者关键词讲授的方式设置语境，激活学生的背景知识和语言知识；

（3）通过各种方式激发学生的阅读动机（看标题、图片，预测文章内容；设计关于文章大意的判断题、问答题；等等），展开预测。

（二）阅读中

阅读中是指学生阅读的时段。为了保证阅读的有效性，教师必须向学生明确阅读的任务，任务Ⅰ在这里就是指边阅读边做的任务，主要指教师给学生设计的在阅读中需要解答的问题或任务。"阅读中活动"（while-reading activities）的设计以训练学生的阅读技能为目标，从中让学生体验"理解的过程"。教师具体可开展如下活动：

（1）浏览课文（skimming）以掌握文章大意；

（2）跳读课文（scanning）以捕捉具体信息；

（3）将信息图表化（表格、树形图、地图、时间顺序、流程图等）以简化语言材料；

（4）记录文章的要点和具体信息以把握文章内容；

（5）划分文章的结构以明确作者思路；

（6）回答问题以确保对文章的理解；

（7）根据上下文猜测词义。

阅读中教师可以设计6个层次的阅读理解问题[①]：

（1）需要从材料中找到现成答案的问题；

（2）需要解读和重组信息的问题；

（3）需要推理材料中暗含意义的问题；

（4）需要评价和判断作者的问题；

（5）需要个人回应材料内容的问题；

（6）需要关注作者如何用语言表达意义的问题。

前面五个层次的理解性问题，与布鲁姆提出的知识目标的五个层次（识记、理解、分析、应用和综合）是吻合的；教师有意识地提出第六个层次的问题，有助于帮助学生增强对材料的理解，提高他们分析、归纳和评价的能力。不过对于词汇量和阅读理解水平都有限的小学生而言，第六个层次的问题对他们无疑是个挑战。

（三）阅读后

任务Ⅱ指的是在阅读的过程结束后才能够实施的任务，如Read and discuss, Read and debate等。整合语言技能后续任务（Follow-up work）是指组织练习其他语言技能即听、说、写的活动，并且这种活动一定要基于此前使用的阅读材料内容展开。从"教师检查"一项中引出的虚线表明，如果学生执行任务不成功，教师就可以重新分配任务，或让学生再阅读一遍。

"阅读后活动"（post-reading activities）设计的目的有两个：

---

① 转引自朱晓燕.英语课堂教学策略[M].上海：上海外语教育出版社，2011：121.

1. 根据阅读内容进行各种思维活动。

2. 鼓励学生将阅读内容与自己的经历、知识、兴趣和观点相联系。对此，教师可以设计的活动有：

（1）小组讨论、辩论或报告（篇章的结构特征、作者的观点及写作意图）；

（2）个人学习总结（总结篇章中的语言知识、复述文章内容、讲故事、介绍自己类似的经历）；

（3）小组角色扮演（可按照教材内容分角色表演，或根据学生的生活经历对教材进行改编，汇报表演）；

（4）自评、互评、教师评价阅读活动表现（评价自己的阅读方式、阅读效果，也可通过写读书笔记的形式进行）；

（5）个人写作练习（根据课文话题，模仿文章结构、选择话题关键词，进行模仿写作）。

图7-8中的实线箭头表示一般要完成的步骤，虚线箭头则表示可做可不做的选择性步骤。该模式只是给教师提供了一个阅读教学的参考模式，每位教师要根据自己所面对的具体情况进行相应的调整。

案例：阅读课教学应用及分析.doc

媒体链接

请登录课程网或扫描二维码，访问"小学英语教学设计"课程拓展资源部分的教材同步资源模块，阅读"阅读课教学设计案例及分析"。

学习实践

以人教版小学英语（义务教育教科书）六年级教材为例，结合第四章教学目标设计和第六章教学方法设计的内容，根据本节所述阅读课教学的内容、原则及步骤，完成一份阅读课教学设计。具体要求如下：

（一）设计教学目标

1. 在教材分析的基础上，能够从《标准》对六年级学生阅读学习的要求出发，分析学生已经掌握的语言知识和语言技能，确定六年级教材阅读的教学目标。

2. 选取六年级教材任一课时的教学内容，分析教材内容，确定阅读的教学目标。

（二）设计教学过程

1. 根据教学目标，选用合适的教学方法，设计阅读课教学步骤。（1）阅读前：教师告之学生阅读目标，设置语境，激活学生的背景知识；（2）阅读中：运用各种方式训练学生的阅读技能，让学生体验"理解的过程"；（3）阅读后：设计阅读后的听、说、写活动。

2. 激发学生的阅读动机，灵活选用"自下而上""自上而下"和"互动式"阅读模式，通过默读、精读、泛读，培养学生预测、略读和寻读的阅读策略（技能）。

3. 依照阅读课教学原则，完成该课时阅读教学的文本设计。

（三）实践练习

1. 以学习小组为单位，讨论交流本人的设计。

2. 每个小组整理出一份设计文本，与其他小组交流。

（四）登录课程网，学习参考"阅读课教学设计"学生作品范例。

本章小结

课型	教学内容	教学原则	教学步骤
小学英语词汇课	1. 词形与读音 2. 词义 3. 用法 4. 词汇信息 5. 词汇记忆	1. 音、形、义结合 2. 词不离句、句不离境 3. 文化传递	1. 呈现词汇 2. 练习巩固 3. 交际运用
小学英语会话课	句型	1. 话题与句型结合 2. 机械操练与意义操练结合	1. 导入话题 2. 阅读操练 3. 交际运用
小学英语阅读课	1. 训练不同的阅读方法 2. 培养阅读技能 3. 训练流畅阅读	1. 做好"三个结合" 2. 选用"三种模式" 3. 培养"三种策略"	1. 阅读前 2. 阅读中 3. 阅读后

学习思考

1. 胡春洞老师认为，"广义的词汇教学就是整个英语教学"（胡春洞，1990：85）。具体地说：教词汇＝教文化，教词汇＝教交际，教词汇＝教思考，教词汇＝教学习，教词汇＝教语言。对此，你是如何理解的呢？

2. 心理学专家认为：阅读和智力有着十分密切的关系。阅读是读者和作者相互交际的言语活动，是获取知识、发展智力与情感的重要途径和高级神经系统的心理活动。因此，小学英语阅读教学是不容忽视的，它的意义也是非常深远的。请谈谈你是如何理解小学英语阅读课教学的意义的。

推荐阅读

1. 鲁子问.小学英语活动设计与教学[M].北京：高等教育出版社，2008.

该书是全国中小学教师远程费学历培训课程资源开发项目研究的成果，书中为读者设计和分析了大量案例，致力于帮助小学英语教师解决教学过程中活动设计与教学存在的问题与困难。该书共五个单元，主要内容包括：小学英语活动设计与教学的理论基础、小学英语语言学习活动设计与教学、小学英语语言运用任务活动设计与教学、小学英语兴趣活动设计与教学、小学英语课堂教学各阶段活动设计与教学。

2. 网站推荐

（1）http://www.icdlbooks.org: the International Children's Digital Library 国际儿童数字图书馆.

该网站是由美国科学基金会和博物馆及图书馆学院提供资金建设的，提供免费阅读多种语言的儿童书籍，包括英文书籍。

（2）http://www.reading.org: the International Reading Association（IRA）国际阅读协会.

这是一个致力于改善和提高世界各国学龄期儿童阅读能力的专业性机构。IRA创建于1956年，是一个致力于全球读写能力的非营利性个人和公共机构网络。协会有6万多成员，通过广泛的资源、倡导、志愿服务和专业发展活动提升读写能力。

第八章　　小学英语教学评价设计

本章导读

本章学习关注以下要点：
- 教学评价的内涵、常见类型及功能
- 英语教学评价设计的基本原则
- 准备性评价的方式及设计要求
- 形成性评价的方式、工具及设计要求
- 终结性评价的方式及设计要求

问题情境

在教学中,我发现小学生好胜心很强,对参加竞赛性的游戏、情境表演、模拟活动、拼单词比赛等非常感兴趣。

在新授环节,由于单词较多,且稍微复杂,学生不易记忆。为了调动学生学习的积极性,我设计了这样一个竞赛环节:A,B,C,D四个小组开展拼读单词比赛,看哪个组拼得又快又多,获胜小组的每个成员都能得到一颗星。

比赛开始了,同学们个个争先恐后,课堂气氛异常活跃……最后,B组获得了胜利,我给他们每一个成员一颗星,冠军组的同学们脸上洋溢着喜悦的笑容。这时,我环视四周,发现其他组回答很积极的几个学生因为组内其他成员的配合不默契而流露出失意的神情。这时,冷不丁有一声低低的十分不满的声音飘进了我的耳朵:"好偏心的老师!"随后,又有声音说:"B组里不回答的同学也能加星,我们回答了多次却没星,不公平!"我的内心受到极大的震动。是啊,孩子们说得对极了!我怎么事先没想到这一点呢?

启发思考

如果按照上述规则进行比赛,只能是获胜组里的学生受到奖励,其他几组学生的情绪受挫。该如何修改比赛规则,才能做到既激发获胜组学生的积极性,又能提高其他组学生的主动性呢?

教师确定的教学目标是否合理,教学过程是否有效以及教学结果是否良好,最终都需要评价衡量。因此,评价是教学活动的重要环节。本章主要介绍教学评价的基本内涵、常见类型及功能,以及设计教学评价的方式和要求,帮助英语教师实施评价、提高评价的有效性,实现以评价促进学生发展和促进教师成长的目标。

第一节 小学英语教学评价概述

微课：小学英语教学评价.mp4

《标准》指出："评价是英语课程的重要组成部分。科学的评价体系是实现课程目标的重要保障。"只有通过评价才能发现教学中存在的问题，才能促进学生的发展。那么什么是教学评价？为什么要进行教学评价？其常见类型有哪些？本节将逐一对这些问题作出详细探讨。

一、小学英语教学评价的内涵

教学评价是以教学目标为依据，按照一定的标准，运用科学可行的方法，对教学要素、教学活动和教学结果进行测量，并给予价值评判的过程。教学评价一般包括对教学过程中教师、学生、教学内容、教学方法（手段）、教学环境、教学管理等要素的评价。教学评价有两个核心环节：一是对教师教学的评估，即对教师的教学设计、组织、实施等的评价；二是对学生学习效果的评价，即考试与测验。

由此可以看出，教学评价的内涵包括以下几点：

第一，教学评价要基于一定的标准。作为小学英语教师，要实施教学评价，首先要认真领会由教育部颁发的《标准》。

第二，教学评价要采用科学的评价方法。

第三，教学评价是一个价值判断过程。这个过程是为达到教学目标服务的。

第四，教学评价对象包括：学生的学习状况、教学目标、教学效果和课堂管理。在小学英语教学中，还可以对教学中教师所设计的诸如听、说、读、写、游戏、歌曲等环节的教学活动的教学效果作出评价。

小学英语教学评价是对学生的学习情况和教师的教学情况作出价值判断的过程。目的首先是通过评价使学生在学习英语的过程中不断体验进步与成功，认识自我；其次是检查英语教学是否达到教学目标，帮助教师获取英语教学反馈信息，及时反思和调整自己的教学行为，不断提高教学质量。科学合理的评价，可以激励学生学习英语的积极性和兴趣，使学生们成功，增强自我效能感；可以帮助教师调整自己的教学，实现成长。

本章主要探讨学生学习效果的评价。

知识链接

> **evaluation, assessment, measurement**
>
> 目前评价领域有三个常用的英语词语：evaluation, assessment, measurement，对于这三个词语，很多评价者经常通用。但从三者的词源上来看，它们的评价对象是不同的，evaluation更多的是指向课程、教学计划或与之相关的问题；assessment评价的对象是人，如对学生的学习进行评价；measurement是评价或评定的一种方法手段。

二、教学评价的常见类型

教学评价工作具有复杂性，分类标准不同结果也不同。根据评价的规范程度，教学评价分为正式评价和非正式评价。如教师在教学过程中以口头或书面形式作出的评价属于正式评价，而对学生的一般印象或者看法属于非正式评价。根据解释评价结果的标准，教学评价分为相对评价和绝对评价。相对评价是在群体中进行对比，这时衡量标准是相对的。教学中的选拔考试等都属于相对评价。绝对评价是指与预定的标准相比较，只要达到了标准，就认定为合格。例如，在进行学生全面发展评价时，可以设计一个固定的评价标准来衡量学生的发展状况。

根据教学评价在教学过程中所处的时间段，教学评价分为准备性评价、形成性评价和终结性评价。下面主要介绍这三种评价方式。

（一）教学前：准备性评价

准备性评价，又称诊断性评价，是指教师为了使教学适合学生的需要和教学背景，在一门课程和一个学习单元开始之前对教学背景及学生所具有的认知、情感和技能等方面的条件进行评估。教学背景主要是指实际教学环境（包括物质条件）及理论基础。

通过准备性评价，教师可以了解学生是否具备学习新内容所需要的基本知识或技能，也可以了解教学内容体系中哪些知识与技能是学生已经掌握的。准备性评价的目的，是为设计出适合的教学方案做准备。通过实施准备性评价，教师要识别出处于不同水平的学生，而不是给学生贴标签，把他们分置在最有益的教学序列中。根据这两方面的结果，教师可以确定教学目标是否定得太高或太低，教学内容选择得是否恰当，是否适合学生的水平及兴趣，并可根据不同的教学内容和不同的学生特点，选择相应的教学方法和组织形式。

准备性评价可以是认知能力评价、对新教学内容的准备性学习（预习等）评价。教师可以根据需要采取"摸底"检测形式、课堂问答形式、课前问卷形式、前期作业分析形式、教师自我分析判断等形式。涉及内容有：教学所面临的问题及相应的教学基本要求；学生前一阶段学习中语言知识的储备总和，语言技能所处的水平；学生的性格特征、学习风格、能力倾向及对英语学习的态度；学生对学校学习生活的态度；学生身体状况及家庭教育情况；等等。

（二）教学中：形成性评价

形成性评价，又称过程性评价。是在英语教学活动过程中，为了能更好地达到教学目标的要求，取得更佳的效果而不断进行的评价。形成性评价伴随教学过程始终，教师能及时了解一节课或一个阶段教学的结果、学生学习的进展情况以及存在的问题，并据此及时调整和改进教学工作。形成性评价是日常教学中由教师和学生共同参与和实施的评价活动，主要是通过对学生学习过程中表现出的兴趣、态度、参与活动的程度以及他们的语言发展状态作出判断，对他们的学习尝试作出肯定，以提高学生学习的积极性，帮助教师改进教学。形成性评价的本质，是把学生所取得的进步尽快告诉他们。[①]

形成性评价可采用多种方式进行，比如学生自评、小组互评、教师课堂观察、家长评价等；也可以采用非正式考试或单元测验来进行，测验时须考虑单元教学中的核心目标。通过形成性评价，教师可以随时了解学生的学习情况，获得教学中连续的反馈，从而为调整教学计划、改进教学方法提供参考。

（三）教学后：终结性评价

终结性评价又称"事后评价"，一般是在教学活动告一段落后，为获得教学活动的最终效果而进行的评价。一般来讲，终结性评价主要在课堂教学结束、单元结束或者期末进行。在学期或学年结束时进行的考试、考核都属于终结性评价。其目的是检验学生的学习是否达到了预期的教学目标。通过终结性评价，教师可以检验本学期教学目标的实现程度，从而判断教学效果，并据此对教学作出改进，以及为制订新的教学目标提供参考。

在小学英语教学中，终结性评价主要考查学生的综合语言运用能力。教师可以根据教学的阶段性目标来确定评价的内容和形式，包括口语、听力、阅读、写作和语言知识运用等。

[①] 布鲁姆. 教育评价[M]. 上海：华东师范大学出版社，1987:134.

媒体链接

资料：三种评价类型的评价比较.doc

请登录课程网或扫码二维码，访问"小学英语教学设计"课程拓展资源部分的教材同步资源模块，阅读"三种评价类型的评价比较"。

三、小学英语教学评价的功能

教学评价是小学英语课程的重要组成部分，科学的评价方式和方法是实现课程目标的重要保障。在不同教学时段实施的教学评价功能有所不同，但是，评价本身的功能是显而易见的，一般来说，教学评价的功能有以下几点。

（一）监控功能

对教学效果进行评价，可以了解教学各方面的情况，从而判断它的质量和水平、成效和缺陷。全面客观的评价不仅能判断学生的成绩在多大程度上实现了教学目标，而且能解释学生成绩不良的原因。通过评价，教师能够及时监控教学过程，了解教学中的问题，改进教学方式方法；学校和教育行政部门也能够及时掌握课程的实施情况，改进教学管理。

（二）反馈功能

评价发出的信息可以帮助师生了解教和学的情况。教师和学生可以根据反馈信息修订计划，调整教学与学习行为，从而有效地工作、学习，以达到所规定的目标。

（三）激励功能

评价结果能在一定程度上刺激并激发被评价者的竞争意识，激励被评价者按教学目标的要求规范自己的行为。所以在合适的限度内进行记录成绩的测验，对学生的学习具有很大的激发作用，可以有效地激发学生的学习兴趣和信心。

（四）促进功能

评价本身也是一种教学活动。在这个活动中，学生的知识、技能将获得提高，智力和品德也将得到发展。在这个活动中，教师的教学工作不断改进，教学能力得到提高。

学习实践

结合所学小学英语教学评价类型，请拜访至少两所学校，了解目前小学英语教学中常用的评价方式。具体要求如下：

（一）以调查问卷、直接谈话法为主要调查方法。

（二）客观陈述调查结果。

（三）实践练习：总结当前小学英语教学评价的实施情况和主要实施办法。

第二节 小学英语教学评价的设计原则

教师在充分了解学情的基础上，可根据工作的需要，恰当设计和运用不同类型的教学评价，真正发挥教学评价的功能。一般来说，设计教学评价应遵循以下原则。

一、目标性原则

教学评价的设计要以教学目标为依据。教学任务完成后，学生在语言技能、语言知识、情感态度以及学习策略和文化意识各方面，是否达到了教学目标的预期，需要通过教学评价来验证。离开了明确、具体的教学目标就无法进行教学评价。请阅读下面的教学目标及评价设计案例：

针对本书第四章"案例4-9"中的教学目标，设计如下教学评价。

案例8-1

> 1. 针对教学目标1，通过观察学生口型、指名提问、师生合作、分角色读、生生合作，判断学生能否清晰、正确、熟练地朗读课文。
>
> 2. 针对教学目标2，通过趣味游戏、问答接龙、同伴合作、小组探究、自我展示，判断学生能否正确、灵活地运用句型询问他人周末的生活。

教师只有明确了通过一节课、一个单元或者一本教材的学习，学生要达到哪些目标，才能够依据教学目标恰当地设计评价方案。因此，评价方案与教学目标是相匹配的，应保持其内容的一致性。教师设计评价方案时应注意以下几个问题：

（1）评价目标与教学目标主题一致。即评价目标的主题与教学目标的主题是一致的，主题内容是《标准》的内化。

（2）评价目标与教学目标有一致的认知要求。即完成评价任务所需的认知要求与教学目标的要求是一样的，在期望学生"应当知道什么"和"应当做什么"的目标上是匹配的。

（3）评价方法与教学目标是匹配的。不同的评价方法有各自的优势与局限。例如，纸笔测验很难用来评价技能型学习目标；笔试主要考查语言知识，很难用来评价学生的口语、听力等语言能力；口试重点考查学生的口头表达能力和交际策略的运用；听力则着重考查学生理解和获取信息的能力。

二、客观性原则

教师在设计教学评价时，从评价标准、评价方法到评价中所持的态度，特别是最终结果的评价，都要符合客观实际，不能主观臆断或掺杂个人情感。否则，评价不仅失去了本身的功能，也失去了意义。请阅读下面的案例。

案例8-2

没有结果的"小红花"评价

王老师为了激发学生参与课堂活动的积极性，设计了这样的活动评价方式：把全班同学分成两组，课堂上积极主动发言并能正确回答问题的学生都可以为本组获得一朵"小红花"。开始，学生们都很积极。为了给自己的小组挣到"小红花"，同学们在一节课中都主动争取机会回答问题。王老师很随意地挑选学生回答，根据她的主观判断给予奖励。在整个教学活动中，两组回答问题的学生人数不同，获得的"小红花"的数量差别很大。课堂结束的时候，学生期待老师宣布结果，王老师好像忘记了她上课时宣布的竞赛规则，也没有总结"谁"是"获胜者"。黑板上的"小红花"被忽略了。

从上述案例可以看出，教师设计的教学评价缺少具体的评价标准，也没有明确的测量方法，只是凭教师本人的主观判断确定奖励的对象，这样的评价往往有失评价的客观性。表8-1是一位教师设计的课堂作业书写评价表。

表8-1 课堂作业书写评价表

	U1	U2	U3	U4	U5	U6
等级						
等级						
等级						
等级						

注：横排U1—U6代表一个学期的第1—6单元；

竖排的四次等级为一个评价范围：

① 连续四次得A可获得两枚小印章；

② 经改正无误后连续四次得A，可获得一枚小印章。

评价标准：

书写无误而且干净美观——A；

书写有误但是干净美观——B；

书写无误但不干净美观——B；

书写有误且不干净美观——C；

家庭作业：评价标准同课堂作业一致，连续四次也可获得一枚印章。

从上述案例可以看出，该教师设计的课堂作业评价表包含了一本教材的六个单元，是一学期的作业评价。通过这个表，教师可以清晰地掌握学生一学期课堂作业的书写情况。而且，教师给出了明确的评价标准，这样不仅有利于进行客观评价，还有利于调动学生努力写好作业的积极性，同时便于教师操作。

三、多元化原则

教师要对教学活动的各个方面作多角度、全方位的评价，不能以点代面，以偏概全。为此，教学评价应具有多样化的特点，实现评价主体、内容、方式、对象、标准的多元化和评价过程的动态化。

教师设计教学评价时，要考虑如何设计和落实《标准》中五个有关"目标的评价"：如何落实语言技能目标评价？如何落实语言知识目标评价？如何落实情感态度目标评价?如何落实学习策略目标评价?如何落实文化意识目标评价?

总目标是一个有机的整体,教师设计教学评价时不能将其割裂,也不能以一代全,需要设计不同的评价方式、不同的评价标准和不同的评价内容,这样才能达到客观评价的目的。请阅读下面的评价设计案例。

案例 8-3

学期教学评价方案:人教版小学英语(实验教科书)五年级上册

一、形成性评价

1. 课堂上:把集体吟唱歌曲和歌谣融入课堂学习。

2. 课前三分钟:利用每周1~2次的课前时间,检测个人吟唱情况。每人至少会吟唱每项中的6首和4首,成绩计入 I can sing。

3. 间周的家庭作业为手抄报、手工制作或异域风情卡,要求学生每学期自己动手完成,总共不少于4个,成绩计入 I can do。

二、终结性评价

1. 单元测试和期中测试(1—3单元内容)。测试内容包括听力、基础知识、阅读理解、口语交际四大板块。注重测后自我反思总结,即自我评价,以此培养学生积极参与的信心、提高他们课堂表现的能力。

2. 期末非笔试测试评价:能完成"I can read, write, do, play, sing and talk"(基础知识闯关表),成绩评定为优秀、优良、良好、及格四个等级。

3. 期末笔试测试评价:独立完成一份试卷,成绩评定为优秀、优良、良好、及格四个等级。

三、评价主体

(一)教师评价

1. 对全班的评价:教师依据课堂齐读等集体活动的整体表现,发现群体掌握较弱的单元内容,并找出存在的问题,在全班进行纠正和强化。

2. 对部分学生的评价:教师根据不同水平的学生的实际表现,优秀学生有突出表现者,当堂加盖一面"红旗"印章;后进生有进步者,口头表扬并加盖一枚"加油"印章。

3. 对小组的评价:同伴之间能互相帮助,互相监督,互相提醒,完成教师布置的各种任务;教师为本组加分或添旗;组长充分发挥小老师的作用，协助教师把关基础知识，并将情况加以总结、汇总于评价表中。在每月的"英语之星"中评选出"优秀小老师"的称号，并发给他们奖状。

4. 对学生个人的评价：参照教师平时所记录的量表，分层次、有重点地进行形成性评价（见表8-2）。

表8-2　学生个人评价

姓名	学号	玩演唱	课堂作业	家庭作业	背诵默写	小组评比	课堂表现

（二）家长评价

家长根据学生完成 I can read，I can write，I can talk，I can do 的情况和阶段性成绩，有侧重地为自己的孩子写出评价语，同时给出综合的评定。

（三）学生评价

1. 学生自评：自己根据课堂参与情况、默写情况、课堂作业和家庭作业完成情况、玩演唱，在表格中如实填写，并写出自我反思。

2. 小组内互评：小组内每位成员在教师所发的评价表上认真、公平地为本组组员填写评价等级和评语。

该教师的教学评价设计充分体现了多元化原则，评价方式多元化，评价主体多元化。这样的评价调动了所有参与者的积极性，使评价的功能得以有效发挥。

四、统一性原则

统一性原则是指既要评价教学结果，也要评价教学过程和方法，实现过程与结果的统一。在信息技术环境下的教学设计，应重视面向学习过程中的态度、兴趣、参与程度、任务完成情况的形成性评价。

案例8-4

学习评价方案：人教版小学英语（实验教科书）五年级上册

基础知识闯关评价量表如表8-3：

表8-3 基础知识闯关评价量表

Unit \ I can	read	write	do	play	sing	talk
Unit 1						
Unit 2						
Unit 3						
Unit 4						
Unit 5						
Unit 6						

（一）词汇评价

1."三会"单词

（1）早读：利用早读时间，英语小组长对所学单词逐个把关，会英汉互译和认读即为过关，成绩计入 I can read。

（2）课前三分钟：利用每次课前时间，分批提问不同层次学生对"三会"单词的掌握情况，能听懂、会说、会认的给以"加油"印章。

（3）课堂上：通过集体提问、个别提问、英汉互译、认读词卡，检测学生整体掌握的情况。

（4）家庭作业：将所学单词写下来给家长读两遍，书写正确并会读的请家长签字，计入 I can write。

（5）习题：利用评价样题检测学生的掌握程度，如：看图选词、根据单词写出正确的汉语意思。

2."四会"单词

除以上五种外，还有以下方法。

默写：

（1）每星期早读留10分钟时间进行默写；

（2）课前五分钟，教师指名提问拼写并背出已学"四会"单词。

过关：

（1）课代表和英语小组长给老师过关"四会"单词；

（2）小组学生给本组的英语小组长或课代表过关。

（二）对话评价

（1）早读：利用早读时间，对所学对话把关，过关的学生可得"Great"印章。

（2）课前三分钟：利用课前时间，提问不同层次学生对学过对话的掌握情况，会认、会读的给以"加油"印章。

（3）课堂上：通过师生对话、生生对话、分角色对话，检测学生整体掌握的情况。

（4）家庭作业：将所学对话给家长读一遍，会读的请家长签字，计入 I can talk。

（5）习题：利用评价样题检测学生的掌握程度，如：补全对话、情境对话。

（6）同伴合作自编与本单元相关的对话，利用课前五分钟展示或课余时间单独找老师过关，计入 I can do。

该评价设计重视学生学习过程中读、写、做、演、唱、说几方面的能力，重视形成性评价。通过这样的评价方案，教师能动态地了解学生的学习效果，获得连续的反馈信息。然后依据评价结果，及时调整教学进度、教学方法。同样，学生能及时获得教师的肯定和鼓励，不断强化学习，激发学习兴趣。

五、指导性原则

指导性原则是指在进行教学评价时，要把评价和指导结合起来，在指出学生的长处与不足的基础上提出建设性的意见。不仅使学生了解自己的优缺点，而且为其之后的学习指明方向。如果评价不能指明存在的问题和前进的方向，就可能使学生陷入盲目状态，或者夸大自己的优点、成绩而骄傲自满，或者只看到问题而丧失前进的动力和信心。因此，要对评价的结果进行认真分析，从不同角度查找因果关系，确认产生的原因，并通过信息反馈，使学生明确今后的努力方向。请阅读下面的基于《标准》和教学目标的教学评价设计案例。

案例 8-5

人教版小学英语（实验教科书）四年级上册
Unit Three My Friends, Part A, Let's learn & Let's find out

一、课程标准

1. 能听懂课堂活动中简单的提问；

2. 能看懂语言简单的英语动画片或程度相当的英语教学节目；

3. 能借助图片、图像、手势听懂简单的话语或录音材料；

4. 能根据录音模仿说话；

5. 能正确朗读所学故事或短文；

6. 能做简单的角色表演；

7. 能在老师的帮助下表演小故事或小短剧。

二、教学目标

1. 在听录音、看图或卡片的基础上，能够听、说、认读词汇 long/short hair，strong，thin，quiet，friends，做到发音清晰、正确；在熟读的基础上，学会拼单词，并在四线格中正确、规范地书写单词。（达成率 95%。）

2. 在学习词语及句型、教师示范引导、指名描述的基础上，能熟练模仿句型 My friend is... She/He has... 来描述自己的朋友，做到发音清晰、语音、语调准确。（达成率 85%。）

三、评价任务

1. 针对教学目标 1，借助录音、单词卡片，通过指名提问单词的读音及造句，观察学生口型、学生互评等方式，判断学生能否达到清晰、正确地说出单词的目标。

2. 针对教学目标 2，通过教师示范引导、学生模仿、小组合作、指名提问、小组展示等方式，判断学生能否达到听懂教师的指令、要求和提问，并灵活运用所学单词和句子来描述人物的体貌特征的目的。

该教学评价是依据《标准》和教学目标设计的，并根据学生的情况采取口型、书空、学生互评等方式来组织教学，可以看出评价的指导作用隐藏在整个教学活动之中。

学习实践

以人教版小学英语（义务教育教科书）为例，任选一课时教学内容，并结合第四章设计教学目标和第五章设计教学过程内容，完成该课时的教学评价设计。具体要求如下：

（一）每人设计一份教学评价方案。
（二）以小组为单位，讨论交流每人的设计思路与方案。
（三）每个小组整理一份设计文本，与其他小组交流。

第三节 准备性评价设计

准备性评价又称诊断性评价，也称"教学性评价"。一般是指在某项教学活动开始之前对学生的知识、技能以及情感等状况进行的预测。通过这种预测可以了解学生的知识基础和准备状况，以判断他们是否具备实现当前教学目标所要求的学习条件，以便对新的教学内容进行教学设计，为实现因材施教提供依据。是实现以学生为中心的教学设计与教学过程不可或缺的前提条件。

一、准备性评价方式

准备性评价是在教学活动开始前，为对评价对象的学习准备程度作出鉴定而进行的测定性评价，为采取相应措施使教学计划顺利、有效实施提供参考。准备性评价的实施时间，一般在课程、学期、学年开始或教学过程中需要的时候，其主要作用是确定学生的学习准备程度。准备性评价的内容包括对已有知识能力评价、对新教学内容的准备性学习（主要是预习情况）的评价。准备性评价主要有以下四种方式。

（一）摸底测试

摸底测试一般在学期新课开始之前进行。教师可以根据前一学期的学习内容和目标要求，结合教师本人的测试目的，设计摸底测试试卷。通过摸底测试，教师可以了解学生的语言技能水平和语言知识基础。摸底测试的结果为教师进行教学设计提供参考依据。请阅读如下案例。

案例8-6

该案例主要考查学生能否根据听到的词句正确指认图片，符合一级目标中有关"听、做"的要求。该案例的选项采用图片而不是文字，主要是为了减轻学生阅读文字的负担，更好地体现测试的目的。

（二）问卷调查

问卷调查是教师为了解学生的学习态度、学习风格、学习倾向等因素而采取的一种准备性评价方式。根据评价的目的，教师可以有针对性地设计不同的问卷。需要注意的是，教师设计的问卷要符合小学生的认知水平、学习和生活经验，学生能够顺利回答问卷，这样问卷的统计结果才具有参考价值。

（三）观察

通过观察学生的课堂活动表现，教师可以评价学生的学习态度、学习风格和学习基础。教师可以观察学生在小组活动、课堂提问、课外活动等中的参与度、积极性以及参与活动的效果。根据观察结果，判断学生的学习现状和能力水平，为教学设计提供参考。

在小学英语教学实践中，准备性评价多体现在教师的学情分析中。教师根据评价结果，可以设计出满足处在不同起点水平和具有不同学习风格的学生所需的教学方案，从而将学生分别置于对其最有益的教学程序中。

媒体链接

请登录课程网或扫描二维码，访问"小学英语教学设计"课程拓展资源部分的教材同步资源模块，学习"准备性评价实施方式——学情分析"。

案例：准备性评价实施方式——学情分析.doc

二、准备性评价设计的基本要求

在设计准备性教学评价时，为了使评价结果客观准确，更好地为教学过程的顺利完成奠定基础，需遵循两个方面的基本要求：

第一，准备性评价的内容要有目的性和计划性。准备性评价的内容一定要提前考虑，必须要和本学期或者本节课学习内容相关，为顺利完成教学目标服务。例如，针对教学要求，先设计哪些评价内容？评价的目的是什么？针对哪些学生评价？这些问题都要提前做好周密安排。

第二，准备性评价的方法要具有灵活性和趣味性。教师在开展准备性评价之前，要认真考虑用什么样的评价方法以利于分析评价结果。教师可以综合运用问卷调查、观察、教师分析、摸底测验等各种方法。在设计时要注意评价方法的趣味性，以激发学生的求知欲，取得客观的评价效果。

学习实践

假设你是刚刚入职的小学三年级英语教师，根据本节课所学的准备性评价方式，设计准备性评价方案，具体要求如下：

（一）撰写开展准备性评价的计划。

（二）列出准备性评价的方式，并综合运用于教学中，总结评价结果。

（三）根据准备性评价结果，分析学生现有水平，设计出合适的准备性评价方案。

第四节 形成性评价设计

《标准》指出，形成性评价是日常教学中由教师和学生共同参与和实施的评价活动，其首要目的是促进学生学习，核心是通过不同形式的反馈给学生提供具体的帮助和指导。小学阶段的英语教学评价应采取以形成性评价为主的评价方式，并考虑小学生的认知方式、认知水平和心理特点，以激发和保持小学生的英语学习兴趣。

形成性评价可采用多种方式，如测试与非测试、教师评价、学生自评和学生互评等。形成性评价活动是伴随着教学活动同步向前推进的。因此，教师应当在设计教学方案的同时，设计形成性评价方案。

一、运用形成性评价

在运用形成性评价时，主要从以下方面着手。

（一）评价内容

评价内容即"评价什么"的问题。教学评价针对学生在课堂中的表现，主要分为以下几个方面。

1. 学生语言运用质量

在语言教学评价中，学生语言运用质量是一项重要的指标。教师应当采取有效措施收集学生的活动表现证据，包括语言量、语言水平、语言连贯程度以及语言的随机建构水平等。请阅读下面的案例。

案例8-7

学生话语表达水平评价

评价内容：对话、朗读、背诵

评价主体：教师、学生

评价方法：课前三分钟按学号进行课文背诵展示，课堂上老师提问、学生间互相读背。

评价标准：课前三分钟课文背诵展示，结合背诵的情况分为A、B、C、D四个等级；结合课堂上老师提问时的朗读情况，回答一次加盖一

> 朵红花，以依次递增的形式实施评价；学生间相互读背时，根据对方的朗读或背诵时的语音、语调及准确率，给对方评价为：A+、A、B+、B。

2. 学生行为

学生行为主要指学生在课堂上参与教学活动的表现。教师除了要重点评价学生行为的目的性、互动性和主动性之外，还要评价学生行为表现的实际效能。请阅读以下案例。

案例 8-8

> **学生课堂行为评价**
>
> 评价内容：对学生课堂学习表现的综合评价
>
> 评价主体：教师和组长
>
> 评价方法：教师在课堂上观察学生的学习情绪以及学习态度，填写课堂表现统计表。
>
> 评价标准：结合听讲情况分为三个等级——A等（上课认真听讲、积极发言）；B等（认真听讲、没有发言）；C等（不认真听讲）。

3. 学生认知水平

教师应当采取有效手段了解学生的思维进程、对教学信息的领悟程度、对教学资源的感受程度，以及接受新语言学习项目的敏锐程度。对学生认知水平的评价直接关系到教学目标的完成情况，关系到下一步教学内容的安排和设计。请阅读以下案例。

案例 8-9

> **学生认知水平评价**
>
> 评价内容：Let's check 部分的听力活动
>
> 评价主体：教师和学生
>
> 评价方法：听录音学生独立完成，教师巡视、同桌间核对检查。
>
> 评价标准：是否能够在听完两遍听力材料后，准确完成圈选、补全句子的任务。

4. 学生的临场机智

课堂教学过程是教师与学生随机构建教与学的关系的过程。学生在课堂上表现出来的临场灵活性、创造性以及对学习情境的适应性，也是评价的内容。请阅读以下案例。

案例8-10

> **学生临场机智的评价**
>
> 评价内容：听、说、吟唱8首歌谣，唱8首歌曲
>
> 评价主体：教师
>
> 评价方法：课堂中让学生演唱。
>
> 评价标准：能否在音乐的伴奏下，唱出所学的歌曲，做到声音优美、发音正确，能否说出所学的chant，做到节奏正确。

（二）评价主体

评价主体主要解决"谁来评价"的问题。形成性评价设计应当注意评价主体的多元性。教师、学生以及家长都可以是评价主体。

1. 教师评价

以教师为评价主体时，可以采取以下形式。

（1）教师对全班学生的评价。教师根据全班的整体表现，发现群体学习的优势和存在的问题，明确群体学习活动的总体趋势。

（2）教师对部分学生的评价。根据不同水平学生的实际表现进行评价。例如，优秀学生是否有突出的表现，后进生是否正在进步等，这些均属于对部分学生的评价。

（3）教师对学习小组的评价。小组活动是教师评价的重点项目，教师应观察不同小组内的互动情况、小组领导力的强弱、小组信息沟通情况、小组执行任务的过程以及小组解决问题的成效等。

（4）教师对学生个人的评价。教师对学生个人的评价，通常以个案的形式记录那些可以证明他们学业进展情况的具体表现进行。由于学生个人的表现具有一定的代表性，面对学生群体，教师要分层次有重点地进行评价。教师在进行一定数量的个案分析之后，就可以清楚地了解某个学生的学习情况。

2. 学生评价

以学生为评价主体时，评价应更具有针对性。学生评价通常采取以下几种形式。

（1）学生自评

学生自我评价是其自我反思能力的表现，也是促进其学习水平提高的重要途径。教师应当在教学过程中有计划地培养学生进行自我反思的能力，逐步培育和构建学生进行有效评价的行为。例如，及时采集个人表现的信息、记录自己的学习过程、进行自我监控以及描述自己的学习行为等。如自评表8-4：

表 8-4　学生自评表

班级 _____ 姓名 _____

学习态度	好	良好	一般	需努力
课前评价				
课后评价				
课堂表现				

说明：在相应方框内打"√"。

（2）生生互评

生生互评是一种常见的自主评价形式，它可以在活动之中或之后发生。

（3）小组互评

小组内部的合作评价是课堂形成性评价的难点。学生在课堂上往往不太善于进行合作评价，教师应当有计划地培养学生良好的合作评价行为。如，花费时间在每节课上引导学生自主管理小组活动，自主实施小组评价任务，自主积累过程评价信息和实证材料。所有这些"自主"行为都要在教师有计划的引导中进行。请看学生互评表8-5：

表 8-5　学生互评表

班级 _____ 姓名 _____

学习态度	好	较好	一般	需努力
自习				
角色表演				
课文朗读				
语音				

说明：在相应方框内打"√"。

（4）群体合作评价

群体合作评价要求全班学生参与，合作评价。群体合作评价常常因参与的人员的增多，难度增大。但这样的评价对学生合作能力的培养更有意义，教师在进行全班合作评价时应进行周密的规划，准备完备的评价工具，提供详细的指导，并做好组织工作。实际上，此类评价活动与教学活动是一体的，评价活动本身就包含着教学内容。

3. 家长评价

家长评价通常在教师与学生作为评价主体完成评价的基础上进行。家庭作业、在校课业成果等都属于家长评价的范畴。此外，学校举办大型活动或教师在班上组织各种学习汇报、文艺表演等活动时，也可以邀请家长参加，并让他们对学生在活动中的表现作出评价。家长参与评价，学校和教师要及时指导，改变家长不端正的评价态度，改善家长的评价行为，改进家长的评价方法，以更好地发挥家长参与评价的积极作用。家长评价不仅能起到对学生的评价、监督作用，而且还能加强家长与教师的联系，使教师能更客观、公正地评价每一位学生。表8-6是家长评价学生家庭作业完成情况的评价表。

表8-6　家长评价表

班级＿＿＿＿　姓名＿＿＿＿

日期＼表现	好	良好	一般	需努力
星期一				
星期二				
星期三				
星期四				
星期五				

说明：在相应方框内打"√"。

（三）评价方式

评价方式是解决"怎样进行评价"的问题。教师设计评价方式的指导理念是兼顾量化评价和质性评价。基于此，评价方式的选择应力求多样化，如测试、测量、观察、调查、成长记录袋等。下面重点介绍测试、测量、成长记录袋，观察、调查可参见前一节内容。

1. 测试

测试是日常教学常见的评价方式。设计测试评价，教师应当注意以下五个方面。

（1）把握测试内容的难易度。教师选择测试评价方式的目的是及时了解教与学的信息，为学生学习和教师教学提供反馈，用于改善教学。教师在实施测试评价时不能仅侧重于对学生学习结果的评估。因此，测试内容设计的难易度要适中，能够反映出教学中存在的问题。

（2）精心设计测试题型。测试题型的设置应满足测试目的的需求，题型要能充分体现测试的目标，做到要求明确。

（3）注意发挥测试的诊断、调节、激励和甄别的功能。

（4）准确把握测试的时机。测试的时机对测试的效果影响很大，教师实施测试应根据课程需要，恰当安排时间，确保测试的效果。

（5）提高设计与实施测试的专业化水平。小学英语教师在设计测试评价时，要依照《标准》的要求，科学设计不同类型的测试题目，全面测试学生听、说、读、写、玩演等语言知识和语言技能。

请阅读以下案例。

案例8-11

测 试 评 价

First, fill in the blanks with the following words.

   eating   washing   happy

   studying watching   watering

  It's Sunday today. We are at home. My mother is _____ the dishes in the kitchen.

  My father is _____ the flowers in the garden.

  My Grandpa is _____ TV in the living room.

该案例主要考查学生认词、认图、观察、思考、书写及理解的能力。根据《标准》对二级读和写的要求，做该题时学生应根据短文和图片提示，将相应的单词写在横线上，以此考查学生认读和抄写单词的能力。

2. 测量

测量在教学评价中有着特定作用。在语言教学中，态度测量、情绪测量、认知测量等，都对改进教学有明显的效应。同时，测量方法还能帮助学生全面了解自己。教师可以通过设计课堂评价记录表，跟踪测量学生的进步程度。请看表格式评价记录表 8-7：

表 8-7　连续表格

Gives up a task at the first sign of difficulty	Sticks at a task as long as there is some reward	Keeps trying even if difficult but success is likely

匈牙利一份未发表的关于英语学习失败学生的调查中，强调学习失败最重要的原因是缺乏持之以恒——继续努力的动机。因此，教师有必要使用连续表格来记录成绩以了解学生连续的变化，如通过给对应的方格涂色并标上日期的方式，可以显示学生在一段时间内的进步，或通过同一格式的连续表做标记的方法记录学生的变化。然后把这些记录转变为学生的个人学习记录卡（标上学生的姓名、年份）。[①] 通过记录，能够准确地评价学生的学习情况，为教师改善教学提供参考。

3. 成长记录袋

成长记录袋作为一种在实践中诞生的学生评价方式，在国外教育实践中已经有几十年的历史。学生成长记录袋是指用以显示有关学习成绩或持续进步信息的一连串表现、作品、评价结果以及其他记录和资料的汇集。根据记录的内容不同，可以分为成果性记录袋和过程性记录袋。成果性记录袋主要记录学生

---

① Jean Brewster, Gail Ellis, Denis Girard. 小学英语教师教学指南[M]. 王晓阳, 译. 北京: 高等教育出版社, 2005:230.

的优秀作品，作为终结性评价的参考。过程性记录袋主要记录学生的问题、说明、草案、草稿、修改稿、最终产品以及对作品的自我评价，主要用于监控、调整。

成长记录袋可以作为一种信息来源，让教师和学生把握学习的实际情况，帮助学生持续进步与发展，以便对下一步的学习方式作出调整。在对学生进行档案袋评价时，要尽可能地收集能够反映学生英语学习进展的材料。教师可设计反映学生学习的成果性和过程性的各种卡片，例如最快进步卡、阶段性评价卡、英语课文朗读精彩卡、背诵大王卡、角色表演出色卡、助人为乐卡等。请看下面的进步卡和阶段性评价卡的设计（表8-8、表8-9）。

表8-8 进步卡

姓名　　班级　　日期	成绩
1. 能学习积极、好动、充满好奇心、乐于尝试	1 2 3 4 5
2. 能在与教师的交流中放松、自然，不害羞	1 2 3 4 5
3. 能乐于在小组中与同学合作学习	1 2 3 4 5
4. 能对学习内容和活动表现出持续的兴趣	1 2 3 4 5
5. 能认真完成作业而且有创造力	1 2 3 4 5
6. 能主动对课堂外的英语现象进行了解	1 2 3 4 5

注：1分为最低，5分为最高，每两星期累计一次。

表8-9 阶段评价卡

内容	评价标准	学生自评	小组评价	教师评价
游戏	a. 积极主动参与合作，应变能力很强 b. 主动参与，能够合作，有一定的应变能力 c. 不愿意参与，并拒绝与同学合作			
诗歌	a. 语音、语调准确，节奏及韵律感强 b. 语音、语调基本准确，有一定的节奏 c. 语音、语调不准确，没有节奏感			
歌曲	a. 语音、语调准确，吐字清晰，很有感情 b. 语音、语调较准确，吐字清晰，有感情色彩 c. 吐字不清晰，不带感情色彩			
表演	a. 能灵活运用语言材料，在虚拟的情境中进行真实的交流 b. 能恰当地运用语言材料，在虚拟的情境中进行真实的交流 c. 不能用语言材料进行交流			
总分				

注：a为2分，b为1分，c为0分。

（四）选择评价工具

在小学英语课堂教学中，尤其是在中、低学段教学中使用评价工具能有效地激励学生的学习积极性，提高教学效果。下面介绍一些评价工具。

1. 核查表

教师将自己期待的具体行为以列表方式提供给学生,以学生为评价主体,可以学生个人、两个人小组或多人小组的方式,让学生依据自己的表现细节在检查表中进行勾画(见表8-10)。

表8-10 核查表

姓名	学号	玩演唱	课堂作业	家庭作业	背诵默写	小组评比	课堂表现

2. 评定量表

评定量表使用数字表示学生课堂行为(已发生的)的等级。如我们可以用5,4,3,2,1五个等级来确定期待行为的活跃程度,分别代表特别活跃、比较活跃、中等活跃、不够活跃和不活跃(见表8-11)。

表8-11 学生课堂发言表现评定量表

表现\姓名	课堂表现					课堂表现					课堂表现					课堂表现					课堂表现				
	5	4	3	2	1	5	4	3	2	1	5	4	3	2	1	5	4	3	2	1	5	4	3	2	1
A																									
B																									
C																									
D																									
E																									
F																									

注:通过记录不同课堂的表现,观察学生的学习趋势。5代表特别活跃;4代表比较活跃;3代表中等活跃;2代表不太活跃;1代表不活跃。

3. 贴片

贴片是中、低学段教学过程中使用得较多的一种评价工具,如动物贴片、人体部位贴片、颜色贴片、饮料贴片、食品贴片、水果贴片、玩具贴片、文具贴片、交通工具贴片等。教师可以根据教学内容选择合适的贴片作为评价工具。

4. 标志

在小学英语课堂教学中,教师们经常使用一些标志,如笑脸、平脸、哭脸、五星、花朵、彩旗、奖章、胸章等作为评价工具,这些评价工具在评价过程中的应用能较好地激发学生学习的积极性。

5. 简笔画

除以上几种评价工具外，教师还可以结合教学内容使用简笔画作为评价工具，如画文具、动物、植物、食品、交通工具等。

在日常教学工作中，可以选用的评价工具很多。教师要考虑学校的教学环境，根据教学内容的需要；结合学生的学习特点以及学生的学习风格等，恰当选择教学评价工具，发挥课堂教学评价的功能。

（五）课堂评价语言

课堂评价语言广泛地运用于小学英语课堂教学中。好的评价语言有利于提高课堂教学效果。教师要准确运用课堂评价语言，做到评价用语多样化，真正实现评价在激励学生和提升教学效果方面的作用。

1. 英语课堂常用评价反馈用语

作为课堂教学的重要组成部分，英语教师的课堂用语可以为学生提供良好的可理解的语言输入。一般来说，在教学过程中，常见的教师评价语言分类如下。

（1）充分肯定

教师运用充分肯定的语言，仿佛是学生的"兴奋剂"，使学生精神振奋，学习信心高涨，从而激发学生的学习积极性，便于营造热烈的课堂气氛。比如：Good/Great/Excellent/Super/Wow…

在英语课堂中，教师应多用肯定的语言让学生体验成功的快乐，感受到教师的温情。

（2）部分肯定

尽管每个学生都喜欢得到教师的表扬，但是在课堂上教师不能一味地脱离实际说赞扬的语言。表扬应基于事实，如果学生回答问题不完全正确，教师可以采用部分肯定的方式对学生的回答给予回应。比如：

You are reasonable, but you need a complete answer.

It's much closer to the right answer.

Almost, but change another standing point.

部分肯定既不伤害学生的自尊心，又委婉地指出了学生的不足之处，启发学生认真思考，努力找出改进的方向。

（3）委婉否定

当学生回答问题出错时，教师应该尊重并理解学生，不要生硬地直接批评，或者讲出"You are wrong, you are so stupid!"之类伤害学生自尊心的话语。可以委婉地评价，比如：

I am sure you are nervous so that you make a mistake.

Well, can anybody help him?

Is it? Any other answers?

教师运用委婉否定的方式，不但保护了学生的自尊心，也营造出了民主和谐的课堂氛围。宽容地对待学生的错误，给他们提供时间与空间认识错误并改正错误，这样学生才能正确面对自己的问题与不足，反思自己的学习，并在教师和同学的帮助下积极地进行自我调控。

（4）激励性表扬

心理学家威廉·詹姆斯说过：人性最深刻的原则就是希望别人对自己加以赏识。对于学生来说，一句表扬可能会带来无穷的力量，使他们信心百倍，也会增加学习兴趣。比如以下激励性表扬用语：

You are great. I'm proud of you for your progress.

You have made fabulous improvement and I don't doubt that you will succeed sooner or later.

资料：英语课堂常用评价反馈用语.doc

媒体链接

请登录课程网或扫描二维码，访问"小学英语教学设计"课程拓展资源部分的教材同步资源模块，学习"英语课堂常用评价反馈用语"。

2. 教态语言评价

在课堂教学中，教师在关注有声的教学评价的同时，还要重视教师体态语言在教学中的作用。教师体态用语是指一种特殊的语言艺术——非语言的教学艺术，是教师上课时在学生面前表现出的整体形象。主要包括面部表情（其中主要是眼神）、手势和身体姿势三项。在英语课堂教学中，恰当运用体态语言向学生传递反馈信息，对引发学生的求知欲、调节课堂氛围、创造温馨的学习环境等会起到积极的作用。这些有形无声的体态语言，可以直接表示某种意义，也可以增强有声语言表达的效果，甚至表达出有声语言所不能表达的意义。

美国心理学家艾伯特·梅拉别恩通过实验指出，人们获得信息的7%来自文字，38%来自有声语言，55%来自面部表情。由此可见，体态语言在信息传递中起着重大的作用。富有表现力的面部表情，恰当、自然的动作，都可以创造丰富多彩的语言环境，给学生深刻的感染和启迪。[①]在英语课堂上，教师对学生的表

[①] 孙菊如，陈春菊，谢云，邹花香. 课堂教学艺术 [M]. 北京：北京大学出版社，2006：14.

现给以赏识的目光,在学生不能回答问题时给一个温暖的微笑,都会消除学生的紧张感。另外教师爱抚地摸摸学生的头、亲切地握手或者深情地拥抱等,都会给学生带来内心的安宁和愉悦。

3. 趣味"荣誉"奖励评价

在课堂教学中,教师可以利用小学生的心理特点,加入趣味"荣誉"奖励评价。根据教学内容的不同,可以给表现突出的同学相应的荣誉称号。请阅读下面的"荣誉"奖励评价实例:

张强同学的声音非常好听,模仿力极强,可以称他为"小小英语播音员"。

李晓红同学热爱学习,每次成绩都是优秀,而且又善于思考问题,可以封她为"小博士";

王刚同学除了自己的英语成绩非常好,还善于帮助成绩较落后的同学,我们可以称呼他为"英语小导师"。

具体到某一单元的教学内容,为了增强学习效果、营造和谐课堂氛围,也可以随机给同学们起"特殊称谓"。比如讲到动物这一节课,可以根据同学们的喜好,让他们扮演不同的动物。某个同学非常招人喜欢,组织能力很强,可以让其扮演狮子,称为"森林之王"。这样除了激发学生的兴趣,还结合所学知识,使学生能自如地运用语言。

二、形成性评价设计的基本要求

微课:设计小学英语形成性评价.mp4

教师在制订教学评价方案时,要根据《标准》所规定的语言技能、语言知识、情感态度、学习策略和文化意识五个方面的目标要求及特点,结合学生的实际情况,确定评价标准,选择恰当的评价方式。在实际教学过程中,要避免只重视语言知识的考查和脱离语言实际运用的评价现象,确保评价的有效性。

(1)考虑学生的年龄特点、心理特征以及认知水平,选择合理、多样的评价方式。如教师评价、学生相互评价、小组评价、学生自我评价、家长评价等。

(2)根据《标准》的要求,选择评价内容。小学英语教学评价的内容主要包括语言技能、语言知识、情感态度、学习策略和文化意识等方面,综合评价学生的综合语言运用能力。应根据课堂教学目标,对学生听、说、读、写、玩、演和视听等方面分别进行评价。评价内容要具体,既方便教师操作,又便于学生明确学习方面存在的问题。评价结果也要有利于教师发现问题，调整教学目标，改进教学方法。

学习实践

以人教版小学英语（义务教育教科书）五年级为例，根据本节所述的评价方式，设计一学期的教学评价方案。以学习小组为单位，讨论交流本人的设计；每个小组整理出一份设计文本，与其他小组交流。

第五节 终结性评价设计

微课：设计终结性评价.mp4

终结性评价是在某一相对完整的教学阶段结束后对学生学习结果和整个教学目标实现程度的评价。小学英语教学的终结性评价主要检测学生综合语言运用能力的发展程度。

一、终结性评价方式

终结性评价是在一个学习阶段结束时对学生学习结果的评价，如期末考试、毕业考试等。终结性评价与形成性评价有很多相似之处，但是在评价时机和对评价结果的解读与使用等方面有所不同，终结性评价的主要目的是评估和验收。具体到每种语言技能的评价方法如下。

（一）听力评价

听力是学生语言能力的重要组成部分，是学生运用语言交际的基础。听力评价主要考查学生的听力水平，应着重考查学生理解和获取信息的能力，避免脱离语境的题型。

1. 听力评价的主要方法

听力测试的题型主要有：听录音，涂颜色；听录音，排顺序；听录音，辨正误；听录音，写单词等等。请阅读以下案例。

案例8-12

> ### 听 力 测 试
>
> 听录音，涂颜色。根据听到的英语，给下面的图画涂上相应的颜色。
>
>
>
> 录音材料：
> This is Mary. She wears a red cap and a yellow coat. Her trousers are green. Her shoes are brown. Look at her school bag. It's blue.

以上案例考查学生通过听音和看图辨认服装和颜色词汇的意义，再通过动手涂颜色展示听的能力。符合二级目标对听力技能的要求，形式活泼，与日常生活接近，是孩子们喜闻乐见的评价形式之一。

2. 听力评价参考标准

在小学英语听力评价中，教师除了关注学生在测验（练习）中的正确率外，还应尽可能了解学生在这些活动过程中的表现，如听音次数、反应速度、参与程度、需要帮助的程度等。这些信息有助于教师全面了解学生在学习过程中的表现，为反馈和调整教学提供参考依据。

媒体链接

> 请登录课程网或扫描二维码，访问"小学英语教学设计"课程拓展资源的教材同步资源模块，学习"听力活动表现性评价参考标准"。

资料：听力活动表现性评价参考标准.doc

（二）口语评价

口语是语言技能的重要组成部分，在语言学习和交往中发挥重要作用。在小学阶段的英语学习中，口语既是学习内容，又是学习手段。模仿听到的对话、朗读课文、表演歌曲或短剧、看图讲故事、教师与学生就个人信息及熟悉话题等内容进行问答等都是小学阶段口语评价的主要形式。

口语评价的主要组织方式有三种，分别是单人口试、双人口试和小组口试：单人口试由一名教师对一名考生进行考核；双人口试由学生俩人一组进行口头交际，教师观察并评分；小组口试则是发生在多名学生之间的对话或角色扮演，由教师或全体学生观察并给出评分。请阅读以下案例。

案例8-13

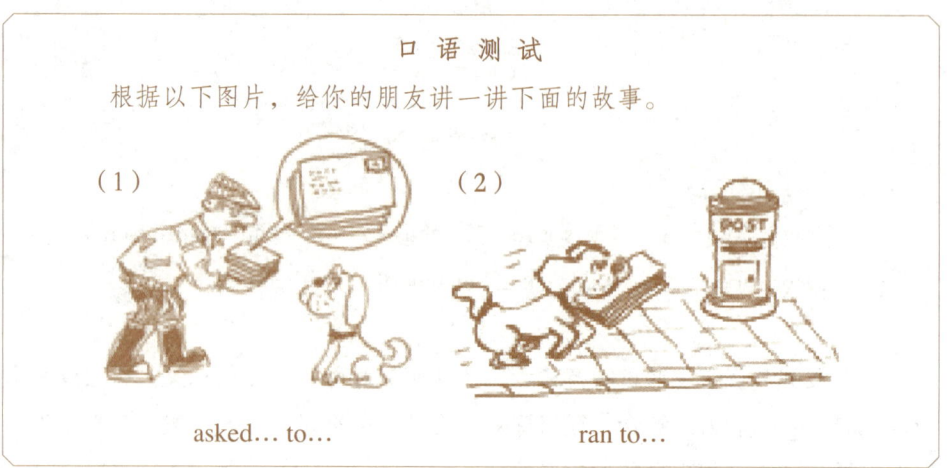

在这个口试测试中，采用学生喜爱的故事形式，情节生动、连贯、幽默，主要考查学生观察、思考、理解故事情节，组织语言和连贯表达的能力。

实施口语评价时，教师不仅要选择灵活多样的评价形式，还应注意把握评价标准，并根据标准以适当的形式记录学生在口语活动中的具体表现，作为调整教学的参考依据。

媒体链接

资料：口语教学评价相关参考标准.doc

> 请登录课程网或扫描二维码，访问"小学英语教学设计"课程拓展资源部分的教材同步资源模块，阅读"口语活动表现性评价参考标准""玩、演、视、听表现性评价参考标准"和"口语能力综合评价参考标准"。

（三）读写能力评价

语言技能是语言运用能力的重要组成部分，包括听、说、读、写等方面的技能以及对这些技能的综合运用。"读"属于理解技能，"写"属于表达技能。读写能力评价主要考查学生借助图片读懂小短文、理解故事顺序以及看图写话等能力。请阅读以下案例。

案例 8-14

写 作 评 价

仿照范例，看图写话。

This is a cat.　　　　This is a monkey.
It's my pet.
Her name is Lylie.
She likes fish.
I like her very much.

该方案适合一级水平，考查学生仿照例子看图写话的能力。

二、终结性评价设计的基本要求

终结性评价以听力测试、口语测试和笔试相结合的方式，综合考查学生的语言运用能力。在笔试中，教师应采用不同类型的综合性和表现性的评价方式，设计的题型中客观性试题和主观性试题的配置要合理，确保不同形式的评价结果的客观性和有效性。设计终结性评价的基本要求如下：

第一，终结性评价的设计以语言运用为出发点，以语言功能考查为主，将知识与技能有机结合起来，着重考查学生在具体语境中运用英语的能力，渗透对情感态度、学习策略和文化意识的考查。

第二，根据教学的阶段性目标确定评价的内容和形式。包括口语、听力、阅读、写作和语言知识运用等部分。注重语言运用而不是单纯针对知识点进行命题，着眼于听、说、读、写基本技能的考查。

第三，试题的内容尽可能地贴近小学生的实际生活情境，做到图文并茂，避免脱离语境的考题，如单纯的语音考试、英汉互译短语等。

学习实践

以人教版小学英语（义务教育教科书）六年级为例，根据本节所学习的终结性评价的内容，设计一学期的期末考试试卷。具体要求如下：

（一）题型选择合理，符合《标准》评价要求。

（二）试题的考点明确，指示语简洁明了，分数分布合理。

（三）实践练习：以小组为单位，讨论交流试卷的平均难易度，以及试题是否符合《标准》的要求。

本章小结

1. 教学评价是以教学目标为依据，按照一定的标准，运用科学可行的方法，对教学要素、教学活动和教学结果进行测量，并给予价值评判的过程。最常见的教学评价类型，根据教学评价在教学过程中所处的时间段，分为准备性评价、形成性评价和终结性评价。教学评价的功能主要有监控、反馈、激励、促进等。

2. 设计教学评价应该遵循目标性原则、客观性原则、多元化原则、统一性原则和指导性原则。

3. 准备性评价的主要方式有摸底测验、问卷调查、观察等。

4. 教学评价的方式应采取形成性评价和终结性评价相结合的方式，既关注学习过程，又关注学习结果，达到对学习过程和学习结果评价的统一。

5. 设计形成形评价时要从评价内容、评价主体、评价方法等方面来进行；设计终结性评价主要包括听力评价、口语评价、读写能力评价。在设计教学评价时，教师的评价应更加关注学生综合语言运用能力的发展过程以及学生在学习过程中情感态度、价值观念、学习策略等方面的发展和变化。

6. 终结性评价是在一个学习阶段结束时对学生学习结果的评价，是在某一相对完整的教学阶段结束后对整个教学目标的实现程度所作出的评价。小学英语教学的终结性评价主要检测学生综合语言运用能力的发展程度。

学习思考

1. 为什么要开展形成性评价？

2. 教师实施评价时怎样体现学生这个评价主体？

3. 你能回忆起来你所经历的英语考试试卷的题型吗？请尝试举例。你是否想过每一道题的设计都有一定的评价目的？而我们又该怎样判断考查目的的合理性呢？

推荐阅读

1. 詹姆斯·波帕姆. 教师课堂评价指南[M]. 王本陆，赵婧，译. 重庆：重庆大学出版社，2010.

该书用通俗而优美的文字，呈现了教师们必须了解的有关课堂教学评价的内容。不仅包含了学习评价的内容，同时还添加了有关形成性评价的新材料。该书致力于培养读者形成对测验与教学之间关系的正确认识，并且意在强调"指导"所具有的重要价值。该书扩充了有关特殊儿童测量和幼儿评价的内容。

2. 罗少茜. 英语课堂教学形成性评价研究[M]. 北京：外语教学与研究出版社，2003.

该书从英语课堂实践的角度出发，介绍了课堂评价的概念、目的、种类、原则以及内容。向教师具体介绍了评价的几种工具，重点介绍了行为表现评价，强调了教学评价当中的道德准则以及教师职责也是不容忽视的问题。最后提出外语教学课堂评价不应只停留在评价的层面上，而是应该超越评价，尊重学生，发掘他们多方面的潜能。该书对广大中小学教师关注课堂评价问题有非常实际的帮助。

第九章　小学英语教学媒体与板书设计

本章导读

本章学习关注以下要点：
- 教学媒体在小学英语教学中的功能
- 常用小学英语教学媒体的类型
- 小学英语教学媒体设计的原则、步骤与方法
- 小学英语教学板书的基本类型和设计要求

问题情境

张老师下周的教学内容是人教版小学英语（实验教科书）六年级上册 Unit Five What Does She Do? Part A, Let's read。在综合考虑学校可以利用的媒体资源之后，张老师对本节课的媒体设计有了初步的设想，采用多媒体课件与卡片教学相结合的方式。在 Warm-up 和 Lead-in 阶段运用卡片教学方式。张老师要求学生用英语描述卡片上的场景，帮助学生复习"做事情"的英语表达。图片、动画、声音、结构图等素材在张老师的鼠标下演变成了鲜活的教学资源。张老师对下周的教学充满了期待。

课堂教学中，张老师碰到以下现象：

1. 张老师在课堂上呈现卡通类型的卡片之后，立刻吸引了学生的注意，学生争相举手要求用英语描述卡片上的场景，收到了较好的教学效果。

2. 在使用多媒体课件的过程中，放映到自己设计的选择题时，学生提出"老师，我们能不能先做练习三"的建议，结果把张老师事先设置的动画播放顺序打乱了。但为了尊重学生的要求，张老师只能现场修改自己的课件，影响了正常的教学秩序。

启发思考

同样是精心设计的媒体形式，导入环节的卡片起到了支持教学活动顺利进行的效果，而多媒体课件上的选择题却由于不符合学生的学习要求而导致教学活动不得已中断。你认为，张老师的卡片设计好在哪里？多媒体课件的设计为什么会出现这样的问题？

计算机和网络技术在21世纪得到飞速发展，特别是在教育教学环境中的应用给教学带来了巨大的变化。在小学阶段开设英语课程旨在通过教学激发学生学习英语的浓厚兴趣，使他们初步树立学习英语的自信心，初步形成运用英语进行交际的能力，为进一步学习打下基础。教师在教学过程中应创造性地运用多种媒体，构建多样化的交际模式，为学生学习英语营造良好的语言环境。

第一节 教学媒体概述

微课：小学英语教学媒体.mp4

随着教育信息化的不断深入及信息化教学普及程度的逐步提高，教学媒体，特别是以计算机为核心的现代教学媒体，成为教学设计体系的基本要素之一。在现代教学环境中，教学媒体除了用以传递教学信息，还是学生完成学习任务所需的认知工具、交流工具等。教学媒体在学生的思维能力培养和综合素养提升方面发挥着越来越重要的作用。

一、教学媒体的含义

媒体一词来源于拉丁语"medium"，音译为媒介，意思是"两者之间"。媒体也称媒介，是指在信息传播过程中，从信息源到接受者之间携带和传递信息的任何物质工具。媒体有两种含义：一是指承载信息的载体；二是指存储和传递信息的实体。[①]

当媒体被用来存储与传递教学信息时则被称为教学媒体，因此教学媒体是指载有教学信息的媒体，是连接教育者和受教育者双方的中介物，是人们用来传递与取得教学信息的工具，是学习资源的重要组成部分。例如，具有明确的教学目的、教学内容、教学对象，专门用于教学的电视机、计算机和网络就是教学媒体。

知识链接

> 学习资源是支持学习的资源，包括教学材料、支持系统和教学环境。教学环境是学生运用学习资源开展学习的具体情境。在信息化教育

---

① 王以宁. 教学媒体理论与实践[M]. 北京：高等教育出版社，2007：1.

> 背景下，教学环境的意义不再局限于教学过程发生的地点，更侧重于能促进有效学习行为发生的学习氛围，教学媒体对学生与教学材料、教学支持系统之间的互动起到了强有力的支撑作用。

二、教学媒体的分类

在小学英语教学中，教师应根据不同类型媒体的特性，充分挖掘各种媒体的潜能，为学生创造轻松愉快的学习氛围。根据在小学英语课堂中使用方式的差异，教学媒体可以分为传统媒体、多媒体课件和网络媒体三种。

（一）传统媒体

相对于近几年兴起的网络媒体，传统媒体指教师在口头语言的基础上，为丰富传递的信息而采用的简单的媒体形式。在小学英语课堂教学中常用的传统教学媒体形式有：以传递视觉信号为主的教科书、黑板、卡片、插卡袋、简笔画、海报、挂图、模型、实物、出版物、幻灯投影等，以传递听觉信号为主的录音机、放映机等，以传递视听觉信号为主的电视、电影、小型展览等。传统教学媒体操作简便，成本低，对外在环境要求不高，可以采用的素材形式丰富，易被小学英语教师接受。

在小学英语课堂教学中，教师可以凭借自己丰富的教学经验，选取生活中的素材制作教学用具。借助教学经验，教师对教材、板书等的使用得心应手，使得传统媒体与教学目标更易灵活匹配。传统教学媒体还具有对学生潜移默化的熏陶和示范作用，例如优美的板书，不但有利于集中学生的注意力，还能够给学生带来美的视觉体验。

（二）多媒体课件

从广义上讲，凡具备一定教学功能的软件都可以称为课件。教学课件是依据教学大纲，根据教学需求，在系统设计的基础上制作出来的界面友好的课程软件。多媒体课件（multi-media courseware）则指以计算机为核心，交互地综合处理多种媒体（文字、图形、图像、声音、视频和动画等）表现形式和超文本[①]结构的教学软件。

1. 多媒体课件的特点

第一，多媒体课件实现了信息载体的多样性，扩大了信息表达空间。例如展

---

① 超文本(Hypertext)是用超链接的方法，将各种不同空间的文字信息组织在一起的非线性的网状文本。

示静态的文本、图形与图像，播放动态的声音、视频等学习资源。第二，教师可以利用多媒体课件制作工具特有的资源组织功能，集成处理并有机结合各种信息，实现信息的查找、定位、编辑、按需播放等功能，方便教师和学生有效地控制和使用信息。第三，多媒体课件交互性强，克服了传统教学线性呈现的缺陷，依据实际教学效果教师可灵活组织教学过程，并根据教学需求跳转到相应的画面。第四，多媒体课件在教学中的应用丰富了课堂的互动形式，使教师新颖的教学构思得以实现，整个教学过程自然流畅。同时，多媒体改变了学生被动参与的学习方式，满足了学生的个性需求，突出了学生的课堂主体地位。

2. 多媒体课件的分类

目前多媒体课件的分类并没有统一的划分标准。根据多媒体课件在教学中所起的作用及交互方式的不同，通常将其分为课堂演示型、教师备课型、个别化学习型和协作学习型。

（1）课堂演示型课件

课堂演示型课件是使用频率较高的多媒体课件类型，是为了突出课堂教学中的教学重点和突破难点问题而开发的。在教学内容组织上，它可采用大量色彩鲜明、活泼有趣的演示动画，改进教学环境，寓教于乐，极大地调动学生的学习积极性。课堂演示型课件能给教师和学生提供多元化的信息表达方式，有利于克服使用单一媒体形式进行教学信息交流存在的困难和障碍，有利于优化课堂教学结构。常用的课堂演示型课件开发软件有微软公司的PowerPoint演示文稿制作软件、Adobe公司开发的Flash动画制作软件以及交互式电子白板制作软件。

知识链接

> PowerPoint演示文稿以其支持多种媒体形式、播放顺序灵活、可控性强、自定义动画效果丰富、操作简单等特点，受到广大教师的喜爱。目前，采用PowerPoint制作多媒体课件仍是很多教师的第一选择。
>
> Flash动画课件在表现过程性内容方面具有优势，但可操作性相对较弱。教师一般选择把flash动画插入到PowerPoint课件中作为学习资源出现，或者制作成学习软件供个性化学习使用。
>
> 交互式电子白板近年来已走入小学英语课堂成为教学环境的核心设备。交互式电子白板课件以其良好的人机互动受到一线教师的广泛欢迎，支持多种媒体的插入和播放，手写支持、遮罩、聚光灯、拉幕等功能拓展了课件的表现形式。

（2）教师备课型课件

教师备课型课件是帮助教师备课的一种课件，根据教学的需要为教师提供备课所需的资源，例如优秀教学设计案例、多媒体课件、评价系统等。网络技术的发展为资源共享提供了强大的技术支撑，例如，"班班通"教师备课平台受到了广大教师的欢迎和好评。

（3）个别化学习型课件

个别化学习型课件为学习者提供了个别化的学习环境。学习者通过与计算机的交互作用完成教学内容的学习，实现教学目标。例如，网络型学习课件大多属于个别化学习型课件，一般包括课程信息、信息检索方式、学习指南、自主讨论、答疑解难等模块。

（4）协作学习型课件

协作学习型课件强调学习过程中的协作与交流，通过创设学习情境，设置基于项目、问题或任务等类型的学习，整合多学科内容的学习，激发学习者的学习兴趣和动机。一般要求以小组合作的方式完成教学目标。例如，近几年在我国中小学校广泛开展的虚拟教室漫游(the virtual classroom tour，简称 VCT)项目，是微软创新教师网络学习资源的重要组成部分，是一种教学设计信息模型。虚拟教室漫游的主要功能是通过使用统一、简洁、易用的PPT模板，从多个角度激发教师产生教学创新思想。

（三）网络媒体

随着现代信息技术的飞速发展，很多学校都建立了校园网，使基于网络的信息化教学成为可能。信息化教学是以现代教学理念为指导，以信息技术为支撑，应用现代教学方法的教学。在信息化教学环境中，教师通过创设与学习内容有关的情境，带领学生在自主探索、协同合作的过程中，完成任务、解决问题和达成项目目标。

信息化教学的核心是学生在教师提供的情境中抽取出要解决的问题，制订出解决策略，并通过分工合作的方式使问题得以解决，实现知识的建构。学习的结果要求学生给出问题的解决方案，并以作品的形式表现出来，如小型的网站、幻灯片、方案、实物等。这种学习方式，给小学英语教学提供了新型的英语学习平台，要求学生充分利用网络媒体搜索需要的资源来解决问题，并通过网络手段展示学习结果。

三、教学媒体的功能

合理使用教学媒体对课堂教学有着重要作用，正确认识教学媒体在教学活动中的作用是合理设计、选择和使用教学媒体的前提。教学系统是一个复杂的、动态的过程，由于教学内容、教学目标、教学对象、教学方法的不同，教学媒体在教学过程中的功能也会有所不同。总体来说，教学媒体在教学中的功能主要体现在以下几个方面。

（一）实现优质教学信息的整合

系统的教学设计是使用教学媒体进行教学的前提条件。经过精心设计的教学媒体可以整合一个或多个学校优秀的教学资源，克服由于教师水平参差不齐带来的教学信息的不一致，使处在同一学习阶段的学生接收到优质的教学信息。如教材的选择、校本教材的开发、教学参考资料的搜集与整理、公共教学用具的开发和使用等。图9-1所示的是某教师在教学My Favourite Season这节课时多媒体课件中采用的人物形象。

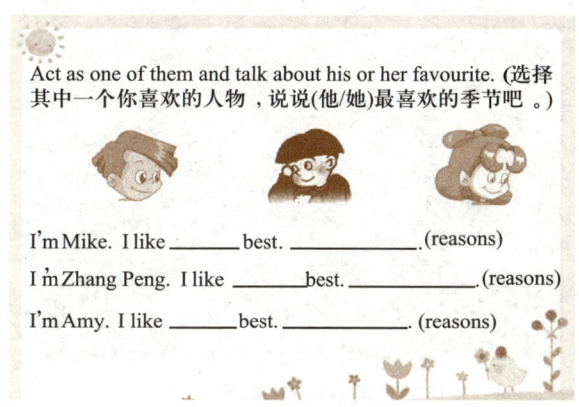

图9-1　My Favourite Season多媒体课件中使用的人物形象

（二）创设生动有趣的情境教学活动

情境是学习环境的重要因素，它的呈现需要教学媒体的支持。依托教学媒体能为学生创设英语交际氛围、丰富学生的感觉和经验。在英语学习的过程中，由于现实条件的限制，缺乏真正的用英语进行交际的场合——语言环境。充分挖掘不同类型媒体在信息处理和信息输出方面的功能，利用教学媒体中生动的画面、动画、特效、声音等，创设出与教学内容有关的学习资源，为学生创设英语交际的氛围，是提高小学生语言应用能力的关键。

有声有色、有情有景的教学情境有助于激发学生的学习积极性，提高学生的观察、思维、想象等能力，为学生建构新概念、掌握英语语言规律奠定良好的基础，使学生对语言知识的记忆更加牢固和准确。请看下面的案例。

案例9-1

人教版小学英语（实验教科书）六年级下册
Unit Two What's the Matter, Mike? Part B, Let's read

图9-2 媒体支持的"猜一猜"教学活动

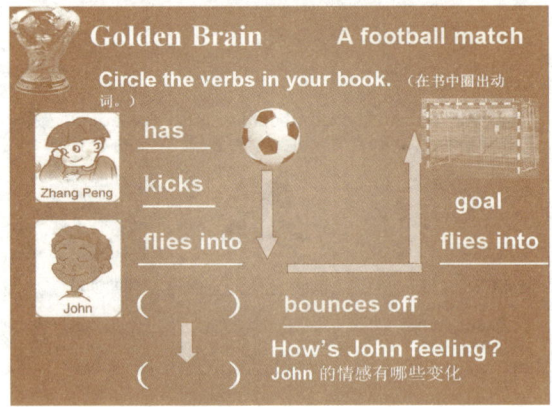

图9-3 活动流程图

该单元Part B, Let's read的阅读材料呈现了发生在Class 1和Class 3之间的一场体育比赛，材料内容涉及Part B中已经学习过的与情绪有关的词汇angry, happy, sad, bored和tired，以及与情绪有关的对话。该教师根据单元的学习内容，设计了主题活动——A Football Match，并充分利用多媒体、卡片、简笔画等媒体素材创设了生动有趣的教学活动。

为配合这一节课的主题，该教师穿了一身运动装轻松上阵，这也为课堂导入环节中引导学生猜测自己喜欢的体育运动埋下伏笔。在"猜一猜"活动中，为了缩小猜测范围，该教师使用多媒体呈现三幅图片（图9-2）。结合这一节课的学习内容，该教师分别利用多媒体课件和传统媒体两种形式设计了与阅读材料主题贴切的活动流程图（图9-3），为学生理解阅读材料提供了有力的支持。围绕"A Football Match"这个主题，活动设计整体衔接紧凑、流畅自然，学生的参与度高，实现了良好的教学效果。

（三）提高课堂教学效率

精心设计与制作的教学媒体，首先可以扩充单位时间内的教学信息量；其次可以调动学生的各种感官，帮助学生形成系统、连贯的知识体系，从而帮助学生深刻理解学习内容所反映的事物性质、规律以及事物之间的内在联系，提高学生接受和理解学习资源的质量，提升教学效果。例如，运用多媒体教学比传统教学方式可以节省大约20%～30%的课时。同时教学媒体可以减轻教师的备课量，可以使教师部分地从繁重的教学工作中摆脱出来，专注于教师自身的专业化发展，更加主动和积极地参与教学活动，促进学生的学习。

（四）激发学生的学习兴趣

多样化的媒体表现形式可以为学生提供丰富的感性材料，例如展示精美的画面、放映生动的动画、播放悦耳的声音、创设可爱的形象、组织清晰的句型结构等，这些都能有效地激发学生的学习兴趣，促使学生产生强烈的学习愿望，从而积极主动地参与到学习当中。

学习实践

以人教版小学英语（义务教育教科书）为例，根据本节所述教学媒体的分类和教学媒体的功能，针对前一学习阶段完成的一篇教学设计，初步为教学活动选择媒体支持工具。具体要求如下：

（一）登录课程网，访问"小学英语教学设计"课程拓展资源部分的教材同步资源模块，下载表格"教学媒体选择"。

（二）确定教学活动

1. 在"教学活动"一栏，列出所选教学设计不同环节的教学活动。
2. 在"媒体需求"一栏，列出实施该教学活动对媒体功能的要求。

（三）选择教学媒体

根据媒体在教学中所起的作用，选择相应的媒体类型，填充在所提供表格"教学媒体选择"的"媒体选择"一栏。

（四）实践练习

1. 以学习小组为单位，讨论交流本人的设计。
2. 每个小组整理出一份设计文本，与其他小组交流。

第二节 小学英语教学媒体设计

随着教育信息化程度的日益提高，小学英语课堂教学媒体的形式逐渐丰富，为优化英语课堂教学起到了至关重要的作用。小学英语教学以激发学生的学习兴趣为前提，通过听、说、读、唱、玩、演等方式提高学生的英语语言交际能力，帮助学生树立自信心，养成良好的学习习惯并形成有效的学习策略。

一、教学媒体设计的内涵

随着知识媒体时代的到来，在课堂教学环境下，媒体不再仅仅是教师完成教学的手段，更是学习者置身于其中完成新知识学习和表达个人观点的平台。

（一）教学媒体设计的含义

教学媒体设计指根据教学内容和教学目标，选择记录和存储教学信息的载体。它把教学信息转化为对学习者的感官刺激最有效的信号，并直接作用于教学过程，用来传递和再现教学信息。在课堂教学环境下，从教师的角度来看，教学媒体设计体现了教师对教学内容的理解；从学生的角度来看，学生可以借助媒体发布自己的学习结果；从师生关系的角度来看，教学媒体为师生和生生交流提供了平台。这就要求教师的教学媒体设计，既要满足呈现教学内容和支持教学活动的需求，还要从学生的角度出发，着重考虑将加工过的信息呈现给学生后，他们可能产生的理解方式。这是教师教学能力体系中对教师教学预设能力的要求。根据教学需要，学生有时也要在课堂学习开始之前，准备课堂学习所需要的媒体材料。

（二）教学信息的呈现方式

从广泛意义上来讲，凡是对实现有效学习有促进作用的符号都是教学信息范畴的内容。这些符号依赖人类感知外部世界的五种方式——视觉、听觉、嗅觉、味觉和触觉而存在。因此，在教学过程中，教学信息在本质上就是教学内容以人类感知外部世界的方式呈现出来的结果。如在教学英语单词apple时，教学内容是apple，教师可以采用的媒体呈现方式也有多种（表9-1）。

表 9-1　apple 单词的媒体呈现方式

教学内容	媒体呈现方式					
	视觉	听觉	嗅觉	味觉	触觉	多媒体
Apple	apple	🔊（单词apple的发音）	闻苹果的味道	品尝苹果	把苹果递给学习同伴	播放一段与苹果有关的动画

因此媒体选择的过程就是教师将教学内容转化为具体的传递有意义信息的媒体形式的过程。不是所有的教学内容都可以转化为这五种信息呈现方式的，教师应根据对教学内容的理解，创造性地设计教学信息的呈现方式。

（三）教学信息的传播

从信息传播的角度看，教学是信息在教师和学习者之间循环流通的过程。在这个过程中，媒体起到承载和传递信息的中介作用。课堂教学开始之前有关教学内容的呈现方式的设计，只是完成了信息的表达部分。当上课铃声响起，师生的交流正式开始，这时通过媒体呈现出来的信息在师生之间循环流通，信息从表达阶段进入流通阶段。如果说媒体形式的选择使得教学信息的呈现成为可能的话，那么课堂教学过程中信息的良性流通为有效教学提供了保障。图9-4展现了课堂教学过程中的信息流通走向。

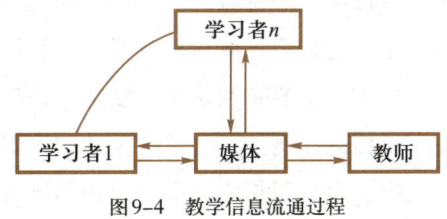

图9-4　教学信息流通过程

从图9-4可以看出，教师将教学内容通过媒体呈现给学习者，学习者在接收到教学信息之后会作出相应的回应。学习者作出的回应信息也只有通过媒体这个中介，才能实现与教师和学习同伴之间的有效沟通。

二、教学媒体设计的依据

为了达到预期的教学目标，高效地完成既定的教学任务，在丰富多彩、功能各异的教学媒体中选择哪一种或哪几种媒体的组合才最为合适、最为有效呢？下面阐述设计教学媒体所要考虑的基本依据。

（一）依据教学目标

教学目标是对学生通过教学应该表现出来的可见行为的、具体的、明确的表述。它不仅规定了教师课堂教学活动的内容和方式，还决定了媒体类型和媒体内容的选择。在小学英语教学中，词汇课学习必不可少的是标准的发音和正确的书写；会话课学习则对情境的创设提出了较高的要求；阅读课更侧重于给学生提供多样化地表达对学习内容理解程度的机会。总之每个单元每个部分都有一定的教学目标，为达到不同的教学目标通常需要使用不同的媒体来呈现教学资源。

（二）依据教学内容

从小学英语教学的课程性质来讲，《标准》指出小学英语教学具有工具性和人文性的双重性质，教学应侧重于英语语言应用能力的培养和综合人文素养的提高。从小学英语的学习内容来讲，不同的学习内容，对教学媒体也有不同的要求。教学媒体的选择应结合教材内容特征，将多媒体与课程学习进行有效的融合，注重给学生提供运用语言的机会。同时，采用多样化的媒体组合为学生提供丰富的关于不同文化的学习资源，开拓学生视野，帮助学生形成跨文化意识。

（三）依据教学对象

小学英语的教学对象是小学生，小学英语课堂中信息的呈现方式应体现出活泼、生动、色彩鲜艳、特征明显等特点。教师可以通过小学生所熟悉的生活实例以及生动形象的比喻提出问题，引入概念；或者采用教具、模型、图表、投影演示及动手操作等方法，增加学生的感性认识，使学生初步体验学习内容，然后逐步过渡到抽象认识，引入概念。例如，学习有关动物的表达时，可先向学生呈现形象的动物图片或短视频，再呈现相应的英语单词和读音。

（四）依据教学条件

教学过程中能否使用某种媒体，还要依据所在学校的教学条件而定。随着我国信息化教学的日益深入，大部分学校都有投影仪，但电子白板在小学的普及程度相对较低。教师在选择教学媒体的时候如果没有理想的设备，应充分发挥智慧条件，尽力找到相对合适并能实现教学目标的替代媒体。教师还可以结合当地条件，创造性地制作出别出心裁的教学用具，这往往也能带来出乎意料的教学效果。

三、教学媒体设计的基本原则

教师应在考虑整体教学环境的基础上，依据学生的学习需求，选择和设计适合的媒体形式。没有任何一种媒体能够解决所有的教学问题，教师应客观地面对种类繁多的媒体。设计教学媒体应遵循以下原则。

（一）媒体形式的选择应符合小学儿童心理发展和认知特点

小学生的年龄范围为6~12岁。小学生思维的发展，从以具体形象思维为主要形式，逐渐过渡到抽象逻辑思维，并且他们的抽象逻辑思维很大程度上依赖自身对现实世界的直接经验。其认知能力也从笼统、不精确地感知事物，逐步发展到能够精确地感知事物的各个部分，并能够发现事物各个组成部分之间的关系和主要特征。因此，小学生对世界的认识主要依赖将直观形象的感性材料经抽象内化成概念。

案例9-2

图9-5　利用直观事物化抽象为具体

如图9-5所示，教师为了清晰地呈现过去做某件事的英语表达方式，设计了多媒体课件。课件设计以图片和文字相结合的方式，在口头沟通的基础上与学生共同交流Miss Wang上一周都做了哪些事情。与单独呈现做某件事的英语表达方式相比，图片和文字相结合的方式传递出的信息更直观有效，一方面避免了枯燥单一的学习经历，另一方面便于学生利用自己已有的生活经验构建新知识，从而实现从"感知生活经验"到"用语言描述生活经验"的过渡。这要求教师选择的直观事物要与抽象符号的内涵密切相关，避免产生歧义。

（二）信息组织结构符合信息传播的规律

心理学实验的研究结果表明，各种感官对个体获取信息、建构知识所做的贡献的相对比例是不同的，其中视觉约占83%，听觉约占11%。心理学对记忆效率的研究结果表明，单靠视觉获得的知识，平均3小时后约能记住70%，3天后约能记住40%；仅靠听觉获取的知识的记忆率较低；而视觉、听觉并用获取的知识，平均3小时后能记住90%，3天后约能记住75%。这些数据为多媒体教学提供了有力的科学依据。[①]

知识链接

- 当不同形式媒体提供的信息相互补充时，学习会增长。
- 当有多余的信息呈现给学习者时，学习通常不会进步。
- 当有不一致或产生歧义的信息呈现给学习者时，学习会退步。

以上知识链接展示了知识以不同形式作用于学生的直接学习效果。当同样的知识以不同的形式展示给学生时，由于指向不同，还会给学生带来不一样的学习效果。

教学媒体的选择不存在某种普适的媒体组合方案，只有对实现某个教学目标来说，适合学生学习需求的最优的媒体组合方式。请看以下案例。

案例9-3

图9-6 What Is the Weather Like课件示意图

---

① 王以宁.教学媒体理论与实践[M].北京：高等教育出版社，2007：33.

图9-6所示的是用PowerPoint设计的多媒体课件。从图9-6可以看出，这一节课的主题与天气相关，课件中有图片和文字，图片信息点有蓝天、大海、椰子树和沙滩，文字信息分成两个部分，分别是核心词汇cloud和描述云的状态的英语表达方式。从课件组织结构来看，图片作为背景出现，文字cloud似乎是教师要传达的主要信息点，布局在画面的视觉中心点；描述云的状态的句子呈现在画面靠右下的位置。但核心信息点cloud字体稍小，不够突出。背景图片传递的核心信息点显然不是云，而是阳光灿烂的海边景色，为了弥补图片的缺陷，合成了一片云放置在图片的右上角位置，但有狗尾续貂之意，仍不能使学生直接将视线聚焦在云上。另外背景图片信息太过杂乱，显得喧宾夺主。

（三）内容组织符合英语学科对学习环境和情境创设的要求

《标准》要求重视语言学习的实践性和应用性，主张学生在语境中接触、体验和理解真实的语言，在此基础上学习和运用语言。

教学媒体在教学环境中起着承载和组织教学资源、创设学习环境、保证教学活动顺利进行的功能。教师通过某种媒体资源呈现学习材料时，应根据英语教学的特点，并结合学生的生活经历，创设情境，以激发学生的学习意愿。教师可以采用多种媒体手段，创设接近实际生活的语境，配合循序渐进的语言实践活动，帮助学生掌握语言知识和语言技能，调整情感态度，形成有效的学习策略，达到提高语言运用能力和发展自主学习能力的目的。例如，某教师在教授人教版小学英语（实验教科书）五年级下册Unit Two My Favourite Season, Part B, Let's talk部分的内容时，在这节课的导入环节，设计了"猜一猜"活动。她通过多媒体课件给出与季节相关的信息（表9-2），让学生根据接收到的信息判断媒体展示的是哪个季节，并用英语说出季节的名称。

表 9-2　季节信息及媒体设计

季节	春	夏	秋	冬
相关信息	植树节	歌曲	落叶/成熟的季节	西北风
媒体形式	文字/图片	声音	图片	视频

从表9-2可以看出，媒体的选择与教学内容息息相关。根据教学内容设计的"猜一猜"活动，需要教师给学生呈现承载具有明显"季节特征"的媒体资源，如与"春天"直接关联的"植树节"，与"夏天"直接关联的雷声和闪电，与"秋天"直接关联的"收获"，与"冬天"直接关联的刺骨寒风。媒体承载的信息确定下来之后，媒体形式的选择也就水到渠成了。

微课：依托教学活动设计媒体.mp4

（四）媒体设计要以教学活动为依托，以实现有效学习为目的

媒体形式的选择、媒体内容的设计和信息结构的组织都只为一个目的，即实现教学目标。教学媒体的选择和设计脱离了教学目标，就毫无意义可言。教学目标不仅描述了教师对教学结果的期望，更清晰地指明了学生在学习结束后应达到的水平。教学目标的达成渗透在学习进程当中，媒体设计不能只是简单的知识点的堆积，而应以教学活动为依托，增强课堂学习的节奏感，为学生的学习和思考提供线索，帮助学生从学习资源中发现新知识的脉络，从而促使学生积极主动地参与到学习活动中。

案例9-4

人教版小学英语（实验教科书）五年级下册
Unit Two My Favourite Season, Part A, Let's talk

表9-3 My Favourite Season 导入环节的媒体设计

活动顺序	1	2	3
活动内容	交流当天天气情况	分享英语动画歌曲	引出新课 What's your favourite season？
媒体设计	卡片	Flash 动画	

表9-3展现了课堂活动和媒体设计。在这节课的导入阶段，教师首先与学生共同交流了当天的天气情况，然后与学生分享了一段与天气紧密相关的英语动画歌曲。接下来，通过问题启发学生根据当下的天气情况说出现在是什么季节，很自然地引出这一节课的学习主题"我最喜欢的季节"。

四、教学媒体设计的步骤

微课：设计教学媒体的基本方法与步骤.mp4

教学媒体选择得恰当与否直接影响到教学过程的成败和教学系统整体功能的实现。教学媒体设计主要分为三个步骤。

（一）确定媒体使用目标

媒体使用目标是指媒体在实现教学目标的任务中要承担的职能。在教学目标、教学内容、学习者学习需求、教学过程、教学评价等已经确定的情况下，教师对教学媒体的使用期望也已基本形成，即确定了教学媒体的使用目标。根据教学需求，媒体使用目标一般分为事实性、情境性、示范性、探究性等。教师所设计的每一个环节都必须紧扣教学内容，为学生的学习提供有利的帮助。对媒体的期望具体化，需要教师描述出对教学媒体的要求，一般要回答的问题有：需要用媒体表现的内容有哪些？这些内容服务于什么样的教学目标？

1. 事实性内容

媒体提供与小学英语教学目标有关的客观、真实的事实材料，可以是逻辑符号、生活形态、科学现象、组织结构等，使学生获得真实的事实性材料，便于识记。图9-7是某教师在Game time阶段，通过多媒体展示出的游戏规则。

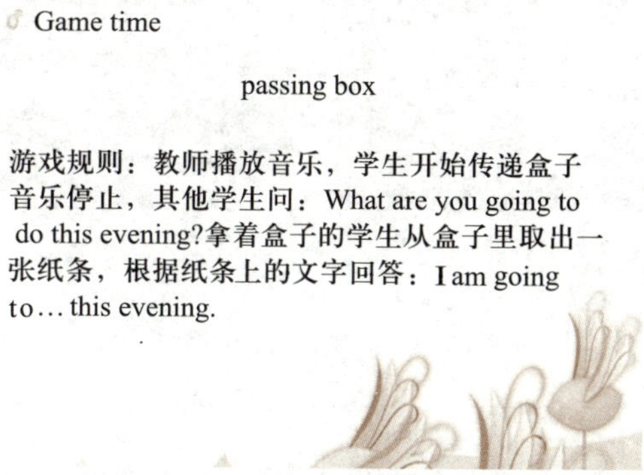

图9-7　小学英语课堂游戏规则的呈现

在小学英语课堂中呈现游戏规则一般有三种方式：口头表达、实际演示和文字展示。对于小学生来讲，对于不太熟悉的游戏只通过口头表达和实际演示来呈现的话，可能会出现学生不能完全了解的情况。那么通过文字清晰地展示出来，给学生了解和熟悉游戏规则提供了补充渠道，保证全体学生的参与。

2. 情境性内容

根据教学目标，通过媒体提供与学习内容有关的情境，情境可以是真实的或模拟的相近画面。情境性内容可以激发学生的兴趣，主要服务于语言运用环节。

案例9-5

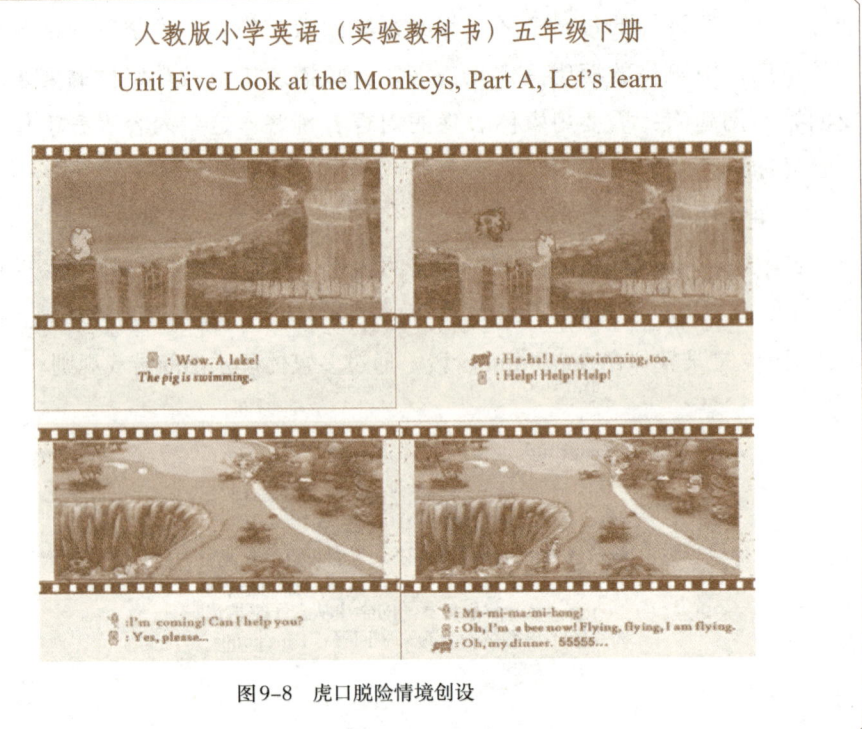

图9-8 虎口脱险情境创设

这节课重点练习的是对正在进行中的事情的描述，例如Look at the…和It is…句型的使用。为了给学生提供多样化的使用英语表达现象的机会，设计者使用多媒体课件创设了生动可爱的符合小学生兴趣爱好的动画情境——虎口脱险，如图9-8所示，讲述了一只要过河的小猪遭遇凶猛的老虎的追击，情急之时在天使的帮助下成功脱险的故事。整个情境设计与小学生日常看的动画片情境相似，能极大地激发小学生的学习兴趣和积极性。这个部分是对前面所学的现在进行时表达方式的升华，表现方式更灵活也更生活化，起到了促进教学的作用。

3. 示范性内容

通过媒体提供一系列标准的行为模式（如语言、动作、书写或操作行为），供学生模仿和练习以获得语言技能。图9-9所示的是某教师在教学Last Weekend单元的复习课时，用多媒体课件中呈现出来的"What did you do…? I…"句型的可替换短语。

这样的呈现方式给学生展示了要复习的句型的标准表达方式。同时由于英语对中国小学生来说是一门外语课程，已有的英语表达储备量通常不能满足日常生活认知的需求，有部分学生知道生活中要做的事情，但不能清晰或正确地用英语表达。因此，通过多媒体把可能的表达方式简单呈现，可以对英语表达能力较弱的学生给予提示和示范，同时对英语表达能力较强的学生来讲，也不会限制他们的自由发挥。

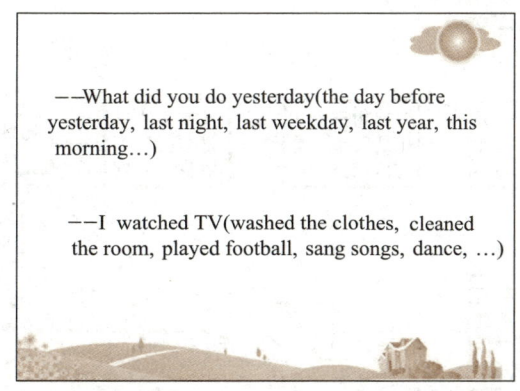

图9-9　多媒体课件呈现的"What did you do…？ I…"句型的可替换短语

4. 探究性内容

利用媒体提供关于某一些事物的典型现象或过程，利用文字或语言设置疑点和问题，供学生作为分析、思考、探究、发现的对象。下面是某教师在教学At The Zoo一节课时，在It has…句型的练习中，为"猜一猜"活动设计的多媒体课件。

图9-10　猜测对象的呈现

图9-11　验证猜测结果

图9-10展示了某个学生喜欢的动物形象的部分画面，画面下方给出了用英语描述的这种动物的典型特征，由学生推测画面中是哪种动物。学生只有在知道英语句子表达的含义的基础上才有可能正确推测出画面中隐藏的动物的名称。这种媒体设计方法，很好地锻炼了学生的推理能力和想象力。在学生正确猜测出画面中隐藏的动物之后，教师再给出动物的完整画面（图9-11）。此时完整的动物形象与其典型特征的英语表达方式，清晰地呈现在学生面前，强化了动物特征和英语表达方式之间的关联。

（二）选择媒体类型

各种媒体都有自己的优缺点，在教学环境中并不存在适应所有教学需求的教学媒体组合方式。但对于某些具体的教学目标来说，还是存在某种媒体，其教学效果明显优于其他媒体。

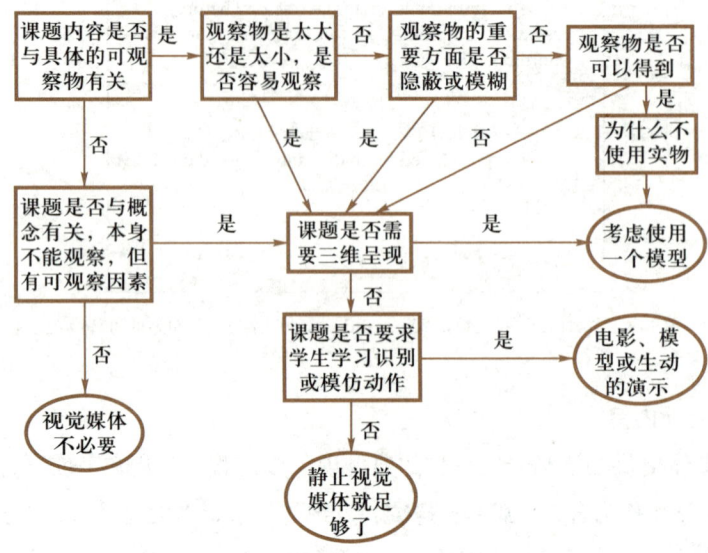

图 9-12　教学媒体选择流程图

图 9-12 所示的是安德森的教学媒体选择流程图[①]，它为教师选择合适的媒体、进行教学决策提供思维步骤并明确媒体设计走向。当教师回答了全部问题之后，所需要的教学媒体也就确定了，其结果是一种或一组被认为最适合特定教学活动（情境）的媒体。

案例 9-6

> **人教版小学英语（实验教科书）五年级上册**
> Unit Two My Days of the Week, Part B, Let's try & Let's talk
> 教学目标：
> 1. 能听、说、读、写 Saturday，Sunday 两个单词和 do homework，watch TV，read books 三个短语，并能结合所给句型在实际情境中运用。
> 2. 能听懂、会说 What do you do on Saturdays/Sundays? I often do homework，read books and watch TV，并能在真实的情境中运用。

基于以上教学目标，利用安德森的教学媒体选择流程图，确定本节课可以使

---

① 国家教委电化教育司.教学媒体与教学设计 [M]. 北京：高等教育出版社，1990:63. 说明：原图对媒体的选择结果用矩形表示，这里为了突出选择过程与选择结果，我们对原图做了适当修改，选择过程用矩形框表示，选择结果用椭圆框表示。

用的教学媒体。

第一步"课题内容是否与具体的可观察物有关",根据教学目标所确定的学习内容可以看出语言的学习与可观察物无关。进入第二步"课题是否与概念有关,本身不能观察,但有可观察的因素",语言的学习需要学生建构 Saturday, Sunday, do homework, watch TV, read books 等与所表达事物之间的关系。然后进入第三步"课题是否需要三维呈现",一般来讲小学英语课堂的教学对象是 9~12 岁的小学生,要求教师创设生动活泼的学习环境,如果教学活动需要,接下来的选择可以多样化。教师为本节课设计的与教学活动对应的媒体选择如表 9-4 所示。

表 9-4 教学媒体与教学活动对应表

教学过程	教学活动	媒体选择
Warm-up & Lead-in	听音跟唱	录音(本单元 Let's sing 部分的歌曲)
	日常口语练习	视觉媒体(卡片)
Presentation	认读新单词	单词卡片、录音
	听写新单词	录音、练习本
	单词速记游戏	游戏道具
Practice	新句型学习	课本图片、录音
	会话练习	录音
Production	情境对话	多媒体动画

由于教师在选择教学媒体时考虑的因素不同,思考的问题不同,同时受所处教学环境条件的影响,实际的教学媒体选择往往会有差异,与教师自身的经验有很大的关系。但教学媒体流程图可以帮助教师在初学阶段借鉴其他人的成功模式,摒弃主观判断,选择更为客观、准确的媒体类型。

(三)选择媒体内容

与教学活动对应的教学媒体类型确定之后,并不意味着媒体设计活动的结束,教师还应认真考虑附加到媒体类型上与教学内容有关的信息、信息组织结构和呈现方式的设计。媒体内容是指把教学信息转化为对学生的感官产生有效刺激的符号,选择媒体内容可通过选编、修改、新制三种途径进行。通常需要教师回答以下问题:

• 所需媒体是用来提供学习材料还是提供练习条件?该媒体是用于支持集体教学还是用于个别化学习?

• 与学生认知水平相一致的内容应以什么样的方式内化在媒体中?

• 教学内容需要一下子呈现给学生还是分解后逐步呈现给学生?

• 视觉符号是用静止的图片还是动态的影像?

- 需要视听觉符号相结合的媒体展示么？

这里仍以表9-4的教学媒体设计来看教学媒体内容的选择，以Production教学活动中的情境对话为例，教师运用多媒体播放了一段动画，使用这段动画的目的是给学生的对话练习提供范例，即依据给出的情境，应用这节课所学内容与学习伙伴共同创作一段对话。教师创设的情境紧密结合这节课的教学内容，在给学生提供示范的同时留出了自由发挥的空间。

（四）阐明媒体使用设想

以上三个步骤结束之后，教师最终可以选择一种或一组最优的教学媒体组合。教师虽然有意识地考虑所选媒体在教学中所起的作用，但并不十分清晰、全面。所以，教师最后有必要把各知识点、要实现的目标与所选媒体在教学中的作用、使用方法和相互关系加以清晰的描述，为教学实施提供参考。

资料：媒体在教学中的作用和使用方式.doc

媒体链接

> 请登录课程网或扫描二维码，访问"小学英语教学设计"课程拓展资源部分的教材同步资源模块，学习"媒体在教学中的作用和使用方式"。

五、教学媒体设计的方法

《标准》要求教师合理安排教学内容和步骤，组织多种形式的互动，鼓励学生通过观察、模仿、体验、探究、展示等方式学习英语，尽可能多地为他们创造语言实践机会，引导他们学会自主学习和合作学习。

（一）传统媒体设计

传统媒体使用历史悠久，是教师通过开发、实验、积累，研究出来的一系列行之有效的工具。在小学英语课堂教学中，由于现代信息技术的发展，录音机、幻灯等传统媒体手段已逐渐淡出，但卡片、图片、简笔画和实物等媒体形式以其简洁、形象、操作灵活、重复利用率高等特点依然是小学英语课堂的主要媒体形式。

1. 卡片、插卡袋的设计与使用

卡片制作简单、色彩明亮，特别是构图新颖的卡片容易吸引学生的注意力，是教师常用的教学用具。小学英语课堂中卡片的设计应做到结构简洁、明了，卡片中内含的信息指向明确，避免信息接收的误解或曲解。色彩要鲜艳明快，但也要避免色彩搭配混乱或严重与事实情况相悖。卡片中图像信息和文字信息的呈现根据教学的需求，可以选择呈现在同一个面，也可以分别呈现在卡片的正面和反面。在制作卡片时，在一节课中用到的某一类卡片要保持风格一致，而不同类别的卡片制作风格则要有所区别，如图9-13所示，表示水果的卡片重点突出物体与单词的对应；表示动物的卡片除了物体与单词，还显示了动物的生存环境和生活习性。插卡袋经常在小学英语教学中与卡片配合使用，主要用于词汇教学中做"单词归类"游戏。

图9-13　表示水果的卡片和表示动物的卡片

在使用卡片的过程中，由于卡片规格较小，教师应走到学生当中，保证所有学生都能看到卡片上的信息，同时应注意出示卡片的速度和定格给学生看的停留时间。

2. 图示材料的设计与使用

图示材料的使用指利用文字和视觉符号而不是生动逼真的图像来传递教学信息，它通常是现实生活中事物结构的形象展示。图示材料一般有简笔画、海报和挂图等，主要用于表现事物的内部结构、相互关系、变化趋势等。

简笔画采用简单的线条表现事物。教师用寥寥数笔，既不影响课堂教学效率，又能很好地支持教学。如两个圆角椭圆可以表示操场，一个椭圆可以表示鸡蛋，一个椭圆加上一条弯线就是梨，继而又可简单变形为苹果等水果。教师可信手拈来，操作简便、效果良好。图9-14展示了教师教学"seasons"主题时绘制的简笔画。

海报或挂图尺寸较大，适合用于创建英语学习氛围。例如，26个字母、十二生肖等可以做成挂图挂在教室里；将body parts language做成海报并标上相应的名称，可重复使用。

3. 实物、模型、自制教具的设计与使用

实物和模型贴近生活，具有直观、形象的特点，是一种很好的直观教具。在课堂教学环境中，利用实物和模型可以变抽象为具体，清楚地揭示语言与实物之间的本质联系，有利于培养学生直接用外语感知事物的能力。例如，在学习"Is This Your Skirt?"时，小学生身穿的各种样式的颜色各异的T恤衫就是很好的信息源。在学习"This Is My Family"时，教师可在征得学生同意的前提下，请学生带来家庭照片，互相介绍家庭成员。教室里的黑板、门窗、地、桌子、椅子，学生自己的学习用具等，都可以就地取材，成为学习的好帮手。再如某教师在教学"Home"这节课时，要求学生在课前事先发挥自己的想象力制作装饰房间的卡片（小家具、门、窗、装饰物等），自己则制作了房间结构图，结构图的对应位置上标记有英语单词或短语，用以在课堂上开展"装饰自己的家"的教学活动。学生将自己制作的卡片粘贴在房间结构图的对应位置，装饰结束之后分组向学习伙伴介绍自己的"家"，让学生有了个性化的设计和展示的机会，对学生的促进将不只是知识层面的，起到良好的教学效果。

图9-14　简笔画创设学习场景

（二）多媒体课件设计

多媒体技术可以将文本、音频、视频、图像、图表、图形、动画、影片等各种媒体信息，按照教学计划的要求综合一体化并进行加工处理，从而呈现给学生丰富多彩的学习材料。在制作多媒体课件时应注意以下问题。

1. 内容的设计应能支持教学活动的组织

教师在制作和使用多媒体课件的时候，内容的选择应以能够支持教学活动的正常进行为准则：第一，教师应避免将教材内容或参考资料"拷贝"到课件上；第二，教师应选择与教学内容直接相关的媒体素材，帮助学生习得知识和获取技能。

2. 流程的设计与学习节奏保持一致

多媒体课件的使用节奏应与学生参与学习活动的节奏保持一致，与教学过程保持一致，使课件的播放与教学活动的实施浑然天成。反之，多媒体课件流程设计与教学活动流程不和谐，将导致课件内容与教学内容无关，影响学生获得有用的信息，不利于学习的开展。

3. 形式的设计应避免杂乱

多媒体课件能运用各种形式来展示教学内容。考虑到小学生对色彩鲜艳、图文并茂以及具有动态效果的动画感兴趣，有的教师喜欢把课件做得很"花哨"，每一页幻灯片都有不同的背景，背景图片的选择过于卡通，甚至喧宾夺主，使得吸引小学生眼球的不是完成教学活动所需要的元素。另外，课件过渡效果的应用也不能太多，容易使小学生眼花缭乱，分散注意力。

（三）网络媒体设计

网络技术的发展，多媒体信息的自由传输，突破了时空的局限，使得教育信息可以在全世界范围内完成交换和共享。目前网络媒体在教学当中的应用方式，主要有获取教学资源、实时的师生交流、学生学习工具等。

"班班通"教学平台的建设是网络在教育当中应用的一个成功范例。"班班通"教学平台将与教育教学相关的信息内容联通到每个班级，并系统、有效地应用于备课、课堂教学、学习以及其他教育业务之中。

真正在课堂教学当中引入网络媒体的应用，得益于移动互联网技术的开发。如手机、平板电脑、无线笔记本电脑、上网本等移动通信技术对网络学习的支持；"移动学习技术"通过创设灵活多样的学习环境，满足不同层次的学生对学习进度、学习方式、学习资源、媒体支持等的个性需求。目前我国在中小学推进的应用移动学习模式有：基于短消息的学习、基于浏览链接的学习、基于校园无线网的准移动学习等。这些学习方式真正融入到小学课堂，还需一定的时间和硬件设施的逐步完善。

六、小学英语教学媒体设计综合应用案例分析

媒体在教学过程中的应用是一个综合性的过程。设计教学媒体时不能背离教学目标、学习需求、现实条件等。现代社会高度发展的信息技术，已经融入人类的日常生活，并成为生活中必不可少的一部分。没有媒体尤其是现代计算机技术支持的教学几乎被认为是不完整的教学。下面以一个完整的教学媒体设计案例来说明教学媒体设计的过程。

（一）教学设计案例介绍

本案例是人教版小学英语（实验教科书）三年级上册"Unit Three Look at Me! Part A, Let's learn"，要求能够准确理解、听、说、认读head, hand, arm, body, leg, foot这些表示身体部位的单词，能够听懂Let's do中的指令，并按照指令做动作。

媒体链接

案例：教学媒体综合案例分析.doc

> 请登录课程网或扫描二维码，访问"小学英语教学设计"课程拓展资源部分的教材同步资源模块，访问段道恒老师完整的教学设计"教学媒体综合案例分析——人教版小学英语（实验教科书）三年级上册 Unit Three Look at Me! Part A, Let's learn"。

（二）教学媒体设计分析

下面用表格的形式，列出这篇教学设计的教学环节、教学内容、教学媒体和教学目标，以清晰分析教师是如何处理教学内容、教学媒体、教学目标之间的关系的（表9-5）。

表9-5 教学内容、教学媒体、媒体设计对应表

教学环节	教学内容	教学媒体	教学目标
Warm-up	An English song《Teddy Bear》	多媒体课件展示数字型动画歌曲	复习已经学过的身体部位的单词
Revision/Lead-in	Let's do	录音、肢体动作	巩固身体部位的单词，为新知学习做铺垫
Presentation	新知识学习 ear, eye, face, nose, mouth, head, hand, arm, body, leg, foot; Clap your hands; Wave your arms 等动作	大玩具熊、单词卡、板书、表示身体部位的图片	复习A部分学习的五个身体部位单词，引出并教授新单词。把单词融入句子中，学有所用
Practice	Let's do 部分	录音、肢体语言	操练单词和指令
Consolidation	依据《Teddy Bear》的音乐，组织学生创编自己的歌曲	多媒体课件、作业本	演唱自己创编的歌曲，培养综合语言运用能力和创造力
板书	新单词	变形金刚图片	对应部位书写单词

1. 开篇利用多媒体课件播放英语歌曲《Teddy Bear》，师生共同演唱这首歌曲。英语歌曲与这节课的学习内容匹配度较高，歌曲中提到了人体部位中的 head, eye, ear, nose, face, mouth 等单词。该活动通过音乐、韵律和动作让学生感受英语的节奏美，让学生乐于学习，对学习产生浓厚的兴趣。

2. 在导入环节，分别采用听录音和听口令完成"听指令、做动作"游戏。一方面巩固学过的关于身体部位的知识，另一方面为引出这节课将要讲授的新知识做铺垫。

3. 在新知呈现环节，教师拿出了事先准备好的玩具熊。这与热身时播放歌曲的主题遥相呼应，营造出一种从画面到现实的突然而又刺激的氛围，达到吸引

学生的注意力并持续保持学习热情的效果。从知识学习的角度来看，既支持已有知识的复习，又可以完成新知head，hand，arm，body，leg，foot等单词的学习。由于head和hand发音相似，教师特别设置了看图片学单词环节，帮助学生强化这两个单词的学习。

4. 如果之前的学习一直停留在看图片学单词的层面上，那么操练环节的游戏设置，则让学生把这些表示身体部位的单词在自己身上贴上不可拆除的标签。

5. 综合应用环节，让学生在作业本上创编歌曲，将学习带到了高潮。用新知改编属于自己的歌曲，将学习结果以作品的形式保存下来。这个设计重在培养学生的综合语言运用能力和创造力，能提高学生的自我效能感。

学习实践

在本章第一节的学习实践中，已经为自己的教学设计完成了媒体形式的选择。依据本节对教学媒体设计原则和步骤的描述，描述教学媒体设计意图。具体要求如下：

（一）登录课程网，访问"小学英语教学设计"课程拓展资源部分的教材同步资源模块，下载表格"教学媒体设计意图"。

（二）修改媒体选择

依据设计教学媒体的原则，根据教学活动实施需求修改媒体选择，在"媒体选择"一栏列出自己的修改结果。

（三）明确媒体设计意图

1. 依据教学目标，在"媒体内容"一栏列出教学媒体要承载的教学信息。

2. 参考教学媒体设计的步骤，在所提供表格"教学媒体设计意图"的"媒体使用意图"一栏描述媒体使用方法和媒体在教学活动中所起的作用。

（四）实践练习

1. 以学习小组为单位，讨论交流本人的设计。

2. 每个小组整理出一份设计文本，与其他小组交流。

第三节 小学英语教学板书设计

微课：小学英语课堂教学板书设计.mp4

板书是教师在教学过程中在黑板上运用单纯文字、文字与图画结合、简笔画、图表、粘贴图片及其他有关材料展示教学内容的一种手段，是课堂教学的重要组成部分。有效地利用板书，是提高课堂教学效果的重要方式。本节重点学习板书的作用、板书的类型以及板书设计的基本原则。

一、板书的作用

（一）体现教师的教学思路

在课堂教学活动中，板书是教师教学最基本的辅助手段，教师以板书的形式呈现在黑板上的内容，是一节课教学内容的高度浓缩。它集中体现了教师的授课意图，留给学生的是一个直观、完整的印象。请参看图9-15所示的板书设计。

```
            Unit 4 I Have a Pen Pal
     To:      Liu Yun@penpal.com
     From:    Alice@penpal.com
     Dear Liu Yun,
                  ...
              Your new pen pal Alice.
```

图9-15 "I Have a Pen Pal"的板书设计

从板书内容可以清晰看出一节课的教学思路，条理清晰的板书将一节课的内容呈现在黑板上，非常有利于学生的理解和掌握。

（二）有利于突出重点

每门学科的知识，都不是杂乱无章的，知识与知识之间都有内在联系，形成一个知识结构。这个知识结构，用语言表达不容易全面把握。而通过板书则能将教学内容化繁为简，抓主剔次，把教学重点、难点等，串珠成线，结线成网，形成结构，使学生易于掌握。请参看图9-16所示的板书设计。

（三）有利于学生记忆

板书是教师为促进学生接受教学信息而精心设计的视觉代码。教师精心设计的板书，直观、美观，能增强课堂教学的吸引力、感染力和启发性，有利于小学生的记忆。教师在上课时用实物进行讲解，对学生来讲是非常直观的。当受客观条件的限制时，教师可以用简笔画代替。例如在讲英语单词"pig"时，教师就可以在黑板上画一只小猪，在画的过程中也同样能强化学生对单词"pig"的记忆。

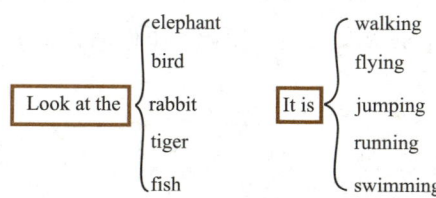

图9-16 "Look at the Monkeys"的板书设计

案例9-7

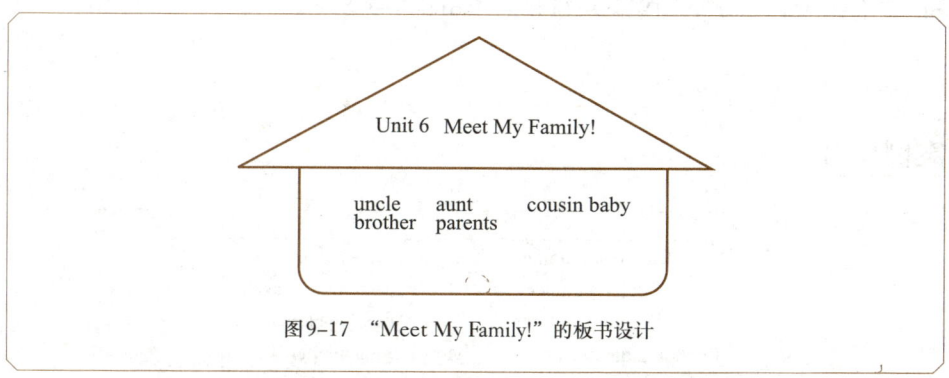

图9-17所示的是"Meet My Family"这节课的板书设计。教师按类别将与家庭成员有关的词语的英语表达方法书写在黑板上，便于学生分类识别和记忆。

（四）有示范和审美作用

课堂教学离不开生动的语言，离不开较强的教学组织能力，也离不开直观、形象的板书。教师的板书直接影响学生的书写能力。因为学生的模仿能力很强，如果教师示范得不到位，学生学得也可能不到位。特别是小学生正处于学英语的启蒙阶段，教师的板书更应具有示范和引导作用，同时给学生美的享受。精心设计的板书，能使学生赏心悦目、兴趣盎然、活化知识，加深对知识的理解，加深记忆，是提高学生非智力因素的重要手段。

黑板是课堂教学中提供视觉信息的最简单、最重要也是最定型的"发射源"，有人把板书比作是微型教案。新颖、独特、精妙的板书设计容易激发学生的学习兴趣，吸引学生的注意力，有助于提高学习效率。

二、板书的类型

小学英语课堂教学板书形式多样。教师应根据教学目标、教学内容、课程类型、学生特点和教师本人优势，合理设计，以使学生对学习内容印象更鲜明、深刻，理解更清晰、全面，记忆更持久、牢固。下面结合小学英语教学特点列举几种常用的板书类型。

（一）提纲式板书

提纲式板书指以教学内容结构或内在逻辑关系为线索，用简洁的语言和清晰的条理，将要点准确地概括出来，从而起到提纲挈领的作用。这种板书的特点是层次分明、结构严谨、内容系统，便于学生看、听、记，有利于学生理清学习思路，巩固和复习所学的知识。这种格式多用在小学高年级。

案例9-8

What are you doing?	What is your father doing?
Cooking dinner.	Listening to music.
Drawing pictures.	Washing clothes.
I'm doing the dishes.	He's writing a letter.
Reading a book.	Cleaning the room.
Answering the phone.	Writing an E-mail

图9-18 提纲式板书

图9-18所示的"提纲式板书"设计，将学生练习"正在做什么"的询问方式和回答方式以提纲的形式列出来，包括询问对方"正在做什么"的完整的表达方式"What are you doing?""What is your father doing?"以及回答"正在做什么"的表达方式，并给出了日常生活中常做的事情的英语表达方式。

教师在设计提纲式板书时要注意分析和概括，要按照一定的规律将知识要点进行排列，同时要兼顾整体美观和结构合理，不能顾此失彼或遗漏内容；否则，会影响学生系统地掌握英语知识。

（二）词语式板书

词语式板书是教师在理解教学内容的基础上，提取关键性英语词汇，精心排列组合之后书写在黑板上的板书。能够帮助学生准确掌握词意，加深对词汇的理解。

案例 9-9

```
              Unit Four    It's Warm Today
                    rainy         London
                    snowy         Moscow
world weather: It's windy   in    Beijing
                    sunny         Singapore
                    cloudy        Sydney
```

图 9-19　词语式板书

图 9-19 所示的"词语式板书"设计，将"天气状况"的英语表达方式罗列出来，供学生学习和练习使用。

（三）表格式板书

表格式板书将教学内容分解成一定的项目并制成表格，然后按项目逐项填写内容。这类板书的特点是信息量大，形式简明，对比性强，同时具有归类、比较的作用，便于学生一目了然地理解、分析学习内容。

案例 9-10

What would you like for dinner?

Food\Who	fish	hamburger	chicken	potato	cucumber	soup
Sarah	✓			✓		
John		✓	✓			
Peter				✓	✓	

图 9-20　表格式板书

图 9-20 所示的"表格式板书"设计，将阅读材料中提到的食物罗列在表格中，学生阅读短文之后，可根据自己的理解分别标志出 Sarah, John 和 Peter 喜欢的食物。

（四）简笔画板书

简笔画板书是小学英语教师最常用的类型之一。它在教学中用形象的简笔画生动有趣地来表达教学内容。简笔画与英文单词和句型结合，能够形象表达事物、概念，激发联想、调动积极性，同时又具有艺术性和感染力。简笔画板书特别适合小学生的思维特点，方便小学生直观理解教学内容。

（五）图示式板书

图示式板书以画图为主，将图形、符号、图画等与文字结合起来。这种板书用直观图画代替抽象文字，具有趣味性，有利于学生借助形象符号掌握教学内容。

案例9-11

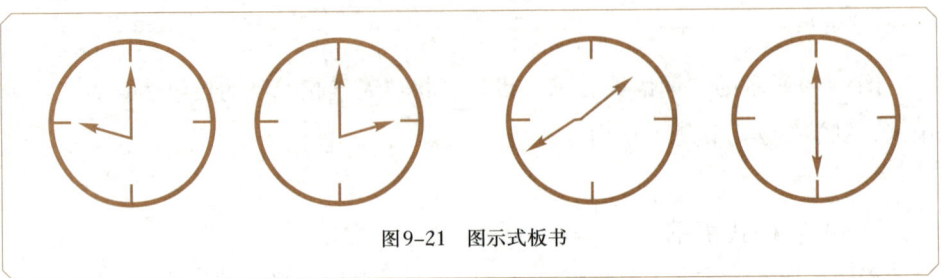

图9-21　图示式板书

图9-21所示的"图示式板书"设计，在黑板上绘制出代表一天不同时间点的时钟的图画，供学生学习时间的表示方法。

（六）空白式板书

空白式板书是教师在板书时有意留下一些空白让学生思考并填充的板书。这种板书具有很强的启发性，可以有效调动学生进行积极思考。

在图9-22所示的"空白式板书"设计中，教师将句型的基本结构书写在黑板上，在学生说出"She/He is my…"之后，教师将学生的表达补充在空白处，呈现出完整的句子。这样的板书设计，一方面方便学生参照这个句型自主说出完整的句子；另一方面英语句型的完整呈现是学生参与学习的结果，有利于增强学生的自信心。

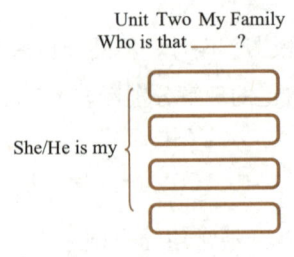

图9-22　空白式板书

板书形式多样，教师要结合教学实际有创造性地设计合适的形式，以达到提高教学效果的目的。

三、版书设计的要求

微课：板书的设计要求.mp4

作为课堂教学的重要组成部分，板书设计直接影响教学效果，在设计课堂教学板书时，应结合小学生的年龄特点，遵循以下几点要求。

（一）版面设计合理

板书设计是教学设计中不可缺少的一项。教师在进行教学设计时，要对板书进行合理设计。板书的布局要系统、科学。教师要整体考虑，在黑板上展示什么，如何展示，并合理布局。这样学生在一节课结束后才能够通过板书对本节课内容有整体的把握。

（二）板书的字体要规范

课堂板书的过程也是对学生进行书写示范的过程，教师板书的字体要规范，书写要准确无误。字母的书写要符合标准，字母与字母之间、词与词、行与行之间距离结构要符合审美规律。教师书写规范、美观不仅能使课堂生辉，收到良好的教学效果，同时也有利于树立教师的威信。

（三）板书内容要精简

板书是教师在概括教学内容的基础上提纲挈领地反映教学内容的书面语言，它的内容应精炼、简洁。如果板书过于繁杂或过于细致，会导致教学重点不突出。另外，板书内容的呈现要注意步骤安排，一定要结合学生的年龄特点，使小学生对呈现的板书有深刻印象。请看图9-23的板书设计。

在这则板书设计中，教师将复杂的时间段精简为简洁的七个时间钟表，而且形象地用太阳钟表和月亮钟表将早晚时间进行区分，设计简洁，有助于提高学生的学习兴趣；而且这种设计形式让学生很容易把自己想象成钟表小太阳和小月亮，十分亲切。

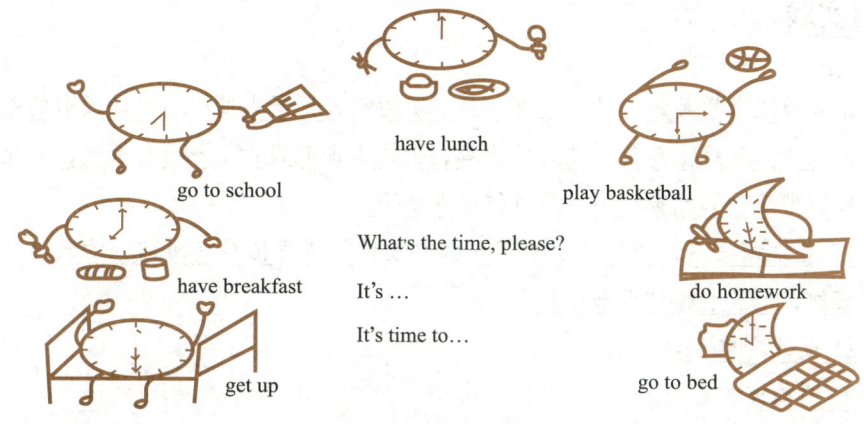

图9-23 板书内容精简

（四）板面要和谐美观

课堂板书应结合内容需要，适当选用图片、简笔画、图表、色彩等，而且文字与图画相结合，以引起小学生的注意，进而加深对板书内容的理解和记忆。请看图9-24所示的板书设计。

这则板书的树冠呈现四季的景观：春天树枝发芽、夏天枝繁叶茂、秋天硕果累累、冬天冰凌串串。整节课的内容和谐、美观，给小学生视觉上的享受，有利于激发小学生对学习内容的兴趣。

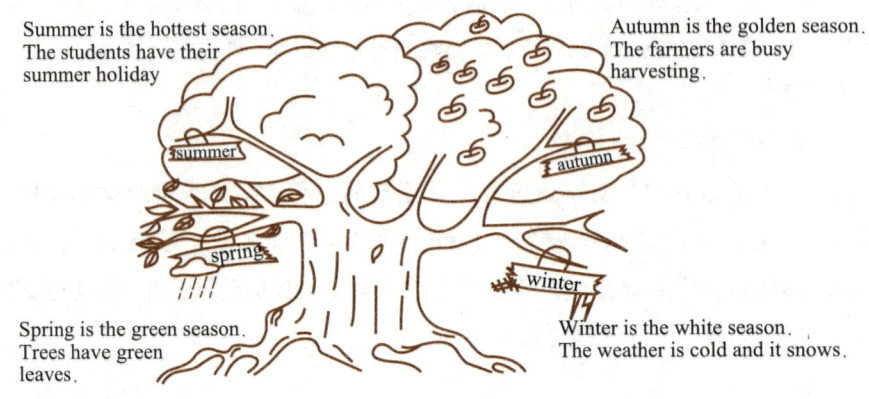

图9-24　板书和谐美观

（五）板书形式要新颖、灵活

小学生喜欢新事物，上课容易产生视觉疲劳，因此，形式单调或固定模式的板书势必会令他们厌倦，对学习内容失去兴趣，所以教师在设计板书时，可以运用字体变化、差异感、正反对比、对照、夸大与强化等方法进行板书。形式新颖、灵活多样的板书，给学生焕然一新的视觉感受，能激活学生的选择性知觉，使学生记忆更牢固、更持久。

学习实践

以人教版小学英语（义务教育教科书）为例，根据本节所述设计板书的基本要求，分析六年级上册任一课时的内容，为这个课时设计1～3种板书，对比分析这些板书设计的优势和不足。具体要求如下：

1. 登录课程网，访问"小学英语教学设计"课程拓展资源部分的教材同步资源模块，下载表格"板书设计"。

2. 设计教学活动。

3. 明确板书需求。

4. 设计教学板书。

5. 以学习小组为单位，讨论交流本人的设计。

6. 每个小组整理出一份设计文本，与其他小组交流。

本章小结

1. 教师对教学媒体在课堂教学中作用的认识从"从媒体中学习"发展到"利用媒体学习"。基于这样的媒体观，媒体本身没有先进与否之分，在小学英语课堂上能帮助构建促进有效学习行为发生的学习环境才是适宜的媒体设计。

2. 小学英语教学媒体的设计应从教学需求出发，选择符合儿童心理发展和认知特点的媒体形式，在信息呈现结构上要符合信息传播的规律，内容组织策略要符合英语学科对学习环境和情境创设的要求，所有这些只为一个目的，即实现教学目标。

3. 板书是课堂教学的重要组成部分，板书设计是教学设计不可缺少的一项内容，设计美观、新颖的板书设计不仅能使课堂生辉，而且有利于学生的学习，提高课堂教学效率。

学习思考

1. 情境教学是小学英语常用的教学方法，教学媒体尤其是计算机在教学中的应用为情境创设提供了更多的支持。请选择小学英语的一个教学课时，利用网络资源搜索2～3个优秀教学视频，观看并记录教师是如何设计情境教学的，分别采用哪些媒体手段支持情境教学的实施。

2. 小学英语教学设计中，教学媒体与教学活动的关系是什么？是如何支持教学活动的顺利实施的？

推荐阅读

1. 鲁子问.小学英语活动设计与教学[M]. 北京：高等教育出版社，2007.

该书是"小学英语活动设计与教学"网络课程文字教材，该课程由网站、光盘与该书共同组成。全面介绍小学英语活动设计理论,分析介绍了数百个案例，并有3—6年级的6节课堂教学案例视频光盘。

2. 优酷网：http://www.youku.com.

MOOC（Massive Open Online Courses），即大型公开在线课程，已成为国内外教育界最热门的话题之一。Udacity是世界MOOC三大平台之一，优酷与Udacity达成独家战略合作，成为全网首个也是现今全国唯一的Udacity课程发布渠道平台。在优酷网上可以搜索并在线观看与下载海量的来自全国各地的优秀教师的小学英语教学视频。

3. 董学慧.英语课堂教学的板书设计[J].小学教学研究，2005（3）.

板书设计是备课中不可忽视的重要一环。好的板书，能把教学的主要内容或讲授的思维脉络形象地反映出来。这对学生理解内容和学习知识会起到画龙点睛的作用，对学生记忆单词、理解及操练句型和对话也会收到事半功倍的效果。这篇文章对板书的书写原则做了全面的解析，并给出了相应的案例辅助说明。

主要参考文献

[1] 胡春洞. 英语教学法[M]. 北京：高等教育出版社，1990.
[2] 国家教委电化教育司. 教学媒体与教学设计[M]. 北京：高等教育出版社，1990.
[3] 胡淑珍，等. 教学技能[M]. 长沙：湖南师范大学出版社，2010.
[4] 肖惜. 英语教师职业技能训练简明教程[M]. 北京：高等教育出版社，2002.
[5] 钟启泉，崔允漷. 新课程的理念与创新[M]. 2版. 北京：高等教育出版社，2008.
[6] 王蔷. 小学英语教学法教程[M]. 2版. 北京：高等教育出版社，2009.
[7] 禹明. 小学英语教学理念与教学示例[M]. 广州：华南理工大学出版社，2004.
[8] 张小皖. 小学英语实用课堂教学艺术[M]. 吉林：东北师范大学出版社，2009.
[9] 程晓堂，刘兆义. 小学英语[M]. 上海：华东师范大学出版社，2008.
[10] 李冲锋. 教学技能应用指导[M]. 上海：华东师范大学出版社，2007.
[11] 王以宁. 教学媒体理论与实践[M]. 北京：高等教育出版社，2007.
[12] 朱萍，张英. 英语教学活动设计与应用（小学卷）[M]. 上海：华东师大出版社，2007.
[13] 鲁子问. 小学英语活动设计与教学[M]. 北京：高等教育出版社，2008.
[14] 鲁子问，康淑敏. 英语教学设计[M]. 上海：华东师范大学出版社，2008.
[15] 何文茜，高振环. 现代教育技术[M]. 北京：北京大学出版社，2009.
[16] 崔允漷. 课程实施的新取向：基于课程标准的教学[J]. 教育研究，2009（1）.
[17] 安凤岐，梁承锋. 小学英语新课程教学法[M]. 北京：首都师范大学出版社，2009.
[18] 王笃勤. 小学英语教学策略[M]. 北京：北京师范大学出版社，2010.
[19] 黄甫全. 现代课程与教学论[M]. 2版. 北京：人民教育出版社，2011.
[20] 程晓堂，孙晓慧. 英语教材分析与设计[M]. 修订版. 北京：外语教学与研究出版社，2011.
[21] 陈时见，邓翠菊. 课堂教学综合训练教程[M]. 北京：高等教育出版社，2011.
[22] 中华人民共和国教育部. 义务教育英语课程标准（2011年版）. 北京：北京师范大学出版社，2012.
[23] 王丽春. 小学英语教学技能[M]. 上海：华东师范大学出版社，2012.
[24] 崔允漷. 有效教学[M]. 上海：华东师范大学出版社，2009.
[25] 教育部教师工作司. 《小学教师专业标准（试行）》解读[M]. 北京：北京师范大学出版社，2013.
[26] 钟启泉，崔允漷. 《教师教育课程标准（试行）》解读[M]. 北京：北京师范大学出版社，2013.
[27] Jean Brewster, Gail Ellis, Denis Girard. 小学英语教师教学指南[M]. 王晓阳，译. 北京：高等教育出版社，2005.

郑重声明

高等教育出版社依法对本书享有专有出版权。任何未经许可的复制、销售行为均违反《中华人民共和国著作权法》，其行为人将承担相应的民事责任和行政责任；构成犯罪的，将被依法追究刑事责任。为了维护市场秩序，保护读者的合法权益，避免读者误用盗版书造成不良后果，我社将配合行政执法部门和司法机关对违法犯罪的单位和个人进行严厉打击。社会各界人士如发现上述侵权行为，希望及时举报，本社将奖励举报有功人员。

反盗版举报电话
（010）58581897
58582371　58581879

反盗版举报传真
（010）82086060

反盗版举报邮箱
dd@hep.com.cn

通信地址
北京市西城区德外大街 4 号
高等教育出版社法务部

邮政编码
100120